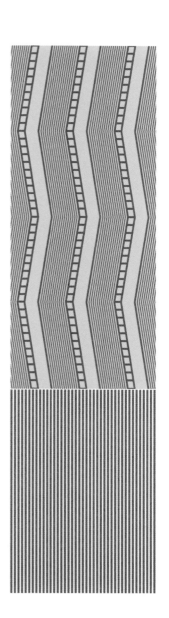

自治体組織の多元的分析

機構改革をめぐる公共性と多様性の模索

入江容子 著

晃洋書房

目次

序　章

1　イントロダクション

組織とは何か。おそらくほとんどの人は、社会生活を送る中で、一生のうちに何回かは何らかの組織に属したことがあるのではないだろうか。そして、組織の中で活動するうちに、それぞれの組織に特有な明示的ルールや暗黙の了解、雰囲気といったものに自らの行動が規定され、やがて考え方さえも方向づけられていくという経験はないだろうか。組織の持つ不思議な力。それは時に「組織力」として発揮され、単に個人個人の力を合計しただけでは到底なし得ないようなパワーでもって多くのことを実現することもあるが、一方で、「組織の論理」がまかり通れば、そこに属する個人が埋没したり、極端な場合には世間の常識や正義からかけ離れた行動を個人に強要するようなことさえある。

それでは、組織と集団の違いは何か。それは目的の保持と、目的を達成するためのルールの存在であると考えられる。多くの人々を一つの目的に向かって動かすためには、業務分担や命令系統のルールが必要である。また、それらルールの裏側には、多くの人々を動機づけるためのインセンティブとしての報酬体系が貼り付けられる必要がある。だとすれば、組織の要は「目的」と「ルール」にあると考えられるのである。

また、組織とは、決して単体で存在するものではない。組織それ自体が母集団の中に存在したり、それらを取り巻く制度といった大きな文脈の中で存在しているのが一般的である。さらにいえば、組織を取り巻く環境の中において、組織内部と外部環境は常に双方的に影響を与え合う。したがって、この中での立ち位置が変われば、その組織自体の内部的ルールも変わる可能性が高くなる。そのことは、当然ながらそこで活動する私たち個人の行動（多くは働き方）や考え方をも変えていくことにつながるのである。

本書の研究関心のスタートは、こうした組織の持つ不思議な力について、とりわけ自治体行政組織を主体として少しでも明らかにしたいというところにある。この点について、以下ではもう少し理論的に深く検討していくことにする。

本書の理論的関心

本書は、日本の地方自治体組織にかかる編成および管理的諸問題について、それを取り巻く制度、組織環境、組織間関係、社会、ガバナンスといったものの外的変化が、組織構造や組織内下位システムとしての職務構造、ルール、人的管理などの内的変化にどのような影響を与え、どのような相互作用が生まれるのかという観点から、主に公共性と多様性という概念を軸に検討、分析を行っていくものである。

地方自治体の組織とは、松下圭一の政府信託論によれば住民によって信託された住民のための政府機構であり、地方自治の本旨の実践を通して、地域と地域住民の基本的人権や福祉の向上の実現のため、憲法によって保障された存在である(1)。また、地方自治法においては、「地方自治の本旨に基づいて、……地方公共団体の組織及び運営に関する事項の大綱を定め、……民主的にして能率的な行政の確保を図る……」(地方自治法一)、「地方公共団体は、常にその組織及び運営の合理化に努めるとともに、……その規模の適正化を図らなければならない」(同法二XV)とされており、「民主・自治」および「能率化・合理化」が地方自治体の組織運営における基本原則となっている。

自治体組織は、自律的な政治単位あるいは自己統治の機関として団体自治を行う主体であるがゆえに、住民や社会に対して開かれた組織である必要がある。また、住民自治、すなわちその地域の住民の合意と責任において民主的に行われる統治を実現する手段として団体自治が位置づけられるならば、自治体政府の組織には、こうした地方自治の本旨を実現する場であることが要請される。

自治体組織は、こうした位置づけの中、様々な事務的権限を保有し、公権力の行使を伴って規制的活動を行う主体であり、また、住民生活に関する広範な公共サービスを提供する主体でもある。とりわけ一九九〇年代初頭から現在に至るまで政治課題として継続的に取り組まれてきた地方分権改革を受け、その役割の変化を求められるなかで、自治体組織は様々な行財政システムの改革を余儀なくされている。自治体自身は「事業官庁」から「政策官庁」への脱皮が[2]、自治体職員には課題解決能力や政策形成能力が求められている[3]。加えて、自治体組織で働く自治体職員にとってみれば、その組織とは「職場」にほかならず、したがって自治体組織は職員が自律的に働くことができる自己実現の場としても機能しなくてはならない。

こうした組織の性質、役割、位置づけ、業務内容、他組織や社会との関わり、組織成員との関係といった様々な局面からの要請や変化について、自治体組織はどのように対処し、編成や管理を行っていけばよいのだろうか。また、理論の側からはこれら諸問題が組織編成と組織管理に関して複雑にからみあう状況を、どのように整理し分析すればよいのだろうか。

本書では、従来の内的視点にとどまる行政管理論ではこうした現状や変化を十分に捉えきれないと考え、自治体組織にかかる多種多様な性質の問題に対して、個人─組織─制度─ガバナンスという位相と、分析のフェーズとして組織内関係、組織間関係、そして状況としてのガバナンスを用意することで、多元的な分析が可能となり、かつ包摂的な視点を持ちうるのではないかと考える。すなわち、ミクロな視点としては、組織と組織成員としての個人との関係は、目的達成と運営のための行為を引き出すルールによって媒介されるものとして捉えられる。こうしたルールは、人々の相互作用に対する安定した構造を確立することによって不確実性を減少させ、組織内分業の仕組みとして組織の合理性を高める働きをすると同時に、個人の自律性との間でのジレンマを常に内包している。さらに、こうした仕組みは個人にとってのインセンティブ構造として作用する。

このような組織において管理的諸問題を考える際には、行政組織特有の性質に加え、日本における自治体組織に固有の特徴をも考慮に入れる必要がある。そして自治体組織は政治的、社会的、文化的、歴史的文脈としての制度の中で存在し、それらを組織内下位システムに取り込みつつ、それらと相互作用を行う主体でもある。また、マクロな視点としては状況としてのガバナンスが進行するなかで、周辺関係諸組織や諸制度との関わりを持ち、そこにおける公共性概念についての意味を内面化させ解釈しながら、ルール化することで管理運営を行っていく主体でもある。こうした広範な問題関心領域に立ち、日本の自治体組織について今後の管理的諸問題を分析、検討するにあたって、本書はミクロとマクロの視点の接合と、理論と現場との架橋を目指すものである。

上記のような本書の目的は、自治体組織を扱う際に、従来の地方自治および中央地方関係に関する行政理論や政治理論が組織自体の具体的な管理的問題とは離れたところで展開されてきたことへの不満や、行政管理理論が現代の組織にはそぐわないものとなっているにもかかわらず、それを超える理論展開がなされずに再度組織改革の現場などで用いられることへの違和感、そして現代組織論の業績をどのように行政組織である自治体組織に取り込めばよいのかという問題意識などを出発点としている。また、行政組織における通説と現状との乖離や、ＮＰＭ的改革がお仕着せ的に要請される現状への疑念や危機感も含んでいる。

行政組織としての自治体における編成や管理とは、とりもなおさず自治体における行政活動の根幹に関わる問題である。組織内部において、組織と個人との関係においては組織活動における共通目的が理念として介在し、組織成員に内面化される。また組織内分業のルールとしての職務管理を通じて、組織と個人との相互作用が生じる。また、組織を取り巻く文脈としての諸制度が、組織内下位システムとして取り込まれ、それらは相互補完的に組織構造を形成、保持させている。そして組織が活動として理念や共通目的を具現化するにあたっての手法ないしその局面において、組織に関わるすべての位相との相互関係が生じる。現代において組織の編成と管理を対象として分析、検討するにあたっては、こうした複数のフェーズにおける観点が必要になる。したがってこれらを包摂的に捉える視角を多元的に提供することが本書の目的であり、意義であると考える。

これまで、行政組織の管理的諸問題を扱ってきたのは行政管理理論の分野である。西尾の整理によれば、アメリカ行政学の系譜は行政理論と組織理論の二つの系統の交錯過程として捉えることができ、なかでもギューリックに代表される行政管理論は行政理論としての政治・行政分断論の流れから発展しつつ、組織理論としての古典的および新古典的組織理論と密接に結びついていた(4)。当時の行政管理理論が負っていた使命とは、行政首長が行政機構を一元的に統制するための理論を提供することであり、したがって行政管理理論は組織の編成のための理論であった。ここでの狭義の管理技術とは、組織行動のために有効かつ能率的な組織体制を維持発展させるための技術であり、目的による部署編成原理など、大規模な階統的組織の維持発展を可能にすることを目的としていた。

やがて、行政管理論は行政理論としての政治・行政融合論へと発展していくなかで、組織理論とは袂を分かつことになるが、そこでは主要な管理技術は政策立案や計画立案、予算編成等の専門的技術として捉えられ、これまでの直接的に組織構造に関する技術から、組織の過程に関する技術へと議論の中心が移されていくことになる。つまり、政治と行政の明確な線引きは技術的にも観念的にも不可能であり、行政府が政策形成機能をも担うことを前提としたうえで、管理技術と行政技術の境界線はよりあいまいになり、それぞれの技術は専門分化して発展、拡大していくというものである。

一九二〇年代後半から一九三〇年代後半に最も隆盛を極めた行政管理論は、組織の管理者、すなわち組織の上層部がどのように組織を編成し管理していくかということに重点を置いており、そのための管理原則を明らかにすることが議論の主な目的であった。その際、組織と環境との相互交渉の問題は、人事管理や財務管理といった分野として切り離すことで、組織管理に固有の領域を合理的な職務体系の編成に限定させた。ここでの組織観は閉鎖的なものであり、したがって管理理論は純粋なる技術的問題として扱われていた(5)。

しかし、資源や財などを通じた課業環境との相互作用性、すなわち構造と機能そのものの状況依存性などからしてみれば、行政官僚制は限りなく開放的なシステムなのであり、当時の行政管理論における組織観や管理技術の捉え方は、もはや現代の組織管理にそぐわないものとなっていることは明らかである。また、近年では行政組織においても組織階層を短縮化する組織改革（フラット化）や公共サービスの外部化などが進められるなど、当時の行政管理論が対象としていた巨大な階統型組織の構造および編成そのものも所与ではなくなるという状況にあるなかで、新たな組織管理に関する分析視角が必要とされているといえよう。とりわけ、多様な主体間での相互依存ないし資源交換が活発化する社会状況としてのガバナンスが進行している現代において、行政組織内での内部管理の問題は、業務と労働力の移転を伴う結果として内部のみの問題ではなくなりつつある。組織の周縁部はあいまいになり、他組織とのインターフェイスとなる部分は流動性と不安定さを増していく。業務の担当者が公か私か、行政かそれ以外かという局面の裏側には、その業務を担当する職員の雇用や勤務形態、給与といった管理的問題とともに、「公共性」を誰が担うのか、どのようにそれを実現していくのかという問題が貼り付いている。つまり、現代社会における行政組織の管理問題は、公私の境界をまたいだ組織主体間の多元的ないし複合的な視点から捉えなければならないのである。

本書でいう「組織」とは、公式組織としての自治体の組織機構を指す。もう少し詳細に定義するなら、目的と協働という要素を軸にして、組織構造を目的達成と運営のための行為を引き出す仕組みないし規則として捉えていく。すなわち、行政組織とは「行政目的を実現するために体系化された人間の協働的活動」[6]であり、その際、運営に必要な行為の内容は職務として規定され、職位・職権・職責がそれに付随する。しかし、こうしたルールは閉鎖的な組織内で単独的に存在しているものではなく、その周辺に存在する諸組織および諸制度、そして状況としてのガバナンスとの関係のなかに存在し、それらによって影響を受けつつ、同時にそれらに働きかけをしていく存在でもある。そして、組織内の個人とも同様の相互作用を行うものとして捉える。

また、本書でいう「制度」とは、自治体組織が存在するところの文脈としての制度を意味している。新制度論者であるピータースによれば、制度は目的を持った人間の行為の結果と見なされており、それゆえ制度は人間という行為主体によって形成される反面、この同じアクターである人間を制約するというパラドックスが生じるとされる[7]。さらにここでいう文脈の含意とは、組織内のルールや組織内下位システムは必然的に上位の制度の階層組織全体に組み込まれているため、常に上位の制度と関連させて説明したりデザインしたりすることが求められることを指す[8]。また、逆の見方をすれば、文脈としての制度は、その受け皿としての組織の中に埋め込まれている存在であるともいえる。すなわち、日本の自治体組織は、法的にも政策体系的にも中央地方関係という枠組みの中で位置づけて理解すべきであり、したがって、これらを取り巻く法律、財政制度はもとより、自治体組織の内部管理に大きな影響を与えるものとして地方公務員制度や、かつての機関委任事務に代表される政策形成・執行過程や行政計画の特質、またかつての部局法定主義に見られる組織編成上の特質等も視野に入れる必要がある。加えて、中央政府からの統制や誘導といったこれまでの伝統的な地方自治研究の視点だけでなく、政府間関係における諸制度の集合の持つ文脈の中での相互依存性ないし経路依存性に着目することも必要であろう。

以上のように、本書では地方自治体という公的組織を分析の出発点としつつ、組織構造そのものの形式的かつ内在的理解や規範的検討、単体としての組織管理といった論点を超え、そこに個人の選好という主体的行為や制度間の相互補完性という要素及び論点を取り入れつつ、組織と制度、社会との相互作用を動態的に捉えていくことを狙いとしている。

組織や組織内下位システム、および個人を制度に埋め込まれた立場として捉えることで、より広範な社会的、経済的、政治的文脈における制度間での相互作用を強調させることができるのではないだろうか[9]。これは社会と国家を対立させることで公的組織の存在を浮かび上がらせる視点ではなく、また権力や社会からの圧力ないし権力布置構造を主眼としたアプローチでもなく、主体性を持った個人の行動と組織との関わりを、文脈としての制度や状況としてのガバナンスのなかで位置づけることを通して、自治体組織の管理的諸問題を多元的に考察する試みである。

本書の構成

こうした問題意識に立ったうえで、各章では具体的事例を取り上げつつ、組織内関係、組織間関係、組織と制度およびガバナンスという組織分析のフェーズごとに、自治体組織の編成と管理にかかる諸問題を検討していく。組織内関係としては、まず第1章において、地方公務員法が改正されたことにより導入された能力・実績主義的人事管理の運用について検討する。公務労働に能力・実績主義が導入されるという意味は何か。それは従来の賃金体系、職務管理に大きな転換をもたらすものと考えられる。これまで、企業組織が環境としての市場との関係性の中から必然性に迫られて採用した能力・実績主義的賃金体系ないし人事管理について、自治体公務労働の現場においては制度間の齟齬が生じる中、どのように運用すればよいのかということについて、先進的な事例を基に分析、考察を加える。

次に第2章では、これからの人口減少時代における自治体の組織管理において、多様性の実現を鍵として、そのための法的環境整備及び期待される効果や論点について提示する。来るべき人口減少時代における効果的な組織管理を実践するために、多様性（ダイバーシティ）という概念は組織の側からも働く側からも、一定の有効性を示すと考えられる。女性や障害者といった少数派への単なる優遇策という観点ではなく、人口減少時代における組織体としての持続可能性を模索する管理方策の選択として組織内外に理解される可能性について展望する。

第3章では、組織内分業のルールとしての職務管理（事務分掌）がどのようになされているのか、その通説と実態を検証し、そのうえで制度的枠組みの中における自治体組織の組織目標の多義性と、それにかかる個人と組織との間に存在する、従来の職務管理を通じた目標達成についての齟齬をどのように埋めていくべきかについて分析、検討する。ここでは、経路依存性の高い自治体組織の中においても、各個人による自律的な職務遂行がなされていることが明らかになり、ここからNPM的発想で進められる目標管理制度の導入にあたってのインプリケーションを探る。

第4章では、組織構造のフラット化という改革手法が意味するものについて、個人と組織、制度との相互関係について、双方の視点から分析していく。組織、制度を中心に個人の作用に分析視点を置くときには、組織や制度は個人の行動の制約となり、行動を決定する誘引とルールの構造と捉えることができる。すなわちそれは職務構造としての明示的な目標、規則や規定の体系でもある。これはコントロールの概念と結びつき、組織の合理性を確保するためのシステムとなる。しかし、個人を中心に組織、制度への作用に分析視点を置けば、組織や制度は社会行動に安定性と意味を与える認知、規範、規制の構造と活動からなるのであり、個人としての公務員の行動特質における代表性と自律性の問題を浮かび上がらせる。この両者は組織と個人とが本来的に持つジレンマだといえ、また、組織構造である階層をインセンティブ・システムとしての機能として捉えることでも、この両者の相互作用とそこから発生するジレンマを抽出することができる。この視点からは、職務構造、給与体系、人事管理制度といった組織内における下位システム間の相互補完性についても述べる。

第5章では、組織間関係のフェーズとして、中央省庁の政策変容に伴い自治体部門組織に求められる役割・機能変容について、そして自治体が独自に進める機構改革との関係性について分析する。これは経路依存性、文脈依存性が高い存在としての自治体組織において、制度変化ないし政策変容が組織構造と役割に及ぼす変化について検討するものであり、個別政策領域における役割および機能変容に加えて、一つの自治体内部組織として部門組織が求められる構造・編成変化の要請にどのように応えているのかという観点からの検討である。その際、自治体部門組織内部でのミクロな管理にも着目し、そこからマクロな組織構造とミクロな職務構造との関係性についても議論する。

第6章では、自治体組織のあり方を組織体が持つ権能という観点から考察する。明治憲法下ではじめて近代的地方行政制度として確立された府県および市町村であるが、その変遷について概観し、自治組織権に関する問題点を考察する。さらに、第一次分権改革以降の動きにおける論点として、事務配分としての自治体の権能、自主性と自立性、総合性という点から検討を行うことにより、今後の地方自治体組織がよるべき組織構造と組織過程のあり方について議論を試みる。

最後に第7章では、状況としてのガバナンスが進行する現代において、自治体組織の管理をとりまく様々な制度変化、法整備が進むなかで、公共サービスの外部化にあたり、どのような組織管理にかかる諸問題が発生するかということについて検討する。つまりこうした変化に伴い、組織の管理問題は公私をまたいだ周辺諸組織にまたがる性質のものになると考えられるため、自治体組織自体には組織編成や内部管理、ルールとしての職務構造等に関してどのような影響があり、どのような問題が発生するのかということについて、組織と個人の双方の側から検討するものである。またその際、行政組織の行動の中心的価値ないし理念としての公共性概念は、これまで政府によってどのように定義されてき、今後どのようにガバナンス下での組織管理や人的資源管理において内面化し位置づけられ、意味を持つのかについても併せて検討する。

注

（1）松下圭一『市民自治の憲法理論』岩波書店、一九九九年および松下圭一『市民立憲への憲法思考——改憲・護憲の壁をこえて——』生活社、二〇〇四年参照。

（2）佐々木信夫「自治体行政改革の本質と設計」『地方自治職員研修』臨時増刊第七三号、二〇〇三年。

（3）真山達志『政策形成の本質』成文堂、二〇〇一年、一一ページ。

（4）西尾勝『行政学の基礎概念』東京大学出版会、一九九〇年。

（5）L. Gulick and L. Urwick, *Papers on the science of administration*, London: Pickering & Chatto, 2004, Reprint. Originally published: New York: Institute of Public Administration, Columbia University, 1937.

（6）宇都宮深志・新川達郎編『行政と執行の理論』東海大学出版会、一九九一年、四七ページ。

（7）B. G. Peters, *Institutional Theory in Political Science: The 'New Institutionalism'* (2nd *ed.*), Continuum, 2005, p. 156.

（8）A. Picot, H. Dietl, and E. Franck, *Organization*, Schaffer-Poeschel Verlag fur Wirtschaft, 1997（丹沢安治・榊原研互・田川克生・小山明宏・渡辺敏雄・宮城徹訳『新制度派経済学による組織入門』白桃書房、一九九八年、一二五ページ）.

（9）H. G. Frederickson and K. B. Smith, *The Public Administration Theory Primer*, Westview Press, 2003, p. 75.

第1章　能力・実績主義的人事管理の運用
――人材育成としての人事評価制度の導入――

はじめに

本章の目的は、地方公務員法の改正に伴って導入された能力・実績主義的な人事管理をどのように運用すべきか、自治体での人事評価制度の設計ないし運用時の課題と目指すべき方向について検討するものである。

二〇一四年五月一四日に地方公務員法及び地方独立行政法人法の一部を改正する法律（平成二六年法律第三四号）が公布され、二〇一六年四月一日から施行された。今回の改正の柱は、能力及び実績に基づく人事管理の徹底にある。

改正内容の要旨の一点目は(1)、能力本位の任用制度の確立として、採用、昇任、降任、転任の定義を明確化するとともに、職員の任用は職員の人事評価その他の能力の実証に基づき行うものとされた。ここでいう「人事評価その他の能力の実証」とは、標準職務遂行能力と適性を有するかどうかを判断することを指している。標準職務遂行能力とは、課長級・係長級などの職制上の段階に応じて、職務を遂行するうえで発揮することが求められる能力のことを指し、任命権者が定めることとされている。

二点目として、人事評価制度の導入として、職員がその職務を遂行するにあたり発揮した能力及び挙げた業績を把握した上で行われる人事評価制度を導入し、これを任用、給与、分限その他の人事管理の基礎とすることとされた。従来実施されていた勤務評定においては、評価項目が明示されない、上司からの一方的な評価で結果を知らされないなどの問題点が指摘されていたが、新たに導入する人事評価においては、能力と業績の両面から評価するにあたり、評価基準の明示や面談、評価結果の開示などの仕組みを取り入れることにより客観性を確保するとともに、人材育成にも活用することが求められている。

三点目として、分限事由の明確化が求められており、分限事由の一つとして「人事評価又は勤務の状況を示す事実に照らして、勤務実績がよくない場合」とすることとされた。

四点目として、職務給原則を徹底するために、等級別基準職務表を定め、等級別に職名ごとの職員数を公表するものとされた。

上記の改正内容のうち多くのものは二〇〇九年度までに施行された国家公務員法の改正にならったものとなっており、自治体によってはいずれ地方公務員法も改正されるものと見込んで準備を行っていたところも見受けられる。二〇一二年度時点において、国の人事評価制度と同様の能力評価及び業績評価の取組を行っている団体は、都道府県で四七団体中三七団体（七八・七％）、指定都市では二〇団体中一九団体（九五・〇％）に上っている。しかし、市区町村においては一七二二団体中五六三団体（三二・七％）に過ぎず、比較的職員数の少ない中小規模の自治体において、能力評価・業績評価への戸惑い、もしくは導入しにくい実情があるのではないかと推測されるのである。

具体的に想定される課題としては、能力評価・業績評価の結果を昇任及び昇格に活用するとしても、中小規模の自治体においては人材も限られているが、何よりポストが限られている。すべての職員の顔がわかる程度の規模の自治体においては、年次にとらわれずに評価を行うといっても、それぞれの職員についての能力的な「相場観」が出来上がっていることが多いのではないだろうか。また、昇給に評価結果を活用するとしても、一旦給与に差をつければ、その給与差は経年とともに大きくなるため、昇給の差別化をどの程度とするのが適正なのかの判断は非常に難しい。また、こうした昇給への反映の効果は退職まで持続するため、一年間などの短期の評価結果としては過大になる恐れもあると考えられる。

さらにいえば、これまで馴染みのなかった評価制度を実施する際には、被評価者の不安もさることながら、管理監督者などの評価者自身の悩みも大きいことが想定できる。複数の部下がいる職場において、彼らが担当する仕事も様々であり、目標設定も様々な中で、評価すべき点と評価すべきでない点の境界はどこか、優劣をどうつけるのかということに頭を悩ませるのではないか。そもそも、管理監督者自身が自分の仕事に追われていて、すべての課員の仕事ぶりを皆同等に把握できているといえるのか、などといった不安が生じるかもしれない。

こうした課題は、突き詰めていえば、今般導入された人事評価制度をどこまで処遇管理型として処遇に反映させるかという問題に逢着する。そもそも、能力主義ないし成果主義型人事管理は、企業において環境としての市場との応答の中から必然的に生まれてきたものである。それを、市場との応答性が非常に低い日本の公務労働に導入することの意義をどう捉えればいいのであろうか。

今般、地方自治体に導入が求められた能力評価及び業績評価は、これまで日本企業が環境としての社会経済の変化および労働形態の変化の中で試行してきた仕組みであり、それぞれ能力主義、成果主義的賃金体系を実現させるための仕組みでもある。本章では、能力主義や成果主義的賃金体系がなぜ登場したのか、その必然性や背景を明らかにするため、まず日本企業における賃金制度と人事制度のおおまかな変遷を戦後から追っていく。今次の地方公務員法改正においては、職務給の原則が維持されたまま、ここに能力主義・業績主義が導入されたことにより成果主義型賃金ないし人事管理の要素が付加され、結果として制度間の説明上に齟齬が生じている。自治体での人事管理の現場にこの齟齬がそのまま持ち込まれた場合、処遇管理型の評価制度によって職員の能力開発や意欲を削ぐことにもなりかねないという逆効果も懸念されるところである。

したがって、まずはそれぞれの賃金制度について、どのような価値を実現させるための制度であるのかという特質を明らかにし、そのうえで、今次の地方公務員法改正の意味と意義について検討を加え、人事評価制度の設計及び運用に関する視点を設定したうえで、事例として池田市の人事評価制度を取り上げて分析と考察を行っていく。

1 企業における能力主義・成果主義型人事管理登場の必然性

（1） 電産型賃金体系

戦後、失業救済と生産回復が最大の課題であった当時においてまず必要とされたのは、人々の生活保障を目的とした賃金体系であった。圧倒的な物資の不足から生じるインフレの中で働く人々の生活を守るため、所定内賃金の大半を生活保障給が占めるような賃金体系が導入された。従業員とその家族に必要な生計費を賄えることが目的とされ、本人の年齢と扶養家族の人数によって決定される仕組みであり、一九四六年に電力業界において初めて導入されたことから「電産型賃金体系」と呼ばれている。(2)

電産型賃金の特徴は以下の四点である。(3)

①賃金を基本賃金（生活保障給、能力給、勤続給）と地域賃金からなる基準労働賃金、超過労働賃金、特殊労働賃金（特殊作業手当等）からなる基準外労働賃金とに分けたこと。(4)

②年齢別に労働者の最低生活費を算定した年齢給表を基礎とし、本人給に扶養家族手当を加えて最低生活を保障し、その上に能力に応じた賃金部分を付け加えるという基準を示し、能率給を排除したこと。(5)

③職員と工員の差がなく、電気産業のすべての労働者に適用される統一的な基準であったこと。(6)

④基本賃金を全賃金の七〇％（家族手当を含めると基準内賃金の九一・三％）を超えるまでに拡大した。

この背景には、高い組合組織率のもとで展開された激しい労働運動の存在がある。戦後、GHQによる民主化政策の一つとして労働組合の育成が進められ、あわせていわゆる労働三法が制定されたことから、一九四〇年代後半には労働組合は非常に高い組織率を誇った。この運動の主な要望が、まず十分に食べられるだけの賃金獲得であった。また、現場の工員層と事務職員層との間の身分・待遇上の差別撤廃や生産管理闘争などを含む運動によって、企業別組合が生まれる契機ともなった。

(2) 職務給の模索

しかし、上記のような電産型賃金体系は労働者の仕事の性質や量、能力よりも、年齢や勤続年数、性別などに依拠していることから、世界的に見れば非常に特殊性を帯びたものであった。この特殊性がGHQなどから問題視される中で、国家公務員給与に関しては、一九四六年一〇月に来日した合衆国対日人事行政顧問団（フーバー顧問団）が、職階制を含んだ国家公務員制度の改革を主導することとなった。同顧問団は、大蔵省主計局が職階制の研究のためにGHQに対し専門家の派遣を要請したことから来日した人事の専門家集団である。戦前の官吏をはじめとする職員制度は厳しい身分制を基礎としており、複雑であったことに加えて、当時激化する組合運動は官公庁組合においても例外ではなかったことから、団体交渉の可否も含めた新たな国家公務員の給与決定方式が模索されることとなった。

その結果として、現行の給与決定方式である職務給の原則が国家公務員法に盛り込まれることとなり、そのための仕組みとして職階制が定められたものの、現在では国家公務員、地方公務員ともに職階制が廃止されたことは周知の事実である。この点についての詳細な検討は本節の後段に譲るとして、この頃から民間企業においても、当時アメリカで普及していた職務給の制度が試行されていくようになった。

一般に職務給とは、従業員が担当する仕事の難しさや責任の重さに応じて金額が決められる賃金であり、通常は一人一人の仕事を職務分析し、その難易度や責任を点数などで評価したうえで、それに応じた職務等級と賃金が決められるものである。(7) 職務給の長所としては、年功的処遇が避けられ、担当する仕事に見合った報酬を提供できる点にある。いわば「仕事に人を貼り付ける」というこの仕組みによれば、同一職務同一賃金という公平性が確保されやすく、かつ重要な仕事を担当する者は若くても高い賃金を得ることができるため、従業員に対するインセンティブになりうる。

一方、短所としては、職務分析に関わる作業の負荷が非常に大きい点が挙げられる。日本の企業職場のみならず、公務労働職場においても共通した特徴として、分業がそれほど明確でなく、大部屋主義的な業務遂行の慣行がある。すなわち、仕事の分担の境界が曖昧であり、それにともなって権限と責任が不明確になりがちである。(8) このことは、人材育成という観点にたてば、企業では多能工的人材、行政でもジェネラリスト養成に一役買う仕組みではあるものの、職務給の賃金体系を実施する際には障害となる。

また、従業員が担当する仕事も配置転換などによって流動的であり、新たな業務や今はない業務についての職務分析は難度が高い。とりわけ当時は技術革新による業務自体の大幅な変更が頻繁であったこともあり、職務内容の再評価となると、賃金管理コストとしては上昇してしまうことになる。

当初、職務給は電産型賃金制度を構築した電力産業を中心に導入された。一九五四年に中部電力が、翌年には九州電力、東京電力が、また一九六二年には八幡、富士、日本鋼管の鉄鋼三社が相次いで導入するなど、各産業の主力企業に拡大していった(9)。ただし、その内容は、賃金のすべてを職務給にするというものではなく、賃金の一部に職務給を導入することにとどまっていたことが特徴的である。すなわち、基本給の一部のみを職務給化したものか、あるいは基本給全体を職務給化した単一型職務給の場合には、職級が広く、かつ職級間の賃率（レンジ・シート）の重なりが大きいというものである。

このことの意味としては、仮に各職務の賃金グラフがそれぞれ単独の直線となるシングル・レートを導入し、職務給を厳格に運用することになれば、これまでの生活給体系の下で形成されてきた年功賃金構造を大幅に変更することになる。当時の日本企業の内外情勢から、それは不可能だと判断されたからではないかと推測できる。当時において、従業員の高齢化と高学歴化が進んできており、ピラミッド型となる職務構成と、従業員の年齢構成が合わなくなってきていたことから、職務給の原理を厳格に適用すれば、昇進とともに賃金の上昇も頭打ちとなる。こうした事態を避けようという狙いがあったものと考えられるのである。

（3） 職能給の導入

朝鮮戦争による特需を経て高度経済成長期に入ると、生産性や貢献度が賃金に反映されにくい仕組みについて、次第に労使双方から改善への機運が生じてくることになる。さらに、一九六〇年代に入り市場の成熟、人口構成の高齢化などから従業員の年齢構成自体も高齢化するなど、日本企業を取り巻く経営環境が厳しくなる中、年功的賃金・人事管理からの脱却が模索されていった。高度成長の期間は、豊富な若年労働力によって労務コストの低減が図られたが、一九六〇年代半ば頃には団塊の世代の多くが社会へ進出を果たし、若年労働者の絶対的不足と中高年層のだぶつきが企業の労務構成上の大きな問題となっていた。

こうした時代背景において、職務給に代わって登場したのが職能給である。その端緒となったのが、一九六九年に日経連から発刊された『能力主義管理――その理論と実践――』であり、日経連はこの中で職能資格制度を人事制度の基軸とした。職能資格制度とは、会社が認めた職務遂行能力のレベルに応じて企業内資格等級を設定し、資格に従業員を格付けして昇進や賃金決定をしていくシステムであり、職務遂行能力を等級の決定基準とするものである(10)。また、あわせて役職と資格の分離を提言するとともに、昇進管理においては結果業績だけでなくそこに至る過程の全プロセスを評価すべきとしたうえで、顕在能力と潜在能力の双方を評価対象とすることとした。

この仕組みにおいては、学歴や入社年次といった属性のみによるのではなく、職務遂行能力という指標を基準として社員の処遇や配置、育成を行うことができる。すなわち、個々の従業員を客観的に評価して業務分担を行うとともに、処遇を決定することになるため、その点において能力主義的であり、当時の日本企業にまだ残っていた身分制の名残を消失させる効果があったと考えられる。

平野によれば、職能資格制度を採用した企業は、「職位のはしご」と「資格（ランク）のはしご」という二重のヒエラルキーを昇進構造に持つことになる(11)。報酬の基本部分は社員がどの資格に位置付けられているかで決定され、資格が上位に上がればその分報酬も上がる。しかし、職位が上がっても資格が変わらなければ報酬額は変わらない。賃金の多くの部分が資格に対応するため、人件費の総額管理は昇格者の定数管理によって行われる。

具体的には、職能給の昇給には習熟昇給と昇格昇給があるが(12)、習熟昇給とは、職能等級制度における等級ごとに設定された賃金テーブルにおいて、低い号数の金額からより高い号数の金額に移行していくものである。どれだけの号数分を移行できるかは人事考課の結果によって決まるものの、よほどのことがなければほぼすべての従業員が何らかの昇給をしていくことが特徴的である。加えて、各等級の中の号数のピッチは非常に細かく設定されているため、全体として評価の良し悪しによって昇給額が大きく異なることにはならない。こうした仕組みから読み取れることは、習熟によって得られる能力の差は短期的に現れるものではなく、長期間かけて蓄積されていくものであるとする考えであり、わずかずつでもすべての従業員において何らかの能力伸張があると前提されているということである。

また、同一等級で習熟昇給を何度か繰り返したのちに、上位の等級に移行することを昇格というが、この昇格に伴う昇給を昇格昇給という。この際、賃金テーブルとしては隣のテーブルに移ることになるが、昇格前の等級の金額の直近上位の金額に移るのが一般的である。

ここからわかることは、職能給はそもそも年功や学歴による生活給的な賃金管理から離れ、能力主義的な賃金管理を目指すために試行されたはずであったが、実際には、相当程度年功的な運用がなされていたということである。習熟昇給においては、人事考課の結果によって昇給金額は異なるものの、その差額は小さく、またほとんどすべての職員が昇給できる仕組みになっていたことに加え、月例賃金の中心である基本給は職能給だけでなく年齢給による部分もあった。また、昇格昇給においても、昇格のための必要経験年数や標準年数が設定されていることが通常であり、有能な若手が年次上位者を飛び越えて昇格することは制度的にまれであったといえる。「仕事により人の能力は伸びる」という人間中心の思想のもと、一旦身に着いた能力は減らないという前提に立っていることから、降格という処遇は発生しないことになる。

従業員に対して長期勤続に対するインセンティブを与えた点や、多能工の育成を可能にしたことなど、当時の日本企業の置かれた環境において職能給の果たした意義は少なくない。しかし、インセンティブを強化するために等級数を増加させるとともに、その能力要件が曖昧にされてきたことによって、職能資格制度は年功的な傾向を持つことになっていった。職能資格制度は従業員の能力開発を志向するものだが、多くの場合、その能力要件は全社一律的に設定されていたため、どうしても抽象的な表現になってしまう。その結果、評価の厳密な運用が難しく、昇格基準が曖昧になり、資格制度の運用自体が年功的なものとなっていった。

また、社内資格は過去からの積み上げ成果を反映したものであり、一度身に着いた能力は減らないという前提に立つがゆえに、人件費としては変動費化しにくく、従業員の高資格化が進んで人件費が高騰しやすくなる。つまり、結果として賃金水準が年々上昇する賃金インフレが起こりやすくなる。職能給のこうした構造や年功的運用が、低成長期を迎えた一九九〇年代に入ると批判されていくこととなる。

(4)　成果主義型賃金制度へ

国内で最初に成果主義型賃金及び人事制度を導入したのは富士通(株)であるとされる。当時はバブル崩壊直後であり、各社とも経営環境が悪化し始めるとともに、上記で指摘したような職能給制度の欠点が問題視されてきていた。当時、富士通はハードウェア製造からソフトウェア開発及びその販売へと業務内容を大きくシフトしようとしていた時期であり、一九九三年から目標評価制度として成果主義的な賃金体系が試行された。

その後、一九九五年には日経連(現在の経団連)が『新時代の「日本的経営」』とする提言の中で、今後の賃金制度はこれまでの年齢や勤続に大きく依拠したものから、職能や業績の伸びに応じて賃金が上昇するシステムに変えていくべきであることを主張した[13]。その考え方の柱としては、①日本的雇用慣行からの脱却、②雇用の多様化・流動化・選別化、③賃金体系の差別化、④企業内福利厚生の差別化の四つの要素から構成されている。

①は、従業員の雇用についてこれまでの一律的な形態でなく、企業経営の中核を担う「長期蓄積能力活用型」人材をストック型人材と位置づけ、他方で「高度専門能力活用型」や臨時・非常勤、アルバイトなどの「雇用柔軟型」をフロー型人材とする人材活用が提唱されている。すなわちフロー型人材については企業が都度労働市場から調達することができれば、人件費の硬直化を避けることが可能になる。この①日本的雇用慣行からの脱却を実現させるためには、仕組みとして②、③、④が自ずと求められることになる。人材を上記の三つの型に区分し、それぞれに応じた雇用体系を組み合わせることによって企業内の人事構成が多様化していく。また、固定化しない(せずともよくなった)フロー型人材については、人件費の物件費化によって流動資産であるかのように処遇されることとなった[14]。

さらに、生活給の意味合いを有したこれまでの年功的賃金体系では人件費が硬直化する傾向は避けられないことから、『新時代の「日本的経営」』では、日本的雇用関係のベースとなる企業内労働組合とその産業別連合体との交渉関係からの脱却が目指された。すなわち、それまでのあらゆる職種が一体化した労働市場を人材の種別によって分断化し、加えてどの職層にも厳密な人事評価制度を導入することで、賃金決定を需要主導的にしようとするものである。この意味としては、労使間の交渉で賃金を決定するのではなく、賃金原資を一定化したうえで、これを労・労間での配分関係事項とするということである。そのための手段として目標管理制度を導入して成果主義型賃金体系を構築し、もって総額人件費管理を可能とすることでコストとしての人件費削減を狙いとするものであったと考えられる。当時、日本企業がグローバル化の波に晒される中で、とりわけアジア諸国と比べて高い人件費が競争力低下の要因の一つと目されていたことから、こうした日本的雇用慣行からの脱却が目指されたものと推定できる。

今野によれば、一九八〇年代の能力主義的賃金体系は「供給重視の賃金制度」[15]であった。従業員の能力向上をすることによって企業は新たな製品やサービスを創出し、需要自体を喚起するとともにさらに付加価値の高い製品を生み出すことにつなげる。市場規模が拡大し続ける中で、従業員の能力向上に伴う賃金コストの増大は、市場が吸収していくことで賄われる仕組みであった。これを賃金制度として具現化させたのが職能資格制度である。

しかし、ポストバブル期を迎え、企業は逆からの発想を余儀なくされた。つまり、これまでの供給側からの賃金体系では硬直化する賃金コストの問題を解決することは不可能である。そのため、賃金決定の思考を逆向きの流れにし、市場での成果の要因から処遇を決定する「需要重視の賃金制度」に転換させる必要性があった。

戦後の日本の賃金制度の変遷において、年功的賃金制度は年齢、学歴、性別などを基準とし、能力主義的賃金は職務遂行能力を基準とするものであったが、いずれもそれは人の属性を基準とした供給側からの賃金制度であった。しかし、このタイミングにおいて、多くの企業は人の属性を基準とするのではなく、職務あるいは市場からの需要を基準とする賃金制度に切り替える方策をとった。職務を基準とするものが「職務等級制度」を柱とする職務給であり、市場からの需要を基準とするものが「役割等級制度」を柱とする役割給の考え方である。[16]

役割給とは、職務給を基礎として日本の組織で使いやすいように改変したものであると説明される。[17]前述したように、職務給は企業、公務労働を問わず、日本の一般的な職場での業務遂行方法である大部屋主義と相容れず、導入に失敗した経緯がある。そこで、職務分析を詳細に行うのではなく、ある程度大括りにして基本的な職責だけを定義し簡潔な仕組みとすることで、職能給と同程度の等級数とした。また、個々の組織に応じた職位や職務の価値を「役割」として捉え、それに応じた役割等級を設定するなど柔軟な運用が目指された。

こうした賃金制度の変化について、石田は次のように説明する。[18]成果主義や役割等級が登場した背景としては、「市場」を重視➡「付加価値」の重視➡「付加価値への貢献」=「成果」×「役割」という筋をたどる。「役割」という概念とパフォーマンスには馴染みやすさがあり、「人」基準にとどまって需要側の規定を受け止め得る概念として「役割」が案出された。また、市場で決定される「付加価値」に対して個々人がどの程度貢献したかを測る軸として、「役割」×「成果」を付加価値貢献度とする仕組みは自然である。その際、「役割」、「成果」の双方に「目標」が大きく関わってくることを石田は指摘する。すなわち、「成果」の納得的な評価については、「目標」の妥当性や公平性の確保が重要な要件となる。また、「役割等級」は個人の貢献度の状態的等級であるがゆえに、「目標」の妥当性や公平性の尺度を与えるものとなるとする。

(5)　成果主義的人事管理における目標管理制度とその課題

こうした分析から明らかになることは、役割も成果も、ともに市場との関係の中で形成されるものであること、また、目標管理は役割及び成果を把握するための手段として必然性の中から登場したツールだということである。

企業が成果主義的人事管理を行おうとするならば、まず当該年度の計画や達成目標がトップによって組織全体に対して示される必要がある。これが各部門の達成目標値の総和となり、そこからさらに部門内の個々人の従業員にブレイクダウンされていく。この時、明確な仕事の範囲及び責任の度合いをもって仕事の遂行方式を個人別化することによって、目標達成度を個人別に評価することが可能になる。

この際、一般的な評価の仕組みとしては、個人別に当初目標に対する達成度をS、A、B、C、Dなどの五段階評価とし、そのうちBを一〇〇％達成標準目標として設定する。例えばSは一四〇％、Aは一二〇％の超過達成とし、Cは八〇％、Dは六〇％と目標未達成としてもっぱら各期末の賞与へ反映させる。超過達成者の賞与増額分については、目標未達成者の減額分から調達することで、賞与ないし給与の総額を一定にして管理する「総額人件費管理」が可能になるというものである。

そもそも、目標管理（management by objectives and self-control）とは、定量的な業績と定性的な業績の双方を踏まえて、個々の従業員の仕事内容に即した評価を行うため、評価者と非評価者との間で業績目標について予め合意をとっておき、その達成度を可視化するという手法である(19)。能力評価はあらかじめ全社的に評価項目が定められているのに対し、目標管理は通常半期もしくは通年期ごとに従業員それぞれに応じて、挙げた業績とそれを引き出すためにとられた行動(プロセス)などの評価項目が設定される。すなわち、その時々の経済状況や経営状況を勘案しながら、部門長によって評価項目が柔軟に決定できるという特徴がある。職務給ほど厳密な職務分析を行わなくてよく、職能給の持つ年功的運用となる傾向を排除することができる点で、役割給は時代の要請の中で登場した仕組みであり、これを運用する軸となるのが目標管理であった。

こうした目標管理の仕組みを伴った成果主義的人事管理は、二〇〇〇年前後から多くの日本企業で導入されてきた。労務行政研究所が実施した「人事労務諸制度実施状況調査」(二〇〇九〜二〇一〇年)[20]によると、目標による管理制度の実施率は七三・八%に上る。しかし、一方でこの制度の運用については様々な課題が浮かび上がってきていることも明らかになっている。同じく労務行政研究所が実施した「目標管理制度の運用に関する実態調査」(二〇〇六年)[21]では、制度を導入した企業のうち一八・一%が「既に見直した」、五六・九%が「見直す予定」、さらに〇・九%が「制度をやめた」と回答している(複数回答)。

具体的な課題として想定されるのは、成果主義的な評価・処遇に関連することとして、達成度を上げるために達成しやすい目標を設定する傾向が生じる、目標に掲げた以外の仕事をやりたがらない、短期業績のみを追い求めるようになる、などである。また、目標管理の制度自体に関連することとして、組織目標と個人目標との結びつきが弱い、設定する目標のレベルにばらつきがある、目標を設定しづらい部門や職種がある、といったことなどが挙げられる[22]。

成果主義的人事管理に大きくつまずいた例として知られるのは、皮肉にもこの仕組みを国内で最初に導入した富士通(株)である[23]。その制度の特徴としては、部門ごとの目標作成と個人へのブレイクダウン、評価結果の賞与額および昇給額への反映、裁量労働制の導入であり、当初、これらの仕組みは従業員の高い労働意欲を引き出し、それによって高い生産性を実現させるものと期待されていた。しかし、「目標シート」の作成作業が機械的に行われたこと、分量の多さに押され大量の「目標シート」の評価が適正になされなかったこと、上司による個人別評価の後に行われる評価委員会で相対評価が行われたことなどから、社内での不満が高まり、結果として中堅社員の大量離職を招くこととなった。絶対評価を相対評価に変換する手続き自体は、賃金の総額管理の必要性から制度運用上は行われることも考えられるが、その際の基準が明確でかつ従業員に対し納得を得られる形で十分に説明がなされていなければならない。制度自体に公平性が欠けており、その運用上も従業員の理解と納得が得られなかった点が、失敗の大きな要因となったと推察できる。

本来、目標管理には大きく分けて二つの意義があると奥野は指摘する。(24) 一つは、目標が組織の従業員の貢献を共通の方向に向ける役割を果たすということである。個々の従業員は組織目標の達成のために仕事を割り当てられることから、当然のことながら、個々の努力は組織目標や戦略によって統合されていなければならない。組織目標が各部門にブレイクダウンされ、それがさらに個々人にブレイクダウンされるシステムにおいては、「目標」が全社の活動を統合する手段となるのである。

もう一つは、目標設定の作業に個々の従業員が主体的に参画することによって、従業員自身が自己管理及び自己統制が可能になるということである。評価される内容・項目に自らが関わることによって、従業員にとっての目標の妥当性に対する納得と、目標達成への意欲が高まることが期待される。(25) その際、重要になるのが評価者としての上司の役割である。評価者は、会社全体及び所属する部門の目標を理解したうえで、部下である従業員とコミュニケーションを取りつつ目標設定をサポートする役割が求められる。評価者と部下との間でのこうした目標設定や修正、またこれを着実に実施していくための途中経過での進捗管理や評価結果の振り返りなどは、いずれもコミュニケーションを必要とすることから、目標管理は人材育成の効果を伴うと考えられる。

こうした、目標によって組織と個人のマネジメントを行うとする目標管理の考え方は、ピーター・F・ドラッカーによって一九五〇年代中葉に提唱されたことはつとに知られている。そもそも、ドラッカーの主張としては、目標による管理は全社的な組織マネジメントにおいて成果を上げるための重要な手段であり、その最大の利点は支配によるマネジメントを自己管理によるマネジメントに代えることにあるとする。従業員一人ひとりのビジョンと行動に共通の方向性を与え、チームワークを発揮させるためのマネジメント、すなわち一人ひとりの目標と全体の利益を調和させるためのマネジメントを実現する。これを可能にするのが自己管理による目標であるとしている。(26)

こうした理解に立てば、目標管理は元来単なる人事考課のシステムとしてではなく、企業経営のための全社的活動の統合システムであり、従業員が自律的かつ生産性高く働くための人材育成のツールであると捉えることができる。しかし、多くの企業ではおそらくこうした本来の目的が見落とされ、業績評価手法として結果評価のみを処遇に反映させるような、いわば「ミスリーディング」的な使われ方をしたために、誤った運用と解釈が広がったのではないか。仮に、組織目標と個人の目標の整合性を図り、部下のモチベーションを高めつつ人材育成を行っていくという本来の趣旨に基づいた上司と部下のコミュニケーションがなければ、目標管理はいわばノルマ管理ツールとなってしまう。組織目標をただ機械的にブレイクダウンしただけのものを個人目標として押し付けられれば、それはドラッカーのいう「支配によるマネジメント」以外の何物でもない。

実際、先に取り上げた「人事労務諸制度実施状況調査」(二〇〇九～二〇一〇年)によれば、目標管理制度を人事考課に反映させている割合は、直接反映が五九・〇％、間接的反映が三五・四％であり、合わせて九四・四％にも上る。これらの企業の多くが何らかの制度見直しを迫られていることからすれば、この運用が極めて形式的になっていることによって業績評価の副作用ともいうべき状態が生まれていると考えられる。上司から一方的に目標数字を割当てられ、評価の際も達成した数字だけを判断されてその過程(プロセス)は評価の対象とならないことや、結果として目標管理の書類を作成することに大半の時間が費やされ、コミュニケーションがかえっておろそかにされるといったことが行われていれば、従業員から不満が出る一方、制度としての本来の目的が果たせていないことも容易に想定されるところである。[27]

2　地方公務員法改正の意味と意義

(1)　地方公務員法改正への道筋

以上の整理と分析によって、総人件費の高騰と年功的運用から職能資格制度の限界が露呈したこと、それに伴って成果主義的人事管理が導入されたものの、目標管理の誤った解釈と運用によって業績評価の副作用が生じ、多くの企業が見直しを余儀なくされていることなどが明らかとなった。

こう考えると、成果主義については既に終わった、或いは次のフェーズに入っていると表現される現在のこのタイミングで地方公務員法が改正されたことは、やや時代遅れの感が否めない。しかし、公務員制度の抜本的改革に向けた改革が本格化したのは一九九〇年代後半からであったことを思えば、当時の時代背景の中における公務労働への問題意識が反映されていることも不思議ではない。以下では、今般の地方公務員法改正に至った議論の道筋を整理しておきたい。

少子・高齢化の進展や就業意識の多様化、雇用の流動化等、行政をめぐる諸環境の変化に対応するという狙いのもと、新たな人事管理システムを構築することを目的として、総務庁（当時）に公務員制度調査会が設置されたのが一九九七年四月である。また地方公務員についても、自治省行政局長の私的研究会としてではあるが、同年九月に地方公務員制度調査研究会が設置された。

その後、一九九九年三月に公務員制度調査会が「公務員制度改革の基本方向に関する答申」を取りまとめ、地方公務員制度調査研究会においても同年四月に「地方自治・新時代の地方公務員制度——地方公務員制度改革の方向——」とする報告書を取りまとめた。これらはいずれもこれまでの勤務評定に代え、勤務に関する新たな評価制度の導入を主張するものであり、能力評価と実績評価という二つの評価を組み合わせたものとなることが既に示されていた。

ただし、このような能力・実績に応じた処遇を行う理由として示されたのは、「社会の少子・高齢化に対応した雇用期間の長期化を財政的な制約の下で実現していくに当たっても、公務員制度とのその運用において、これまでのような年功を重視した処遇を続けることはできず、全体的な給与水準における官民均衡を維持しつつ、各職員の能力・実績に応じた処遇を推進していく必要がある[(28)]」という点であったことは注目に値する。財政的制約の下で年功的でない処遇を実現させるために能力・実績に応じた処遇に転換するということは、すなわち人件費の総額管理を行い、全体としての給与総額の圧縮を狙いとしているということが少なからず明示されているといえるからである。

この基本答申を受け、二〇〇〇年一二月には「行政改革大綱」が閣議決定され、「国家公務員、地方公務員制度の抜本的改革」として、公務員への信賞必罰の人事制度の実現や再就職に関する合理的かつ厳格な規制などが盛り込まれた。この折の抜本的改革の狙いとしては、翌年一月に中央省庁新体制の発足を控える中、「政治主導の下、公務員に対する国民の厳しい批判（組織への安住、押し付け型の天下り、国民への過度の介入、前例主義、サービス意識の欠如等）に正面から応える一方、身分保障に安住することのないよう、公務員が持てる能力を最大限に発揮し、強い使命感を持って国・地方が抱える内外の諸課題に挑戦することにより、公務員に対する国民の信頼を確保するため」と説明されている。このための具体的な手法が成果主義・能力主義に基づく信賞必罰の人事制度だとされたのである。

これらの議論を経て、二〇〇一年の公務員制度改革大綱（平成一三年一二月二五日閣議決定）において、能力評価及び業績評価の導入を伴う国家公務員法改正と二〇〇六年度実施に向けたスケジュールが示されるに至った。ここでは「真に国民本位の行政の実現を図ることを基本理念として掲げ、国民の立場から公務員制度を抜本的に改革することにより、行政の在り方自体を改革することを目指す」とされ、新たな人事制度として能力等級制度の導入及び能力等級を基礎とした新任用制度の確立、そして能力・職責・業績を反映した新給与制度の確立が盛り込まれたのであった。また、地方公務員法についても、国家公務員法改正と同様の内容を含んだ方向性での変更が予定されることとなった。

（2）視点の設定

一九九〇年代後半以降のこうした一連の公務員制度改革は、まさに企業においても成果主義的人事管理が導入された頃と軌を一にしており、その意味では当時の時代の要請にそぐう方向性の改革であったといえよう。

しかし、今般の地方公務員法改正について特に留意すべき点が存在すると考えられることから、ここで本論における検討の視点として取り上げたい。それは職階制が廃止されたにもかかわらず職務給の原則は維持されているという点である。さらにいえば、企業における成果主義型人事管理は市場との関係性の中から必然的に導かれたものである一方、公務労働においては賃金及び人的資源といった要素が市場との結びつきがほぼない中での導入であることから、処遇への反映の問題が生じるのではないかということである。

地方公務員法における職務給の原則とは、給与は職務と責任に応ずるもの、すなわち地方自治体に対する貢献度に応じて決定されなければならないとする原則である。[29] 橋本によれば、一九五七年の給与制度の大改正により、それ以前の通し号棒的な給与体系が等級別の給与制度に改められたことに伴って職務給の基礎が確立され、法律が要請する原則に適合する制度となって今日に至っている。

周知のように、職階制は日本の公務労働において実施されないままに今次の法改正において条文が削除されたが、削除される以前から、職階制に相当する機能を果たしていたのが給与制度であった。具体的には、職務の内容に応じた異なる給料表の適用と、各給料表における級の区分がこれにあたる。従事する職に応じて異なる給料表を適用することは、職群ないし職種を分類することに相当する。また、それぞれの給料表に設けられている等級は責任の度合いに応じており、これが職級に相当する。さらに各級内の号給の区別は、生活給の要素を考慮したものであるとともに、同一職務における能率の向上にも対応するものとなっている。こうしたことから、職階制に代わる機能を実質的に給与制度が果たしていると指摘されてきた。今次の改正によって、職階制について定めた地方公務員法第二三条が削除されたと同時に、標準職務遂行能力、人事評価及び等級別基準職務表に関する規定が整備されたことによって、給与に関する制度がより一層職務と責任に応じるものとなったと橋本は指摘する。(30)

しかし、こうした橋本の説明は、職務給についての一般的理解からすればやや腑に落ちない。これまで本章で整理してきたように、職務分析によって職階制が設けられることにより職務給が実現されることからすれば、職階制が廃止されたにもかかわらず職務給の原則が維持されていることについては、原則論としては苦しい説明になる。ただ、実質的には給与制度が職階制に相当する機能を果たしているとしても、今次の改革ではここに標準職務遂行能力に基づく能力評価と業績評価の二本立てによる人事評価の仕組みが付け加えられたのであり、これらの仕組み間での整合性をどのように説明すればよいのであろうか。

総務省が作成した「地方公務員法及び地方独立行政法人法の一部を改正する法律（平成二六年法律第三四号）の概要（能力実績主義関連）」の資料によれば、「職務給原則を徹底するため、地方公共団体は給与条例で『等級別基準職務表』を定め、等級別に職名ごとの職員数を公表するものとする。」とされている。等級別基準職務表については、職務給原則を踏まえたうえで給料表の等級別の分類の基準となる職務内容を示したもの(31)とし、これまでは総務省の助言により条例化を促進してきたが、今次の法改正においては給与条例で定めることが求められている。このようにみると、職務給の原則をうたいつつ、実質的には等級別に区切られた職務遂行能力に給与が連動される職能資格給の要素が強くなること、さらにそこに業績評価に基づく成果主義的賃金の要素も盛り込まれるということを意味しているのではないだろうか。

給与体系のこうしたハイブリッド型ともいうべき構造自体は、企業においてもまま見られるところではあるが、異なった理念に基づく仕組みが混合的に用いられることで、合理的な説明が難しくなっているともいえよう。とりわけ、職務給の原則と職能資格給的実態との整合性の難しさについて、鵜養は次のように指摘している(32)。すなわち、年一回実施の能力評価と年二回実施の業績評価の結果によって、翌年の一月一日に昇給について決定がなされる仕組みについて、「『当期』の職務遂行についての人事評価が『次期』の職務（遂行）に対する評価となることに留意することが必要」だとする。職務給は仕事を基準とし、職務内容に応じた賃金であるべきところ、異動等によって職務の変化が生じる場合の次期の職務について、前期の「実績」から賃金額を決定することは必ずしも論理的ではないことになるからである。他方、「能力・実績」の評価はあくまでも人についての評価であるため、こうした人についての評価制度を昇給の根拠とすることには「制度間の説明の負荷が加わっている(33)」と指摘する。

加えて、ここにさらに成果主義的な業績評価の仕組みが付け加えられたわけだが、これら人事評価の結果は昇任（地方公務員法第二一条の三）、降任（第二一条の五第一項）、転任（同条第二項）及び分限（第二八条第一項）などの基礎とすることとされ、具体的には、国では過去一年間の能力評価・業績評価の結果を昇給（昇給号給数の決定）に、直近の業績評価の結果を勤勉手当（成績率の決定）に反映している。

そもそも、人事評価は何のために用いられるのかということでいえば、一般的には上記のように成果主義的な処遇に用いるためであると説明できる。企業ではこのための手段として目標管理の仕組みが導入されてきたのは本章で見てきたとおりである。もう一点、人事評価の目的としては職員の能力開発及び人材育成に用いるためのツールであるともされる。小堀の分類によれば、現在自治体で実施されている人事評価は「処遇管理型（二〇世紀型）」と「人材育成型（二一世紀型）」の二種類に分けることができるが(34)、前者の能力評価では職員に「気づき」を提供することは考えられていない。運用上の関心はもっぱら「公平公正な評価」「客観的で納得性の高い評価」をすることに向けられているとする。それは評価結果を処遇に反映させ、職員に外発的な動機付けを行うことが目的とされているからだが、ここに、「気づき」から「自学」を生むような個々の職員の能力開発の視点は欠落しているとする。

ここで、今次の地方公務員法改正の書きぶりに立ち返れば、改正された第二三条には、人事評価の目的について「任用、給与、分限その他の人事管理の基礎として活用」とだけ規定されているのであって、職員の能力開発や人材育成が明示されているわけではない。さらにいえば、勤務評定が規定されていた第四〇条が削除され、代わりに人事評価が導入されたわけだが、人事評価は新たな第四〇条としてではなく、これまで職階制が規定されていた第二三条に位置付けられた。このことの意味をどう捉えればよいのであろうか。これまでは、勤務評定はその直前の条文である第三九条の研修とセットとして扱われていた。近代的公務員制度の基本理念の柱は民主的制度と能率的制度の要請であるが、このうち勤務評定と研修はともに能率的制度を担保する仕組みとして位置付けられてきた。しかし、今次の法改正においては、これが切り離され、かつ人事評価に関する規程が第二四条以降の給与に関する規程の直前におかれることで、人事評価と給与との間に強い関連性を想起させるような構造になっているということができる。総務省は、今次の改正にあたり、自治行政局長名で「地方公務員法及び地方独立行政法人法の一部を改正する法律の運用について（通知）」（総行公第六七号）を発出し、この中で人事評価を人材育成につなげる観点から留意点を掲げてはいるものの、条文の書きぶり自体としてはやや貧弱であると言わざるを得ない。

こうした、処遇型ととれる書きぶりは単に今次の地方公務員法改正にのみ特徴的なことでは決してなく、むしろ企業での成果主義型人事管理ないし業績評価についてのこれまでの多くのいわば「ミスリーディング」からすれば同様の流れだということができる。今野によれば、「業績管理の強化」と「人事管理の成果主義化」は必ずしも一体ではない[35]。すなわち、業績管理とは、期待成果（業績目標）を設定し、それによって部門や個人の業績を評価することを通して効率的、効果的な組織運営を図るための仕組みである。したがって業績管理とは、どのような期待成果を設定するか、それに基づいてどの程度厳しく業績を評価するかによって規定される。

しかし、こうした業績評価の結果を「人の評価」に結びつける際には、実は多様な選択肢やその濃淡がある。つまり業績評価の結果は結果として、それを昇給や人事考課にどう反映させるかは次の段階の作業であり、組織としての政策選択にかかわる問題となる。この際、考慮すべき点としては従業員の労働意欲をどのように維持・向上させるかということと併せて、人材育成の観点であると今野は指摘する。その理由としては、業績評価を人事管理に反映させる際はどうしても短期的意味合いが強くなるが、労働意欲の維持・向上及び人材育成は長期的意味合いが強く、両者間に「トレードオフの関係」[36]があるからだとする。

短期的な尺度である成果を評価に用いると、実に様々な問題が顕在化してくることは、既に成果主義型人事管理及び目標管理制度を導入した企業から明らかになっている。本章1節でみたように、達成度を上げるために達成しやすい目標を掲げる、短期業績のみを追い求めるようになる、といった傾向は、個々の従業員に帰する問題ではなく、あくまでも目標管理制度の運用にかかる企業側の政策選択による問題だといえよう。

さらにいえば、短期的成果は従業員本人の頑張りを正しく反映するとも限らない。本人の責めに帰すべき事由でなく、短期的に起こる社内外での様々な変動が大きく影響するからである。こうした評価において公正さを厳密に維持することは至難の業である。そして、このように不安定な短期的評価結果を長期的な人事管理に位置付けることになれば、従業員の不満を生むとともに、長期的な人材育成の観点が阻害されることになりかねない。

このような課題を前提とするならば、様々な制度設計上及び運用上の工夫が必要となるところである[37]。例えば制度設計上の工夫としては、短期的な評価を長期的に位置付ける際に生じるトレードオフの問題を改善する狙いで、人事考課制度の中では昇進・昇格については成果の評価結果を弱めて反映させ、その一方で成果だけでなく能力評価の結果をも反映させる仕組みが試行されている。また、運用上の工夫としては、管理職が期待している業務量と質を明確にするために、部下は面談を通じて目標を決定することや、本人の責めに帰さない短期的変動の影響を考慮し、期中に目標の再設定ができるといったことなどである。

目標管理制度を伴った成果主義型人事管理の改善例として、国産顕微鏡の量産化を目的として一九一九年に設立されたオリンパス株式会社では、二〇〇九年度より新目標管理制度（ＭＢＯ—Ｓ）を導入している[38]。新制度では、従来、査定（結果評価）に偏っていたマネジメントの力点を、役割・目標の明確化（期初の擦り合わせ）にシフトした。「主体性を引き出すには、その人自身に自分の役割認識を表明してもらうことが有効」との考えから、目標設定のシートに「私のミッションステートメント」という欄や、上司が部下の主要目標について期待を示す「期待する活動内容」の欄を設け、期初の時点で個々の役割や目標を明確にすることに注力した。また、従来の制度の中では「目標に書いてあることさえやればよい」という誤った運用に陥りがちであったことから、新制度では顕著な組織貢献があった場合は「目標以外の組織貢献」として加点できるようにした。こうした改善は短期的成果を人事管理に反映させる際の工夫であり、さらに目標設定の作業に個々の従業員が主体的に参画することによって、従業員自身が自己管理及び自己統制が可能になるという、目標管理の本来的な意義に立ち返る工夫でもある。

同社人事部の森（当時）によれば、新制度を機能させるポイントは「制度本来のあり方に立ち戻って作り直すこと」にある。森が「当社自身の反省という意味を含めて申し上げると、これまで多くの企業では、ＭＢＯの仕組みを査定のツールということに力点を置いて運用してきたのではないかと思います。もともとＭＢＯの本質は、社員の主体性を引き出しながらコミュニケーションの促進を図り、企業体質強化と本人の成長につなげていくことにあります。[39]」と述べるように、同社の新制度はまさにドラッカーが目指した、「支配によるマネジメントを自己管理によるマネジメントに代える[40]」仕組みとなっているといえる。処遇に用いるための評価としての限界を認識した同社の新制度による改善には、学ぶべきところが多い。

翻って、今次の地方公務員法改正を受けて、各地方自治体はどのような評価制度を実施すべきであろうか。前述したように、第二四条の職務給の原則は維持されたままであることを前提とすれば、給与決定の原則が変更されたということにはならず、この前提に立つ以上、処遇に用いるための評価とすることには自ずと限界があると言わざるを得ない。上記のような企業での改善例からみても、短期的評価結果を処遇に反映させることの弊害も容易に想定されるところでもある。こうしたことから、人事評価のもう一つの意義である、職員の能力開発及び人材育成に用いるためのツールとしての位置づけをより強く意識した仕組みとすることにこそ、より望ましい途が開けるのではないだろうか。富士通の例からも明らかになったように、従業員への十分な説明と納得を得られないまま、人件費の総額管理のための手段として使われることは非常に危険だといえよう。

先に企業での賃金制度の変遷でみたように、市場を起点とした労働力の評価の必要性から、役割等級や目標管理などの仕組みが登場していた。しかし、日本における公務員は外部労働市場との関わりが非常に薄いことから、本来的に市場との直接的な応答性はない。したがって、役割概念や目標管理制度が社会経済環境の中で必然的に導入されたわけではないことからすれば、仕組みとしてどう根付かせるかということにより注意が払われるべきであろう。処遇のための評価という認識が先行すれば、ラインやスタッフとしての職責に関わりのないポストの乱設ということにも繋がりかねない。目標管理を単なる人事考課のシステムとしてではなく、一人ひとりの目標と全体の利益を調和させるためのマネジメントを実現するための全社的活動の統合システムであり、従業員が自律的かつ生産性高く働くための人材育成のツールであると捉えて運用できるかどうかが、重要な鍵となると考えられるのではないだろうか。

3　事例：池田市の人事評価制度(41)

本節では、先進的な人事評価制度を導入し運用している事例として大阪府池田市を取り上げる。池田市の人事評価制度については、二〇一八年度に総務省に設置された「人事評価の活用に関する研究会」においても詳細に取り上げられている。また同市の人事評価制度導入を中心的に担ってきた、同市人材育成推進参与の上浦善信による制度・運用の解説(42)や、同市の人事評価の成果と課題についての実証的研究(43)も発表されているなど、同市の取組への関心の高さが窺えるところである。以下では、本章で先に示した視点を中心としていくつかの観点から分析していく。

(1)　池田市人事評価制度の概要

池田市は、人口約一〇万人、職員数は五九七名（普通会計ベース、平成二九年四月一日現在）(44)と中規模の団体である。同市では、地方公務員法改正が実施された二〇一六年度から、技能職員、臨時職員を含む全職員（医療職を除く）を対象とした新たな人事評価制度を導入している(45)。

同市では人事評価制度の目的について「組織と個人を応援し、質の高い行政サービスを提供」することと位置付けている。チームづくりの応援により自治力を高めるとともに、個人のキャリアデザインの応援によって職員力を高めることで、「質の高い行政サービスの提供」の実現を目的とするものである。

表１－１　行政職（事務・技術）における評価者と被評価者の対応表

被評価者		１次評価者	２次評価者	確認者
一般職	主任主事・主任技師 主事・技師	主　幹 副主幹	課　長	部　長
監督職	主　幹 副主幹	課　長	部　長	市長公室長
管理職	参　事 次長・課長	部　長	―	副市長
	理　事 部長・消防長	副市長・教育長・病院事業管理者・上下水道事業管理者	―	市　長

（出所）　池田市「2019年度版人事評価制度活用ガイド本編」v1.1.0，2019年４月．

１　評価者、評価期間

評価者については、一次評価者は被評価者の業務内容や職務遂行状況を熟知している直近の上司とし、二次評価者は一次評価の補正を図り、評価の客観性・公平性を高められる一次評価者の上司（専決権がある者）としている。また、確認者として、所属による偏りを防ぎ、さらに客観性・公平性を高められる二次評価者の上司または市長公室長としている。行政職の被評価者及び評価者の対応は表１‐１のとおりである。

評価期間は年度に二期、四月一日から九月三〇日までを上期、一〇月一日から三月三一日までを下期として実施される[46]。

２　業績評価

業績評価については、池田市では組織の目標を必達させるための制度であり、期首に目標を設定し、評価期間の職務遂行に基づく「挙げた業績」について評価するものとしている。目標設定の流れとしては、まず各所属の年度目標を設定し、その後被評価者が個人目標の検討内容を一次評価者に提出、期首面談にて個人目標を確定させる。その後、部内及び連絡調整会議で目標のレベル等を調整する。各所属の年度目標を設定する際に重視されていることとして、所属目標が設定された後に各所属において評価者を集め、所属目標を周知するとともに、各職員の個人目標について事前協議を行うこととされている。また、設定された所属目標は庁内イントラネットにて公開・周知がなされている点である。このように公開することで、庁内全体での情報共有が可能になり、キャリアデザインなどに関する自己申告の参考にするなど、

「目標の連鎖」によって適材適所の配置に繋げるという狙いがある。

個人目標の設定方法については、個人目標は特別な業務や課題ではなく、「やるべき仕事の内容」と「その成果」を明確にするもので、業務の遂行を自己管理していくものと位置付けている。かつて一部の企業で実施されていた目標管理として通常業務に加えて高い目標設定が求められた結果、自己中心的な行動の増加や高い目標が損、低い目標が得といった捉え方のような様々な副作用が生じていたことに鑑み、池田市の業績評価においては通常業務を本来行うべき業務として目標に設定させ、確実な目標設定と高い水準での達成を目指すものとしている。個人が当初（評価期間開始段階）に設定できる目標は四つまでとなっており、業務遂行期間中における目標について追加や変更が生じた場合には、評価者と協議のうえ、目標の追記や変更が認められている。

目標のレベル設定については、**表1-2**の「視点別目標レベル区分表」の「困難度」「貢献度」「優先度」といった三つの視点を基に、「目標レベル設定表」を用いてSからCのいずれかにレベルを設定する。

目標設定時の留意点としては、目標が職位に相応しいかどうか、評価結果の判定しやすさを意識し、「何を・いつまでに・どうやって・どの水準まで」行うかを具体的に表現することとされている。また、短期で成果が出せない業務は、中長期的な成果を意識しつつ、評価期間における到達水準の目標を設定することとされる。このように、期首に目標を具体的にきちんと記入することで、「評価の時に揉めない」ということがこの制度の運用上の最大のポイントだということである。上浦によれば、制度実施一年目は個々の職員の目標設定時の表現が曖昧だったが、上司がその点について面談時に十分指導できず、評価がしづらくなったとのことである。これを教訓として、以降は具体的に表現することに努め、評価時には当初の記入内容とおりの評価を行うこととされた。この意味は、期首に設定した記入内容に不備があったとしても、それを理由として評価を下げると職員のモチベーションが下がってしまうからということである。すなわち期首に設定した目標については、その内容を認めた評価者の責任が生じるのであり、ひいては評価者（所属長）の指導力・力量が問われることになる。後述するように高レベルの目標は連絡調整会議で審査されるものの、結果的に適切でなかった場合は次期の期首設定時に評価者が指導することになる。

各評価者は達成度判定基準表により、評定項目がどの程度達成されたかを、客観的事実に基づいて区分［T1（最高

表1－2　視点別目標レベル区分表

視点＼区分	項　目	S	A	B
困難度	議題（懸案事項）の解決など	• 困難な課題や大幅な制度の見直しに関する目標 • 長年の懸案事項を解決する目標	• 制度の見直しに関する目標 • 懸案事項を解決する目標	
	調　整	• 調整が必要な庁外の関係機関が多く，調整に極めて多くの時間や知識労力が必要な目標	• 調整が必要な庁内外の関係機関が比較的多く，調整に多くの時間や知識労力が必要な目標	• 調整が必要な庁内外の関係機関があり，調整の時間や労力がある程度必要な目標
	創意工夫	• 目標達成に向けて高度の創意工夫や極めて多くの努力が必要とされる目標※1	• 目標達成に向けて新たな創意工夫や多くの努力が必要とされる目標※1	• 目標達成に向けて創意工夫や努力がある程度必要とされる目標※1
貢献度	行政課題	• 総合計画，施政方針等に関連し，行政課題として重要度が極めて高い目標	• 行政課題として重要度が高い目標	• 組織目標に貢献する目標
	財政効果	• 極めて大きな経費節減・事務改善が見込まれる目標 • 収入確保に極めて大きく貢献することが見込まれる目標	• 大きな経費節減・事務改善が見込まれる目標 • 収入確保に大きく貢献することが見込まれる目標	• ある程度の経費節減・事務改善が見込まれる目標 • 着実な収入の確保が見込まれる目標
	業務量	• 極めて多大な業務量が見込まれる目標	• 多大な業務量が見込まれる目標	• 通常の範囲の業務量が見込まれる目標
	市民サービス	• 大きな市民サービスの改善が見込まれる目標	• 市民サービスの改善が見込まれる目標	• 着実な市民サービスを提供する目標※2
優先度	時間的制約※3	• 組織目標の達成に対する時間的制約が極めて強く緊急性を要する目標	• 組織目標の達成に対する時間的制約が強い目標	• 組織目標の達成に対する時間的制約がある目標

（注）※1　努力：自己努力ではなく，業務を遂行するために一般的に必要な努力

※2　着実な：ミスやトラブルなく，直接的・間接的に提供される市民サービス

※3　時間的制約：達成の期限が決められていて，時間的な余裕がないこと，目標設定までの段取りが決まっていて，そのとおりに業務遂行する必要があるもの.

（出所）池田市「2019年度版人事評価制度活用ガイド本編」v1.1.0，2019年4月.

表1－3　評価点算出表

レベル＼達成度	T1	T2	T3（標準）	T4	T5	N
S	110	90	70	50	30	0
A	95	80	60	40	25	0
B（標準）	80	65	50	35	20	0
C	65	50	40	30	15	0

（出所）　池田市「2019年度版人事評価制度活用ガイド本編」v1.1.0，2019年4月．

評価）、T2／T3（標準）、T4／T5（最低評価）、N（未着手）」を用い評価する。業績評価の点数は、目標ごとにレベルと達成度を「評価点算出表」（表1－3）に当てはめ、素点を求めたうえで目標の個数に応じた按分を行い算出する。

この点数化における制度的工夫としては、目標のレベルより達成度に重点をおいた配点となるように設定されている点である。表1－3によれば、レベルB（標準）のT3（標準）であれば五〇点となるところ、レベルA（上位）のT3（標準）では六〇点だが、レベルB（標準）のT2（上位）だと六五点となるということである。すなわち、レベルB（標準）の多い個人や職場が、より水準の高い達成や成果を目標にすることで高評価になるように制度設計されており、担当業務や所属による不公平感をなくすことが狙いとされている。

3　能力評価

次に池田市における能力評価は、組織の求める行動に誘導するための制度であり、職務の遂行において発揮された「能力や職務への取組姿勢・態度」について評価するものであるとされる。評価項目は同市人材育成基本方針で示されている各職階における「求める人材像」、「必要な能力」と連動しており、標準合計点五〇点からの減点方式となっているが、特に求められる能力において標準を上回る能力を発揮した場合には加点できることとされている。各職階における評価項目と配点は表1－4のとおりであり、職階ごとに配点が重く、重視されている点として、一般職は自己開発意欲、再任用は伝承にそれぞれ加点項目があり、管理職はマネジメント力[47]に重点を置いて設定されている。

ここでの制度設計の工夫としては、評価項目数をなるべく減らし、簡素化を図っている点である。能力評価の目的はあくまでも組織の求める行動に誘導するためのものであり、細かい順位をつけるものではないことから、評価精度を追求するより職員の負担感を軽減するこ

表１－４　評価項目と配点

項目＼職階	一般職				再任用				監督職				管理職			
◎加点／①標準／②減点Ａ／③減点Ｂ	◎	①	②	③	◎	①	②	③	◎	①	②	③	◎	①	②	③
服務規律		6	4	2		6	4	2		5	3	1		5	3	1
知識・技術		6	4	2		6	4	2		5	3	1		5	3	1
事務処理		6	4	2		6	4	2								
管理・監督									7	6	4	2		8	6	4
説明応対	8	6	4	2		6	4	2								
情報共有										6	4	2				
情報共有・発信														8	6	4
折衝・判断										6	4	2		8	6	4
チームワーク	9	7	5	3	9	7	5	3		5	3	1				
課題解決・改善実行	9	7	5	3	8	6	4	2								
企画・立案									7	6	4	2	9	8	6	4
自己管理		6	4	2		6	4	2								
自己開発	8	6	4	2						5	3	1				
伝承					9	7	5	3								
指導・育成									8	6	4	2	9	8	6	4
最高点／標準点の合計	58/50				56/50				54/50				52/50			

（出所）　池田市「2019年度版人事評価制度活用ガイド本編」v1.1.0，2019年４月より一部修正.

とを重視し、項目数をあえて少なくしているとのことである。

能力評価シートには、被評価者の必須記入欄として「自己評価に関するアピール」、「日頃感じていること」が、また任意記入欄として「チャレンジしていること」、「人事評価制度への改善提案・意見」、「これから三年で望むキャリアやスキル」、「その後に望むキャリアやスキル」が設けられている。また、第一次評価者の必須記入欄には評価の講評に加え、「今後の育成ポイント」、「期待すること」などが設けられ、相互にコミュニケーションを図るための仕掛けづくりがなされている。

4　目標と評価結果の調整：部内調整会議と連絡調整会議

池田市では、より公正な評価となるよう、目標設定時に部内調整会議及び連絡調整会議を、評価確定時に部内調整会議を開催し、調整を行っている。但し、これらは厳密なレベルの調整作業というよりは、むしろこうした会議の場で情報共有と公平性の担保をすることで、評価制度の透明性や納得性を高めることが狙いとされている。

まず目標設定時には、部内調整会議において、レベルA以上を付した目標とその具体的内容との均衡及び所属単位での目標レベル設定割合の妥当性について審議、調整が行われる。部内調整会議は各部の課長で構成されており、通常一〇名程度である。部内各課の目標を確認し、適正なレベルに調整する会議であって、ばらつきを調整する会議ではないとされる。さらにその後、部長会にて実施する連絡調整会議（座長は市長公室長）において目標を確定させる。この時重視されることとしては、組織目標を必達させるために、業績評価については期首の目標確定時に目標の具体的内容やレベル設定、判定基準を明確にしておくことだとされる。また、「二〇一九年度版人事評価制度活用ガイド別冊参考資料（その一）」には人事評価制度についての詳細なQ&A集が掲載されているが、その一つとして部内調整会議での部長発言、課長会話の例[48]を掲載し、透明性と納得性を高める工夫がなされている。

次に評価確定時には部内調整会議を開催し、目標設定時に定めた各達成度の判定基準と、評価時に判定した達成度に乖離が生じないように確認・調整し、その結果をもって評価の確定とする作業が行われる。目標設定時と同様、ここでも、各所属の達成度の判定にばらつきが出ていたとしても、目標設定時の判定基準と評価時の達成度に乖離が生じていなければ調整は行われない。なお、業務遂行期間中に目標の変更・追加を行った場合は、その目標のレベルや達成水準についてこの部内調整会議において報告する必要がある。

この評価確定時の部内調整会議には、評価誤差の軽減を図り、公正な運用を確保する狙いが付与されている。すなわち部内で判定基準や達成度などをオープンにすることで、評価者同士の目標設定における指導力や評価傾向などに気づき、評価スキルを向上させることができるとともに公正な運用を確保することが可能になると考えられるからである。

5　総合評価と結果の活用

部内調整会議を経て上記のように確定した業績評価と能力評価の合計を総合評価点とし、この結果については所属長から一次評価者を通じて、被評価者に対して評価シートが返却されることによって通知される。

①給与等への反映区分

評価結果の給与等への反映については、全職員の評価確定後に、集団ごと[49]に総合評価基準点を定め反映区分（四段

表１－５　評価点算出表

反映区分	人数割合	総合評価基準点
特に優秀	5％	良好以上の基準点は全職員の総合評価点が確定した後に決定
優　秀	20％	
良　好	75％	
良好でない	右記基準に該当する者	85.00以下

（出所）　池田市「2019年度版人事評価制度活用ガイド本編」v1.1.0，2019年４月．

表１－６　勤勉手当成績率への反映

反映区分		勤勉手当成績率			
		課長以上	主幹以上	再任用（課長以上）	再任用（主幹以下）
特に優秀		1.210月	1.005月	0.590月	0.490月
優　秀		1.150月	0.945月	0.565月	0.465月
良　好		1.105月	0.915月	0.545月	0.445月
良好でない		1.025月	0.825月	0.505月	0.405月
処分による反映	戒告	0.950月	0.750月	0.470月	0.370月
	減給	0.875月	0.675月	0.435月	0.335月
	停職	0.800月	0.600月	0.400月	0.300月

（出所）　表１－５に同じ．

表１－７　昇給への反映

過去２回の反映区分		昇給号数			
		課長以上		主幹以下	
		55歳未満	55歳以上	55歳未満	55歳以上
連続して特に優秀		４号	３号	５号	３号
特に優秀，優秀，良好の組み合わせ		３号	２号	４号	２号
２回のうち１回が良好でない		２号	１号	２号	１号
連続して良好でない		０号	０号	０号	０号
処分による反映	戒　告	０号			
	減　給				
	停　職				

（出所）　表１－５に同じ．

階：特に優秀、優秀、良好、良好でない）に相対化する（表1-5）。この反映区分は勤勉手当、昇給、昇任・昇格、分限に対して、また人事評価自体は人材育成に活用される。

②勤勉手当成績率への反映

六月支給分には前年度下期評価が、一二月支給分には当年度上期評価が反映される。

③昇給への反映

昇給に対しては、当年度上期及び前年度下期の直近2回分の評価が反映される。

④昇任・昇格、再任用への活用

主幹・副主幹・主任主事への昇格については昇任・昇格日前二年間の評価結果を、また再任用の任期更新については前年度下期及び当年度上期の評価結果を活用することとされている。

具体的には、主幹・副主幹等への昇格については、在級年数等の条件を満たす者のうち、二年間で「良好でない」がなく、「優秀」以上の評価を一回以上得ている者が、昇格対象者名簿に登載される。主任主事等への昇格については、在級年数等の条件を満たす者のうち、二年間で「良好でない」がない者を昇格させることができる[50]。再任用の任期更新については、既に再任用になっている職員が任期を満了し、新たに任期更新を希望する場合は、前年度下期及び当年度上期において「良好でない」がない場合にのみ、任期更新を可とすることができる。

（2）制度運用上の工夫

1　制度導入時の仕掛け

池田市が地方公務員法改正の実施と同時に上記のような新人事評価制度を導入できたのは、大阪府内において府、岸和田市、寝屋川市などが既に評価制度を導入していたことを受け、同市でも二〇〇六年度から評価制度の試行が行われてきた[51]ことや、地方公務員法改正を見越して二〇一四年度から庁内で二つの研究会を立ち上げて活動してきたことなどがその理由として挙げられる。二〇一四年度には人材育成基本方針改定委員会が、二〇一五年度には新・人事評価制度構築研究会が設置され、研究員は課長級から一般職までの庁内公募による一五名で構成された。ここでは民間企業や有識者の知見を踏まえて検討が行われ、総務省から提示された評価方式を参考とし、数値化方式を簡素に改良した池田市モデルが構築された。

人事課のみで閉鎖的に検討及び制度設計を行い、制度が完成してから庁内に周知するという方法ではなく、こうした組織横断的な研究会という場で開放的に検討し、研究会の議事内容を都度庁内で公開していたことなどから、制度導入時に職員サイドからの戸惑いや反発は見られず、スムーズに導入ができたということである。

さらに制度を浸透させる工夫としては、評価の実施要領をガイドブックとして、また評価シートに記入された感想・疑問・提案や人事課に対する個別の問い合わせについてまとめた詳細なQ＆A集を作成している。ここに率直な意見や評価制度への否定的な意見なども掲載することで、庁内の多様な意見に職員が触れることができるようにという趣旨からである。

制度実施後二年目には、実際の運用状態を把握するために人事課が各部課長会（部内調整会議の単位）に出前講座を二回ずつ実施した。庁内一四部の中にそれぞれ三から八ほどの課があることから、一〇名程度の小規模な単位に出向いての講座となり、現場での不満を聞いたうえで研修を行うなど非常に効果があったということである。

2　制度理解を促進するための工夫

池田市の人事評価制度は、「組織と個人を応援し、質の高い行政サービスを提供」することを究極的な目的としていることからも、処遇のための人事評価というよりは人材育成のための人事評価という位置づけが強くなっている。しかし、「人材育成といっても伝わらない」(52)との考えから、何のための評価かということを説明するために、業績評価については「組織目標と連鎖した個人目標の達成に誘導するためのもの」、能力評価については「組織の求める行動に誘導するためのもの」と表現することで、職員に伝わりやすくする工夫がなされている。

すなわち、同市の人事評価の一次的な目的として、①業績評価で組織目標と連鎖した個人目標の達成に誘導することで、組織（政策）マネジメントに活用する（自治力アップ）、②能力評価で組織の求める行動に誘導することで、個人（人事）マネジメントに活用する（職員力アップ）、③評価プロセスを通じたマネジメント能力のアップ、④目標達成のための努力による実務能力のアップ、⑤恣意的な昇任・昇格の抑制が挙げられており、これらによって自治経営に活用することが求められている。また、二次的な目的としては、①職員に生きがい、やりがい、達成感を与えることで職員の満足度につなげる、②給与に反映することでモチベーションアップにつなげ、これらの総体として究極の目的である自治力、職員力を高めて住民サービスを向上させることを狙いとすると説明される。ここで注目すべきは、給与への反映は目的の最下段に置かれていることであり、処遇に直結させるための評価制度ではないということを強調することで職員の評価に対するアレルギー反応を和らげる狙いがあるとされる。

3　制度運用上の工夫

池田市における現在の人事評価制度の特徴としては、①見直し前提でスタート、②簡素な制度（評価項目数の減・ウエイトの廃止）、③達成度重視の配点（組織目標の達成度向上）、④ルーティンワークに配慮した配点、⑤必ず下位をつくる方法ではない、⑥給与へは薄い反映、⑦可能な限りオープンに（レベルA以上の目標内容、T3以外の目標内容、評価シートに記載された改善提案、総合評価基準点等）が挙げられている。見渡してみれば、本章1節で見たように、いずれの点もかつて企業が目標管理を導入した際に表面化した課題への対応策となっていることがわかる。

具体的な課題の例としては、達成度を上げるために達成しやすい目標を設定する傾向が生じることや、短期業績のみを追い求めるようになること、また組織目標と個人目標との結びつきが弱い、設定する目標のレベルにばらつきがある、目標を設定しづらい部門や職種があるといったことなどであった。こうした点を事前に考慮したうえで、池田市の目標管理においては本来行うべき通常業務を目標に設定することで、確実にかつ高い水準で目標を達成させることが狙いとされており、達成度アップのために、目標のレベルよりも達成度に左右されるような配点設定となっている。

また、絶対評価を相対評価に変換する際には、前述した富士通の例からも明らかなように、基準が明確でかつ従業員に対し納得を得られる形で十分に説明がなされる必要があるが、池田市ではオープンな部内調整会議での議論に加え、総合評価基準点を定めたうえで反映区分に相対化しており、かつ給与への反映は評価制度の目的の最下段として薄い反映となっていることから、職員のアレルギー反応を抑える工夫もなされているところである。

4　事例の分析と考察

このように、池田市の人事評価制度においては、制度自体としての作り方はもちろんのこと、制度の導入時や運用上においても実に様々な工夫が施されていることが見て取れる。本論の視点に即し、これらの工夫について再掲すると以下のようになる。

まず業績評価においては、組織の目的を必達させるための制度であることを明確にしている。所属目標の設定時には情報及び認識の共有が図られており、個人目標の設定時にはあくまでも通常業務を本来行うべき業務として目標に設定し、高い水準での達成を狙いとすることが徹底されている。個人目標の設定においては、公正な評価が実現できるよう、具体的な表現が求められる。この業績評価の点数化に際しては、目標のレベルより達成度に重点をおいた配点となっており、担当業務や所属による不公平感の除去が狙いとされている。

次に能力評価においては、組織の求める行動に誘導するための制度として位置付けられており、評価項目は人材育成基本方針と連動している。職階によって加点項目が異なり、一般職は自己開発意欲、再任用は伝承、管理職はマネジメント力とそれぞれ求められる行動・能力に重点を置いた設定となっている。能力評価の項目数は、職員の負担感増加に配慮して簡素化が図られている。また能力評価シートには、被評価者、評価者双方ともに現時点及び今後の業務やキャリア（育成）について記述することができ、面接の際にはこれを基にして相互にコミュニケーションを図ることができる。

制度としての工夫は、部内調整会議と連絡調整会議における調整作業においても端的にみられた。目標設定時には適正なレベルに調整することにより、また評価確定時には判定基準や達成度などをオープンにすることによって、情報共有とともに評価の公正さを担保し、透明性と納得性を高めるような仕組みとなっている。

評価の結果活用については、絶対評価を相対化しているものの、必ず下位を作る仕組みとはしておらず、勤勉手当には直近の評価一回分が、昇給には直近二回分が反映される。また主幹・副主幹・主任主事への昇格については、昇任・昇格日前二年間の評価結果が活用されているが、評価結果が直接的に昇格に反映されるのではなく、あくまでも昇格対象者として名簿に登載され、総合的な判断のもとに昇格が決定される。

制度導入時には、組織横断的かつオープンな検討が行われ、実施要領や詳細なQ&A集、小規模な職場単位での出前講座によって職員理解の促進が図られた。また人事評価制度の目的を正しく伝えるため、具体的かつ実践的な表現で「人材育成」のための評価であることを業績評価、能力評価ともに落とし込みを行い、その際、給与への反映は目的の最下段に置くことで、処遇に直結させるための評価制度ではないことを強調している。

上記のような様々な工夫は、いずれも本章で指摘した、これまでの企業における成果主義型人事管理ないし業績評価についての多くの「ミスリーディング」の回避であると読み取ることができる。業績評価の副作用を生じさせないよう、評価制度自体の公平性の確保のみならず、評価者と被評価者間のコミュニケーションをベースとした面談を重視し、自己管理によるマネジメントとなることが目指されている。目標管理の本来の目的である全社的活動の統合システムとして、また職員が自律的かつ生産性高く働くための人材育成のツールとして機能させるということが明示的な目的とされているということができよう。職員の負担感や不公平感を取り除き、透明性と納得性を高めるための様々な工夫は、短期的な業績評価と長期的な人材育成の間のトレードオフの関係を勘案した制度運用となっているなど、現時点における池田市の人事評価制度は、目標管理の本質であるところの職員の主体性を引き出し、コミュニケーションを促進させることで、組織の体質強化と本人の成長につなげるという狙いを相当程度実践できている事例であるということができる。

本章2節で設定した本論の視点に即してみれば、今次の地方公務員法改正によっても職務給の原則はなお維持されているということからすれば、処遇に用いるための評価とすることには自明的な限界があると言わざるを得なかった。この点について、池田市では処遇に用いることは目的の最下段として位置付け、かつ評価結果を極力薄めて活用・反映することとしており、職員の評価制度自体に対するアレルギー反応を抑える工夫がなされていた。また人材育成のための評価制度であることの理解を促進させるため、人事評価の一次的な目的として、業績評価により組織目標と連鎖した個人目標の達成に誘導し、目標を必達させることで組織（政策）マネジメントに活用すること、能力評価により組織の求める行動に誘導することで個人（人事）マネジメントに活用することで、自治力アップと職員力アップを実現し、もって自治経営に活用するという狙いを掲げていた。

こうした工夫が、現在のところ評価制度の導入において様々なプラス効果を生んでいることは、職員から寄せられた意見に表れている。(53)コミュニケーションによる組織の活性化としては、「面談によるすり合わせで無駄な仕事が減った。方向性の誤解がとけた」、「面談により、業務量の正確な把握につながり、事務分担を見直した」、「上司の求めている方向や力点がわかった」など、また組織目標の達成の実現に関しては「目標の連鎖により、組織目標の達成が早まった」、「所属目標が曖昧に終わらず確実に達成された」など、人材育成・能力開発の推進に関しては「面談により、資格試験にチャレンジしていることがわかりアドバイスしやすくなった」、「上司の働きかけで、意欲・向上心が高まった」などとする声があがっている。こうした評価制度が最終的には市行政としてのパフォーマンス向上にどの程度寄与したのかということについては、因果関係の特定や、何をもってパフォーマンスないし政策の質向上とするのかという基準設定が非常に難しいことに加え、新たな人事評価制度が導入されてからまだ日が浅いことなどから、簡単に検証することはできない。しかし、上記のような職員の実際の業務遂行におけるプラス効果が実感されているところからすれば、現時点で一定の効果が上がっているということができるのではないだろうか。

残された課題があるとすれば、公務労働においては、目標管理や成果主義型人事管理については市場との関係性の中から必然的に導かれたものではないことから、どのように仕組みとして根付かせるかということであろう。このためには、制度の公平性・公正さとともに、職員の納得と理解を得続けていくことが必須となると考えられる。この点について、前述したQ&A集(54)では、「チームで業務を行うので、職員が同じ目標になり、差がつかない」、「人事異動により、目標設定に悩む職員が多い」、「仕事が忙しくて、人事評価に割く時間がない。面談が面倒だ」といったような意見についても取り上げて丁寧に回答するなど、理解を得るための努力が払われている。

そのうえで、評価結果の勤勉手当成績率への反映に関しては、制度として今後更なる検討と職員理解が必要だと考えられる。前述したように、勤勉手当には直近の一期分の評価結果を反映させているが、勤勉手当の支給総額の上限は条例で定められていることから、上位区分の原資をどう確保するかについては運用上の工夫が必要となる。他の自治体においては、必ず一定数の下位区分を設けることで、その引き下げた分の支給率をもって上位区分の支給率を引き上げ、原資としているところもある。しかし、池田市では相対化を行うものの必ず下位区分を設けるという手法ではなく、「特に優秀（五％）」、「優秀（二〇％）」という上位区分に対する支給率を上げる原資を得るため、標準である「良好（七五％）」の区分の支給率を従前の一律支給より若干低く設定しているのである。[55] こうした仕組みの導入に際しては、事前に職員組合と十分な協議が行われたうえでのことではあるが、「標準なのに勤勉手当が減るのはおかしい」との声が依然として挙がることも踏まえ、より丁寧な説明責任を果たしていくとともに、成績率への反映についても継続的な検討が行われるべきであろう。そうした姿勢が示されなければ、企業において成果主義型賃金体系が導入された折、目標管理制度の導入を通じて賃金決定を労・労間での配分関係事項とすることで総人件費の抑制が狙いとされたことと同様の懸念が生じてしまいかねない。

おわりに

評価結果の給与ないし一時金への反映に関しては、非常に大きな問題をはらんでいる事例として大阪府が挙げられる。大阪府では二〇一二年に職員基本条例が制定されたことによって、相対評価が義務付けられた。[56] のみならず、それぞれの段階の分布率もこの条例によって強制的に設定されていることから、必ず下位が発生する仕組みになっている。

ここでは大阪府の評価制度の詳細については触れないが、[57] 問題となるのは第一次、第二次評価において絶対評価を行った後に条例に基づいて行われる相対評価である。それぞれの段階の分布率が設定されているがゆえに、二次評価の総合評価結果（S、A、B、C、Dの五段階）においてB評価だったにもかかわらず、下位である第四区分、最下位である第五区分に位置付けられる職員が一定数出てしまっているのである。二〇一八年度の人事評価結果の分析によれば、二〇一四年度以降、C、D評価の職員については全員第五区分とするルール設定をしているところ、これらC、Dの職員の割合が相対評価の第五区分の割合（五％）と比べて乖離していることから、B評価の職員のうち相当数（Bの職員の約

表1－8　大阪府平成30年度人事評価結果［絶対（二次）評価結果と相対評価結果の相関］

相対／絶対	第一区分	第二区分	第三区分	第四区分	第五区分	総　計	割　合
S	13					13	0.2%
A	466	1,409	427			2,302	27.3%
B		275	4,576	844	263	5,958	70.7%
C					81	81	1.0%
D					77	77	0.9%
総人数	479	1,684	5,003	844	421	8,431	100.0%
割　合	5.7%	20.0%	59.3%	10.0%	5.0%	100.0%	

（出所）　大阪府「平成30年度実施の相対評価による人事評価制度の検証について」2019年９月より．

表1－9　大阪府平成30年度人事評価結果の給与反映

評価区分		第一区分	第二区分	第三区分	第四区分	第五区分Ｂ	第五区分Ｃ	第五区分Ｄ
昇給号給		４号	４号	４号	３号	１号	昇給なし	昇給なし
成績率	部長・次長級	141.5/100	125.5/100	109.5/100	105.8/100	102.0/100	90.8/100	79.5/100
	課長級	131.8/100	121.4/100	111.0/100	107.3/100	103.5/100	92.3/100	81.0/100
	非管理職	116.2/100	103.6/100	91.0/100	89.8/100	88.5/100	84.8/100	81.0/100

（出所）　表1－8に同じ．

一九%：一一〇七人／五九五八人）が下位及び最下位の相対評価区分に分布することとなったと説明されている[58]（表1－8）。

さらにこの分布に基づいて評価結果が処遇に反映されており、平成三〇年度の給与反映は表1－9のようになっている。しかしここでも相対評価の成績分布率の設定が影響し、評価区分への昇給号給の対応において問題が表出する結果となっている。

問題の一点目は、先に述べたようにB評価にもかかわらず下位及び最下位の評価に位置付けられた職員の扱いである。相対評価の全分布率を定めているがために下位及び最下位にあたる一五%に該当するとされるB評価の職員と、C、D評価の職員の処遇を同一とすることはあまりに不公平にあたることから、第五区分の中でも二次評価の成績を考慮して差を設けるという運用をせざるを得なくなっている。

問題の二点目は、昇給による格差が経年とともに過剰になるという点である。上位にせよ下位にせよ、一旦給与に差をつければ、その格差は将来的にも維持されるため経年とともに非常に大きくなることから、単年度の評価結果の反映として適正か否かという問題を引き起こす。結果として、大阪府では表1－9からも明らかなように、最上位及び上位区分も標準区分と同じ一律四号俸昇給となっている。これも相対評価の分布率を定めていることの弊害であるといえよう。

こうした相対評価結果とその反映については、職員からの納得感が得られているとはいえない状況にある。大阪府が行った職員アンケート調査(59)の結果によれば、相対評価結果の納得感について、「納得できなかった」との回答が二三・五%に上っている。納得できなかった理由としては、「説明が不十分」(一九・六%)、「相対評価の単位に不満」(一七・五%)、「二次評価への不満」(一六・七%)、「分布割合に不満」(一五・二%)となっており、ここからは、相対評価制度の基本的な仕組みや分布率の設定に対して不満が大きいことが読み取れる。さらに、給与反映の状況については、昇給号数や勤勉手当などに何らかの不満を感じた職員は二四・八%となっており、そのうち不満の理由の中で最も多数の回答があったのは「絶対評価結果がBであったにもかかわらず、三号以下の昇給であったため」(二四・八%、三九一人)となっている。こうした不満は当然のことながら執務意欲にも影響を与えており、人事評価制度が執務意欲に影響したとする五一・三%の職員のうち、「執務意欲が低下した」と回答したのは四一・七%(一四九六人)にも上っており、全回答数の二一・二%にも相当する数となっている。さらにそれらの職員に対し執務意欲が低下した主な要因を尋ねたところ、相対評価に関する不満が三五・一%、現行の人事評価制度自体に不満とするものが二〇・五%などとなっている。

大阪府職員条例の前文には、「府は、政策の立案に関する優れた能力を有し、自律性を備えた職員を育成するとともに、その能力を最大限に発揮することができる機会を与える等、能力と実績に応じた人事を徹底し、意欲と誇りにあふれる職員が府民のために全力を尽くすことができる組織を実現することを目指し」とある。しかし現状では、職員の能力開発や意欲が削がれかねない状況にある。当局は上記のような職員の不満の声に真摯に耳を傾けるべきであろう。

そもそも、評価制度は人が人を評価する仕組みであるがゆえ、制度設計においてどのように公正性を担保しても、評価者の主観性を完全に排除することはできない。したがって、排除することができないということを常に念頭においた制度運用や工夫がなされる必要がある。例えば、右で見たような相対評価結果の反映による上位区分や下位区分の固定化ないし偏りについては、定期的に人事課によってチェックがなされ、原因の分析とともに職員への人材育成の観点からのアプローチがなされることが有効なのではないだろうか。

それでもなお、鵜養の指摘する「職務給の原則と職能資格給的実態との整合性の難しさ」から生じる根本的な制度間の矛盾については、それぞれの自治体現場では解決することは不可能であろう。そうであるなら現場においては、今野が指摘するように、業績評価の結果を「人の評価」に結びつけるような組織の政策選択の際には、短期的評価結果と長期的観点からの人材育成の間のトレードオフに目を向け、従業員の労働意欲を維持・向上させることが目指されるべきであると考えられる。市場で決定される「付加価値」に対する貢献度によって「役割」や「成果」が測られるとする企業での成果主義型人事管理と、公務労働は根本的に異なる。市場からの必然性に依らずに導入される評価制度であるということが、より明確に意識される必要があろう。

今次の地方公務員法改正の基をたどれば、新自由主義的な構造改革の流れの中で、公務労働にも「信賞必罰の人事制度の実現[60]」が目指された結果とみることができるが、そもそも公務労働においては職員組合に協定締結権が付与されていないなどの労働基本権の制約が依然として存在することを忘れてはいけない。任命権者による一方的な処遇への反映材料としての評価制度ではなく、「気づき」から「自学」を生むような個々の職員の能力開発と組織としての体質強化がひいては質の高い住民サービスを生み出し、職員にとって働き甲斐を実感できる職場形成につながるようなマネジメントツールとして評価制度が運用されていくことが望ましいのではないだろうか。組織としても人としても数値的な成果が計測しやすい企業での労働と異なり、あくまでも数値化されにくい「公共性」や「公共の福祉」を担う職務と職場であるという公務労働の本質に立ったうえで、評価制度の設計と運用が求められるといえよう。

注

(1) 以下は総務省の「『地方公務員法等の一部を改正する法律』に関する説明会」(二〇一四年六月)での配布資料である「地方公務員法及び地方独立行政法人法の一部を改正する法律(平成二六年法律第三四号)の概要」を参照。

(2) 原田順子・奥林康司『人的資源管理』放送大学教育振興会、二〇一四年。

(3) 公益財団法人　連合総合生活開発研究所「日本の賃金―歴史と展望―調査報告書」二〇一二年。

(4) 戦前は、労働時間に対応した賃金という概念が確立しておらず、賃金未払いのままの時間外労働や使用者の私用をさせられることなどがあった。同上。

（5）生活保障給として本人給一七歳以下五〇〇円、一八歳以上三〇歳までは一歳につき三〇円、三一歳以上四〇歳までは一歳につき二〇円を加給。四一歳以上は四〇歳と同額。家族給は、最初の一人は二〇〇円、二人以上は一人につき一五〇円を加給する。この水準は、大人一人が二〇〇〇カロリー／日摂取を標準として、マーケット・バスケット方式によって算出されたものである（理論生計費）。

（6）戦後の民主化で職員（旧制中学以上の学歴）と工員（義務教育修了の学歴）の身分格差は解消されたが、賃金制度上はなお職員が月給で労働者は日給という違いを残す企業が多かった。石田光男「日本の賃金改革と労使関係」、同志社大学社会学会『評論・社会科学』第一〇九号、二〇一四年七月。

（7）原田・奥林前掲書。

（8）本書第3章参照。

（9）奥林康司・上林憲雄・平野光俊編『入門人的資源管理』第二版、中央経済社、二〇一〇年。

（10）平野光俊「社員格付制度の変容」『日本労働研究雑誌』第五九七号、二〇一〇年。

（11）同上。

（12）原田・奥林前掲書。

（13）立道信吾・守島基博「働く人からみた成果主義」『日本労働研究雑誌』第五五四号、二〇〇六年。

（14）明泰淑「『成果主義人事管理』の構造と問題点」『龍谷大学経営学論集』第五三巻第二号、二〇一四年。

（15）今野浩一郎『勝ち抜く賃金改革――日本型仕事給のすすめ――』日本経済新聞社、一九九八年。

（16）石田光男「賃金制度改革の着地点」『日本労働研究雑誌』第五五四号、二〇〇六年。

（17）原田・奥林前掲書。

（18）石田前掲書、二〇〇六年。

（19）平野光俊・江夏幾多郎『人事管理――人と企業、ともに活きるために――』有斐閣、二〇一八年。

（20）労働行政研究所『労政時報』第三七七三号、二〇一〇年。

（21）労働行政研究所『労政時報』第三六八一号、二〇〇六年。

（22）労働行政研究所『労政時報』第三七八二号、二〇一〇年。

（23）城繁幸『内側から見た富士通――成果主義の崩壊――』光文社、二〇〇四年。城氏は同社の人事担当者であった。

（24）奥野明子『目標管理のコンティンジェンシー・アプローチ』白桃書房、二〇〇四年。

（25）平野・江夏前掲書。

(26) P・F・ドラッカー著、上田惇生訳『現代の経営（上）』ダイヤモンド社、二〇〇六年。
(27) 複数の企業では既に制度の改善が行われており、例えば堀場製作所では、目標管理を「経営計画をブレイクダウンするコミュニケーションツール」と捉え、処遇に反映する評価においては参考資料として位置付けている。同社の制度には、部員の話し合いで個人目標を設定したり、個人目標や行動計画を社内LAN上で公開するなどの特徴があるが、これらは個人の目標達成に向けた取組と経営計画をつなぐうえで有効な手段と考えられる。『労政時報』第三七八二号。
(28) 公務員制度調査会「公務員制度改革の基本方向に関する答申」（各論3．能力・実績に応じた昇進・給与）、一九九九年三月より。
(29) 橋本勇『新版逐条地方公務員法』第四次改訂版、学陽書房、二〇一六年。
(30) 同上、三七六ページ。
(31) 例として六級＝本庁の課長の職務、三級＝係長又は主査の職務など。
(32) 鵜養幸雄「公務員の昇給――理論と政策の狭間で――」、立命館大学政策科学会『政策科学』第二一巻第四号、二〇一四年。
(33) 同上、四三ページ。
(34) 小堀喜康『自治体の人事評価がよくわかる本――これからのマネジメントと人事評価――』公人の友社、二〇一五年。
(35) 今野浩一郎『個と組織の成果主義』中央経済社、二〇〇三年。
(36) 同上、四ページ。
(37) 以下の例については同上、一三一ページ参照。
(38) 『労政時報』第三七八二号、九ページ。
(39) 同上、三一ページ。
(40) P・F・ドラッカー前掲書、一八〇ページ。
(41) 以下の事例については池田市人材育成推進参与の上浦善信氏及び同市市長公室人事課の川畑美樹氏へのヒアリング（二〇一九年九月実施）、池田市「人材育成基本方針――市民とともに、地域の課題を解決し、未来を創る職員へ――」二〇一五年二月及び同市「二〇一九年度版人事評価制度活用ガイド本編」v1.1.0、二〇一九年四月による。
(42) 上浦善信「圏域経営を意識した政策提言にむけて――いけだウォンバット塾を開催、近隣都市職員や住民と意見交換――」『地方公務員月報』平成二九年二月号、同「学び、育つ人材の新たな育成法一四『採用と育成の好循環』目指す池田市の新・人材育成基本方針」『国際文化研修』二〇一五年、第八九号など。
(43) 辻琢也「人事評価を活用する自治経営のさらなる展開――政策努力を人材育成と政策推進に生かす人事評価：大阪府池田市

——」『地方公務員月報』平成三〇年一〇月号。

(44)「池田市職員の給与・定員管理等について」（平成三〇年分）より。

(45) 但し、臨時職員については簡易な別制度で実施している。

(46) 例外として、評価期間中に療養や出産・育児等による休職期間がある者は、その期間が三月を超える場合は対象外とする。また、他団体へ派遣されるもののうち、池田市の服務及び給与制度が適用されない場合にもこの評価制度の対象外とする。

(47) この意味としては、正しく部下を評価できない者はマネジメント能力の減点となる。

(48) 期首目標設定時における課長会話の例として（他課の個人目標に対して）「一番の目標のレベルは高すぎるのではないか。下方修正してはどうか（S→A）。」、「二番の目標はレベルを下方修正し、むしろ上位達成度判定基準Ｔ２を記入させ、より高い水準での達成を促してはどうか。」など。

(49) 原則として同じ評価シートを使用する同職種・同職階の職員で集団を形成するが、集団の人数が極端に少ない場合には近似する集団と統合し反映区分が決定される。

(50) 但し、対象期間に「良好でない」と評価された者が、その後に「特に優秀」「優秀」を獲得する等、昇格するに相応しいと判断される場合にはこの限りではない。

(51) 二〇〇六年度から課長級以上を対象として人事評価の試行が開始され、二〇一二年度からは同じく課長級以上を対象にして能力評価・業績評価が実施されてきた。

(52) 上浦氏へのヒアリングより。

(53) 池田市「二〇一九年度版人事評価制度活用ガイド別冊参考資料（その一）」v1.1.0、二〇一九年四月より。

(54) 同上。

(55) 従前の一律支給においては、例えば主幹以下の「良好」区分では〇・九二五月であったところ、新人事評価制度においては〇・九一五月となっており、〇・〇一月分（平均的な額にすると三〇〇〇円程度）の減額となっている。

(56) 大阪府職員基本条例（二〇一二年施行、二〇一四年一部改正）

第一五条　任命権者は、相対評価（分布の割合を定めて区分し、職員がどの区分に属するかを相対的に評価する方法をいう。）により、人事評価を行う。

２　前項の人事評価は、次の表の上欄に掲げる区分のとおり上位から区分し、概ね同表の下欄に定める分布の割合（評価を受ける職員の総数に占める各区分の職員の割合をいう。）により行う。

区　分	分布の割合
第一区分	百分の五
第二区分	百分の二十
第三区分	百分の六十
第四区分	百分の十
第五区分	百分の五

(57) 大阪府人事評価制度の詳細については黒田兼一「地方公務員法の改正と人事評価制度の導入」社会政策学会『社会政策』第八巻第三号、二〇一七年を参照。

(58) 大阪府「平成30年度実施の相対評価による人事評価制度の検証について」二〇一九年九月より。

(59) 調査実施期間：二〇一九年七月九日～七月三〇日、対象者数：七九三七人、回答数七〇七三人（約八九％）。同上。

(60) 「行政改革大綱」二〇〇〇年一二月閣議決定。

第2章　人口減少時代の自治体組織管理
――多様性の実現に向けて――

はじめに

人口減少時代が避けられない近未来として迫りつつあるなか、日本の社会経済や地域社会の状況も大きく変容していくことが予想される。年齢層別の人口構成比が大きく変化し、老年人口の比率が高くなるとともに生産年齢人口が減少していくことが見込まれることから、自治体行政にとっては政策対象となるボリュームゾーンがより高齢者寄りにシフトするとともに、これまで展開していた行政サービスの質量ともに大幅な変容が求められると考えられる。

二〇一四年一一月に「まち・ひと・しごと創生法」が制定されたことにより、政府が人口減少克服と地方創生を政策課題として取り組むことが明示された。具体的には、①東京一極集中の是正、②若い世代の就労・結婚・子育ての希望実現、③地域の特性に即した地域課題の解決という三つの基本方針が提示された。人口減少による消費・経済力の低下は日本の経済社会に対して大きな重荷になることから、人口減少に歯止めをかけ、二〇六〇年に一億人程度の人口を確保することが目指されている。これを実現するため、今後の施策の方向として①地方における安定した雇用を創出する、②地方への新しいひとの流れをつくる、③若い世代の結婚・出産・子育ての希望をかなえる、④時代に合った地域をつくり、安心な暮らしを守るとともに、地域と地域を連携する、という四つの基本目標が掲げられている。

これらの政策については、今後、その効果がそれぞれ検証されていくこととなるが、感覚的には、出生率を押し上げるほどの効果に至ることは非常に難しいと思われる。そうであれば、自然減としても社会減としても避けられない与件として考えた場合、これら人口減少による問題を自治体の組織管理にひきつけてみればどうであろうか。生産年齢人口が減少し、現在でも企業では人不足が深刻な状況になりつつある。国、地方を問わず公務労働への就職を志望する数は、これまでも景気の良し悪しを含めた社会経済状況やその時々の世論などに影響を受けてきたが、今後の人口減少時代の局面ではそもそも成り手となる絶対数が少なくなるということになり、当然のことながら、自治体組織における人事管理においても従来型の管理では立ち行かなくなる恐れが高まっている。すなわち、これまで労働力として十分活用できていなかった層についても積極的に組織に取り込み、活用していく必要性に迫られているといえるのである。

多様な属性、バックボーンを持った職員を組織に取り込むことは、組織の多様性が高まることを意味する。既に企業においてはこの多様性を強みとして、労働効率の向上や職員の働き方に柔軟な選択肢を用意することで職員のモチベーション向上に役立てている例も見受けられる。本章では、自治体組織においてこうした組織管理における多様性の実現に向けた論点整理を行い、その有効性について検討を加えていく。

1 人口減少がもたらす問題

(1) 自治体行政の変化

国立社会保障・人口問題研究所の推計[1]によれば、日本の将来推計人口(平成二九年推計)は二〇四〇年には一億一〇九二万人、そして二〇五三年には一億人を割って九九二四万人となり、二〇六五年には八八〇八万人になるものとされている。この人口推計の出発点となる二〇一五年の日本の総人口は、同年の国勢調査によれば一億二七〇九万人であることからすれば、二〇六五年には約三九〇〇万人(三〇・七%)の減少となり、今後の五〇年間で人口の約三割を失うことになる。

同推計期間の内訳としては、年少人口(〇―一四歳人口)は当初の一五九五万人から八九八万人へと六九七万人(当初人口の一〇・二%)の減少、生産年齢人口(一五―六四歳人口)は七七二八万人から四五二九万人へと三一九九万人(同五一・四%）の減少が見込まれている。老年人口（六五歳以上人口）については、前回推計時には五〇年後に増加が予測されていたものの、今回の推計では三三八七万人から三三八一万人へと六万人（同三八・四%）減少するとされている。しかし、他の年齢層の減少率が著しいことから、結果として老年人口率を押し上げることになり、二〇一五年時点では二六・六%であるところ、五〇年後には三八・四%もの割合となるとされる。

生まれる子どもの数が減り、高齢者の数が相対的に増えていくと、結果としては人口減少につながっていく。日本の総人口は明治期以降、年平均一%の成長率で増加してきたが、現在、二〇〇八年の一億二八〇八万人をピークに減少を続けている。今後もマイナス成長の下で長期的な減少過程に入っていくことは避けられない。こうした超高齢化および人口減少問題は、都市部と山間部とを問わず、自治体にとって深刻な問題を引き起こすことが考えられる。

例えば都市部では、人口減少は労働力人口の減少と経済規模の縮小、地価の下落、空き家や空きビルの増加、税収減と財政悪化などをもたらす。山間部をはじめとした地方では、これに加えて公共交通サービスや老朽化した公の施設の維持が困難になり、高齢者の移動手段の確保ができず、「買い物難民」といわれる住民が出てしまったりする。そうした社会インフラの脆弱化と雇用先確保の難しさが、都会へのさらなる人口流出を招いてしまう。

すなわち、今後日本に本格的な人口減少と超高齢化が遠くない未来に起こりうるとすれば、自治体が展開する公共サービスもその質や量を大きく変更・見直しせざるを得ないし、新たな問題への対応も迫られることになる。

この点について、さらに具体的に自治体行政にひきつけて考えると以下の課題が導ける。第一に、上述したように地域で展開する行政サービスが変容するということである。世界の中でみても突出して高い高齢化率、単独世帯の増加（特に高齢者単独世帯の増加）、いわゆる核家族、多世代世帯の減少などが予測されることから、福祉に関するサービスについては、現在からは大幅に質・量とも変化することが予想される。また、世帯としても個人としても多様な背景・ニーズを持つ住民が増え、現在よりもさらにきめ細かな行政対応が必要になる。行政課題はより複雑化し、従来の所管やこれまでの業務遂行方法では対応しきれない問題が増加することが考えられる。

第二に、自治体組織における人事管理についても変容が求められることが予測できる。供給側の要因として、人口減少時代における採用難は避けて通れない。労働者人口の大幅な減少が見込まれるなか、従来通りの組織管理を前提にし

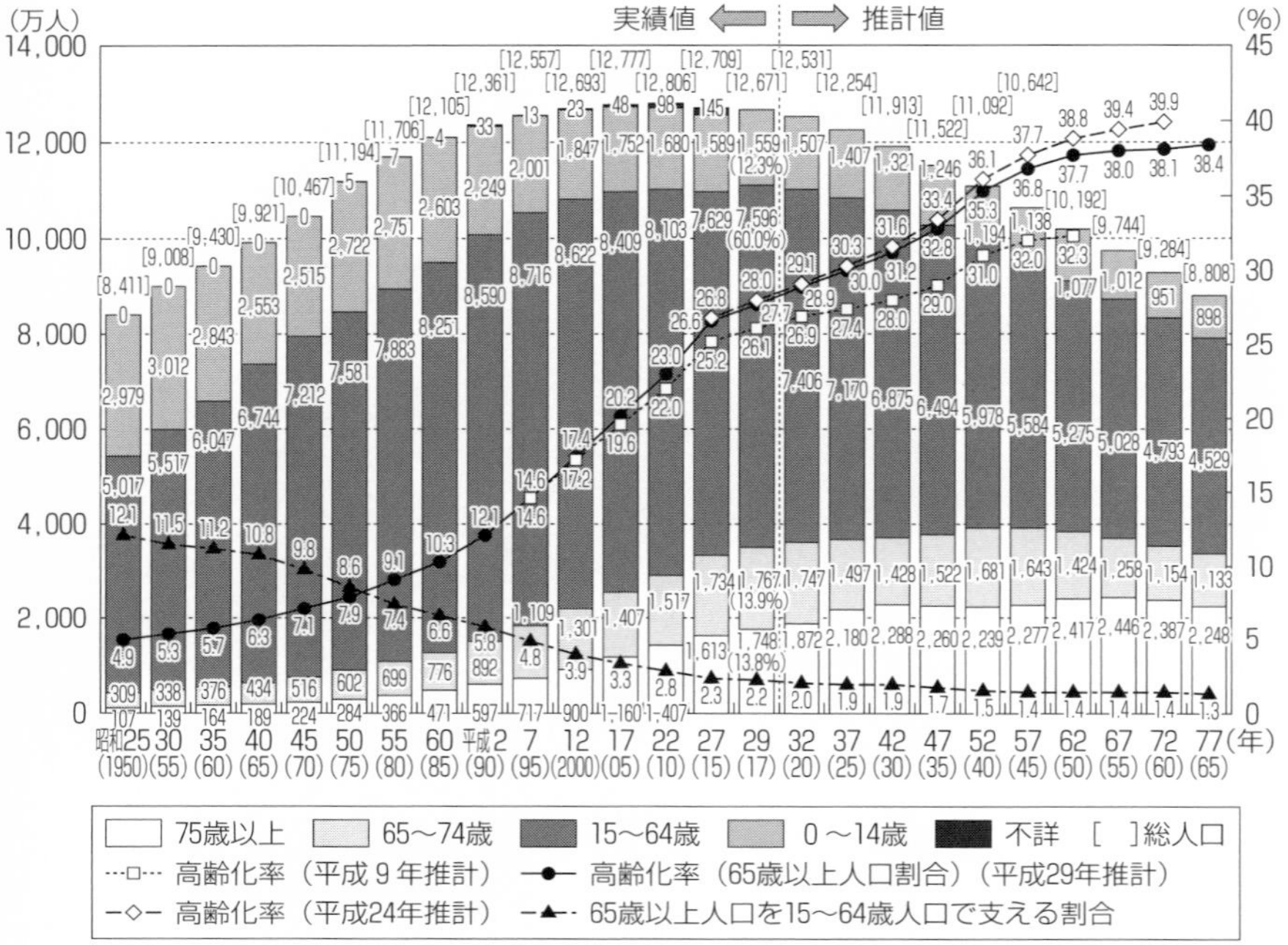

図2-1　高齢化の推移と将来推計

資料：棒グラフと実線の高齢化率については，2015年までは総務省「国勢調査」，2017年は総務省「人口推計」（平成29年10月1日確定値），2020年以降は国立社会保障・人口問題研究所「日本の将来推計人口（平成29年推計）」出生中位・死亡中位仮定による推計結果．

点線と破線の高齢化率については，それぞれ「日本の将来推計人口（平成9年推計）」の中位仮定，「日本の将来推計人口（平成24年推計）の出生中位・死亡中位仮定による，推計時点における将来推計結果である．

（注1）　2017年以降の年齢階級別人口は，総務省統計局「平成27年国勢調査　年齢・国籍不詳をあん分した人口（参考表）」による年齢不詳をあん分した人口に基づいて算出されていることから，年齢不詳は存在しない．なお，1950年～2015年の高齢化率の算出には分母から年齢不詳を除いている．

（注2）　年齢別の結果からは，沖縄県の昭和25年70歳以上の外国人136人（男55人，女81人）及び昭和30年70歳以上23,328人（男8,090人，女15,238人）を除いている．

（注3）　将来人口推計とは，基準時点までに得られた人口学的データに基づき，それまでの傾向，趨勢を将来に向けて投影するものである．基準時点以降の構造的な変化等により，推計以降に得られる実績や新たな将来推計との間には乖離が生じうるものであり，将来推計人口はこのような実績等を踏まえて定期的に見直すこととしている．

（出所）　内閣府「平成30年版高齢社会白書（概要版）」より．

て高い能力を持つ人材を採用することは困難になる。従来のような「大卒男子正社員」モデルだけでは将来的に組織が立ち行かなくなる恐れがある。したがって、現在、労働力として十分に活かされていないと考えられる層、すなわち女性、障害者、外国人などの多様な人材の活用が自ずと求められることになる。

(2) 自治体に課された社会的責任としての多様性実現

上記の点に加え、自治体には単に自組織の管理問題としてのみ多様性が求められるのではなく、自治体に課された社会的責任として、地域における多様性実現のための環境整備も求められる。

そもそも、人口減少は日本全国どの地域にも起こりうる将来的事象であることから、地域内の企業、団体においても、労働人口の減少からくる採用難は避けて通れない課題となる。これは労働力の供給面における問題である。一方、需要面から考えると、企業がその生存をかけて遂行する戦略という点では、顧客から選んでもらうという購買活動が重要になってくる。この時、顧客ないし消費者が選ぶ理由となる高い付加価値や、ヒット商品に結びつくための新しいアイディアを生み出すため、企業が提供する商品やサービスに多様な人々の意見を取り込む必要があると考えられる。

近年、市場の成熟化に伴って、消費者のニーズは「モノの消費」から「コトの消費」へと推移しているとされる。企業は製品の機能やサービスの利便性を追求するだけではなく、それを利用することによって得られる感覚的な価値まで提供しなければ、数ある類似製品の中から消費者に選択してもらうことは難しい。消費者の志向が多様化する中で、個々人のニーズに応えられるような多様な使い方の選択肢の提供など、消費者が求めているニーズに的確かつ迅速に対応できるような組織のアウトプットが求められているのである。この観点からすれば、企業としては、従来型の「大卒男子正社員」といった画一的な人材を揃えるより、より多様な意見や属性、バックボーンを持った人材を得ることが必要となるといえるのである。

こうした点から、地域の企業においてもその編成、管理において多様性が求められると考えられることから、ひいては自治体にも以下のような関与や責務が生じることが導ける。

第一に、地域における社会責任への関与である。自治体は地域の中小企業の監督的立場として、地域における多様性

表２－１　愛知県，名古屋市における社会の多様性実現にかかる分野別施策一覧

	女性関連	障害者関連	外国人関連
愛知県	「愛知県男女共同参画推進条例」(2002) 「あいち男女共同参画プラン2020」(2016)	「愛知県障害者差別解消推進条例」(2015) 「第５期愛知県障害福祉計画」(2018) 「あいち健康福祉ビジョン2020」(2016)	「多文化共生社会づくり推進共同宣言」(2004) 「あいち多文化共生推進プラン2022」(2018)
名古屋市	「男女平等参画推進なごや条例」(2002) 「名古屋市男女平等参画基本計画2020」(2016)	「第５期名古屋市障害福祉計画・第１期名古屋市障害児福祉計画」(2018) 「名古屋市障害者基本計画（第４次）」(2019)	「名古屋市多文化共生推進プラン」(2012)

（注）　表のカッコ内は策定年．2019年11月現在．

を推進するための環境整備にも関わることが求められる。具体的には、条例や基本計画の策定を通じた、住民や事業所に対する行動促進である。**表２-１**は愛知県、名古屋市における社会の多様性実現にかかる分野別の施策一覧であるが、条例、計画等が果たす地域への啓発的役割は大きい。

さらに、中小企業などが単独では実現が難しい、多様性を備えた組織管理の導入のため、地域の諸団体間の連携、協働を促進させる役割を担うことで、地域の多様性実現に寄与することが求められる。

例として、横浜市では横浜市中期四カ年計画二〇一四—二〇一七「あらゆる人が力を発揮できるまちづくり戦略」に基づく、「働く女性応援プログラム」の取り組みの一つとして、横浜市内に拠点を置く企業数社による異業種交流会「地域ダイバーシティin横浜」を開催している（損害保険ジャパン日本興亜株式会社と共催）。女性活躍推進を目的とした地場企業や官公庁との異業種交流会で、「女性活躍推進」「ワーク・ライフ・バランス」といったテーマで講義やグループディスカッションを実施している。

次に、自治体組織には事業体としての責務も生じると考えることができる。企業だけでなくすべての組織を対象とする社会的責任（ＳＲ）に関する世界初の国際規格としてＩＳＯ２６０００(2)（二〇一〇年発行）があるが、これに基づけば、自治体組織にも事業体としての社会的責任を果たす活動が求められることになる。ここでいう社会的責任とは、「組織の決定および活動が社会および環境に及ぼす影響に対して、次のような透明かつ倫理的な行動を通じて組織が担う責任」とされ、具体的に、①健康および社会の繁栄を含む持続可能な発展への貢献、②ステークホルダーの期待へ

の配慮、③関連法令の遵守および国際行動規範の尊重、④組織全体に取り入れられ、組織の関係のなか（影響力の範囲）で実践される行動とされる。

また、組織が社会的責任にアプローチし持続可能な発展への貢献を行うために、組織が念頭に入れるべき七つの原則として①組織の行動様式に係る三原則（説明責任、透明性、倫理的な行動）、②ステークホルダーとの関係に係る原則（ステークホルダーの利害の尊重）、③法規範の尊重に係る三原則（法の支配の尊重、国際行動規範の尊重、人権の尊重）が明示されている。

2　問題意識の背景
――自治体の組織管理、人事管理を取り巻く環境の変化――

とはいえ、自治体組織は果たして多様性を内包しうるのだろうか。企業組織に比して、自治体組織はこれまで画一的であるべき要請が強い存在であったといえる。しかし近年は、その内部に多様性の要素を包含しうる可能性が高まってきているとみなせるような動きが複数の側面から確認できる。以下では自治体の組織管理および人事管理を取り巻く環境がこれまでいかに変化してきたのかを概観する作業を通し、その可能性を検討する材料としたい。

(1)　都道府県の内部組織に関する法的規制とその改正

一点目に、都道府県の内部組織に関する法的規制の変遷を辿ることを通して、自治体の組織編成及び管理をめぐる多様性の可能性について検討していく。

一九四七年に地方自治法が施行された当初、第一八条では都道府県における設置すべき局部の名称と分掌事務が規定（法定必置）されていた。これは、戦前の地方官官制、東京都官制などを継承したものであり、東京都では局制、道府県では部制をとることが法律で義務化されていた。

この規定は一九五二年に改正となり、人口段階別に標準局部を最低四部、最高一〇部と規定し、各都道府県は条例で局部を設けることとされた。具体的には、「標準的な局部」として都に一〇局、道に九部、人口二五〇万人以上の府県に八部、人口一〇〇万人以上二五〇万人未満の府県に六部、人口一〇〇万未満の府県に四部設置することとされた。また、都道府県知事は、条例で局部の名称または分掌事務の変更、局部数の増減が可能となったが、但し、国の行政組織や他の都道府県の局部との権衡を失しないこととされ、変更にあたっては内閣総理大臣への届け出が規定された（第一五八条二項）。加えて副知事、市の助役、副出納長の必置制についても改められ、これも条例で設置の有無を決定できることとされた。

一九五六年には再度関係する条文が改正され、人口段階に応じて都道府県において標準的に設置すべき局部の法定数が示されるとともに、その局部の名称と分掌事務が例示される「標準局部制」となったが、依然として都道府県の内部組織編成には自治体の裁量および自由度は存在しなかった。こうした内部組織の編成について規制が存在した理由としては、とりわけ都道府県は国との連絡交渉を必要とする事項や機関委任事務が多かったことから、政策の受け皿としての部局組織をある程度一定にすることが必要だとする考えがあったと推測できる。

この流れが変わるのが、一九九一年に制定された「行政事務に関する国と地方の関係等の整理及び合理化に関する法律」においてであり、都道府県局部の名称や分掌事務の例示が撤廃され、人口段階ごとに局部数のみを規定する「法定局部数制」となった。また、地方分権推進委員会第一次勧告において、都道府県が上記法定局部数を超えて局部を置く場合に必要とされていた自治大臣への事前協議の見直しが指摘されたことを受け、一九九七年はこれが事前届出制へ改正された。

二〇〇三年には、これらの動きを総括する形で地方自治法が改正され、ようやく「法定局部数制」が廃止されることとなった。これは、前年の地方分権改革推進会議において、都道府県の自主組織権を尊重する観点から、組織編成に関する規制撤廃の指摘を受けたものである。但し、都道府県が内部組織に関する条例を制定・改廃した場合には、総務大臣への届出が義務付けられることとなった。

このように、都道府県は戦後の地方自治法施行以降、近年まで内部組織に関しては法的規制が存在したため、組織編成に地方の自主性を反映することはできず、画一性が要請されていた。しかし、二〇〇三年以降は、内部組織編成に関する自由度が高まったことから、部局等の組織名称やその数などにおいて地域性や住民ニーズ、喫緊の課題への対応といった諸事情を反映し、多様化することが可能となった。

なお、市町村については、こうした内部組織に関する法的規制は存在しなかったが、これは両者の成り立ちの違いによるものと考えられる。都道府県は明治の制度創設期以降、戦後の首長公選制の導入まで、国の行政官庁として位置付けられてきたのに対し、市町村は市制町村制によって誕生した当初から一定の自治権を有していた。しかし、都道府県同様、国からの機関委任事務をはじめとした事務が、いわゆる省—都道府県—市町村という縦の省庁体系の中で降りてくることからすれば、組織編成にまったくの自由度が存在していたわけではないことは言うまでもない。

（2）地方行革の要請

二点目として、地方行革の要請から、自治体における既存組織の見直しや多様な職員体制の推進が図られた経緯を検討していく。

総務省の二〇〇五年通知である、いわゆる「新地方行革指針」に基づき、各地方自治体は「集中改革プラン」の策定を求められたが、そこでは財政状況の悪化を踏まえて行政のスリム化、効率化が喫緊の課題とされた。そのための手法・手段として民間委託の推進、指定管理者制度の活用、ＰＦＩ手法の活用などと併せて、行政ニーズへの迅速かつ的確な対応を可能とする組織の実現についても以下のように言及された。

「地方公共団体の組織については、二〇〇三年の地方自治法改正による都道府県の局部数の法定制度廃止の趣旨等も踏まえ、従来の国の行政機関との均衡に配慮した縦割り型組織にとらわれず、政策目標に基づき、効果的かつ効率的に事務・事業を処理し得る組織とする必要がある。そのため、政策、施策、事務・事業のまとまりや地域などに対応した部局、課室編成とするとともに、住民ニーズへの迅速な対応の観点や、スピーディーな意思決定・対応の観点から、個々の職員の責任と権限が明確化され、意思形成過程が簡素化されたフラットな組織編制とすることも有効であること。」[3]（傍線は筆者）。

このように、官僚組織の本質ともいえる階層を短縮化したフラットな組織編制までも推奨されていることなど、従来の組織構造や編成にこだわることなく、ある程度柔軟かつ多様な組織のあり方が認められているといえる。

同指針では、定員管理の適正化についても踏み込んだ言及がなされており、「抜本的な事務・事業の整理、組織の合理化、職員の適正配置に努めるとともに、積極的な民間委託等の推進、任期付職員制度の活用（傍線は筆者）、ICT化の推進、地域協働の取り組みなどを通じて、極力職員数の抑制に取り組むこと」とされている。当時はいわゆる「団塊の世代」の大量退職を目前としており、社会経済情勢の変化を踏まえた行政改革を行うなかで、総人件費の抑制を狙いとして、総定員の純減が厳しく求められた。

結果として、上記集中改革プランに基づく取り組みは、五年間で地方自治体全体の定員についてマイナス七・五％の純減を達成したが、この職員数の削減は、職場の内部に直接的な影響を及ぼすこととなった。つまり、アウトソーシングの進展や臨時・非常勤職員の多用等によって、業務の切り分けが行われ、そのため職場組織ないし個人のスキルが継続されることが困難になった。常勤職員が削減される一方で、自治体の業務の必要に応じた人材を確保し、多様な住民ニーズにこたえるため、臨時・非常勤職員の採用が拡大されてきた。このように公務労働においても雇用の多様化・流動化が進んできたものの、その人事管理や処遇等についてはいまだ改善の余地は大きいことが指摘されている。

これらのことから、自治体の内部組織編成および職場での職員構成、人事管理については、それらを取り巻く環境がここ一〇年ほどの間に相当程度変化してきたこと、またそれを受けて、既に総じて多様性を帯びる方向へ向かっているということがいえるだろう。

3　組織管理における多様性の要請

(1)　職場の多様化に向かう要因

西村によれば、日本の企業における人材マネジメントは次の三つの要因から職場の多様化に向かっているとされる。(4)

一点目としてグローバル化、人口減少、職業観の変化といった人的資源の供給側の要因がある。二点目に、企業活動展開ならびに企業戦略などの需要側の要因がある。企業が利益を上げるためには、顧客に選択してもらうことが重要になってくるが、顧客の購買活動を促すような商品を切れ目なく市場に出していくためには、企業側の生産過程に多様な人々の意見を取り込む必要があるというものである。三点目として法律的・社会的要因が挙げられる。六五歳の雇用の義務化に伴う再任用、政府の女性管理職比率の目標数値、新卒採用活動の開始時期の変化に伴う公務員試験日程の変更など、マクロ的な要因によっても組織の活動は影響を受けている。

そもそも、組織管理における多様性（ダイバーシティ）とは、米国雇用機会均等委員会（ＥＥＯＣ）の定義によれば「ジェンダー、人種・民族、年齢における違い」[5]を指す。この概念の登場の前身としてアファーマティブ・アクションが位置付けられる。アメリカにおけるアファーマティブ・アクションは公民権運動の中で発展したが、その起源とされるのは、一九六一年ケネディ大統領によって発令された行政命令一〇九二五号であり、政府と取引のある業者に人種や性別による差別を是正するよう措置を求めたものである。この行政命令の法的根拠となったのが、平等賃金法や公民権法第七編[6]など、一九六〇年代に成立した雇用差別を禁止する様々な法律であり、この執行を監督する機関としてＥＥＯＣが設置された。

アファーマティブ・アクションとは少数派優遇策のことであり、女性や有色人種など不利な状況におかれているマイノリティグループに対する優先的な採用、キャリア開発、昇進、組織に留めておくことやそのための特別な取り組みを指す。しかし、この取り組みの根底には、これらマイノリティグループの人々がマジョリティグループに同化されるべきだとする考え方があったとされる。[7]ここでは組織変革は要求されておらず、適用対象者である個々人にのみ、同化のための負荷が強いられていた。

八〇年代に入ると、こうしたアファーマティブ・アクションを「逆差別」とする批判が高まった。アファーマティブ・アクションの取り組みは失速し、新たに登場したのがダイバーシティの概念である。少数派の権利拡大という運動論的な色合いは消え、組織運営における人的資源の効率的な活用のために、人材の多様性を確保することが必要であるという認識が企業に広まっていった。

経営学の分野においてダイバーシティ・マネジメントを確立したR. Thomasによれば、人々のもつ特性の多様性を理解し、容認し、褒め称え、活用するという取り組みが、調和的で生産的な職場関係を促すとされる。[8]ここでいうダイバーシティとは、集団の中で相互関係を持つメンバー個人の特性を指し、その特性には第三者に可視化される年齢、性別、人種という特徴だけでなく、属性、個性、知識、価値観、教育や勤続年数、職歴など、個人の持つ内面性も含むものとされる。これらは前者が表層のダイバーシティ、後者が深層のダイバーシティとも表現され、近年は日本の企業組織においてもこうした観点からのマネジメントが求められるようになってきた。

(2) ダイバーシティと組織パフォーマンス

一方、ダイバーシティと組織パフォーマンスの関係については様々な観点から研究が進められているものの、谷口によれば、現時点でダイバーシティが利益に直結した財務的基準を向上させるような理論モデルは未だ開発されていないとされる[9]。ここでいうパフォーマンスとは、売上高、業績、最終的な利益、株価や財務データの向上といった財務的基準や、従業員のモチベーション、職務満足度、勤続年数、離職率、コミットメント(情緒的コミットメント、継続的コミットメント、規範的コミットメント)などの非財務的基準(中間的パフォーマンス)を指す。組織の多様性を高めることにより、結果的に企業の財務的基準が向上した事例は挙げられるものの、それを因果関係の立証とともに裏付ける理論が構築されているわけではないということである。

一方、非財務的基準と組織のダイバーシティの関係性については、人種や民族、性別、年齢といった人口統計学上の要素(デモグラフィ)について多様性が高まると、どのようなプロセスを経て非財務的基準に関するパフォーマンスに影響を与えるかという観点からの研究が存在する。Williams and O'Reilly によれば[10]、グループのデモグラフィ構成が多様である場合、組織にとってはプラス・マイナス双方の効果が表れる。まず組織の意思決定に着目すると、ダイバーシティがもたらすスキル、情報、知識の増加によって、直接的にポジティブな影響がもたらされる。組織メンバーが多様化すると、問題解決の考え方が多様化し、互いに未知な情報を分かりあうことによって利用できる情報も増加する。こうしたことから、組織の問題解決能力が高まるとともに独創性も発揮され、結果としてグループのプロセスにプラスの影響を与えるとされる。

次に、組織メンバーの自己認識に着目すると、個人はそもそも他者と社会的比較を行うことで自尊心を高く保つ傾向があることから、例えば年齢、性別、所属する組織、地位、宗教などの目立った特徴を用いて自己や他者を社会的に分類し、その結果として固定観念的あるいは自己満足的な期待を持つとされる。したがって異質な価値観を持ったグループは対立に至るため、この場合においてダイバーシティは組織にとってマイナスに作用するとされる。またそれとは逆に、属性が類似し、同質なメンバーが集まった組織においては、職員間の類似性が相互の好意や魅力、自己正当性と結びつくことで、良好なコミュニケーションを生み、ひいては団結性の高い組織が構築されるとする。

Harrisonらは、これら上記のモデルについてさらに時間の概念を組み込んで統合的なモデルを構築している。上記のようなモデルにおいては、ダイバーシティがマイナスであるという主張をするものについては表層的ダイバーシティが前提とされている一方、プラスであるという主張をするものについては深層的ダイバーシティが前提されているとしたうえで、異なる理論ベースでの議論を時間軸の上で統合している。それによれば、時間の経過とともに組織メンバーの協働が促され、情報を交換する機会が増えることにより、表層的ダイバーシティよりも深層的ダイバーシティのほうがチームの社会的な統合を促進する上でより重要となっていくとしている[11]。

これらの研究の多くは社会心理学を基礎としているがゆえに、個人レベルでの心理的効果が強調される傾向が強い。他方、組織レベルでのパフォーマンスにどのような効果が表れるかということを直接的に検証することは非常に難しいことから、安易な当てはめは控えるべきであるが、少なくとも個々の職員レベルにおいて、組織で働くうえで時間の経過とともにメンバー間の社会的結束が強まることを通じて、グループの課業に関わるパフォーマンスがある程度向上するということについては、一定程度推論できるということができよう。

(3)　自治体組織管理における多様化要因の検討

先述の、西村が示した人材マネジメントが多様性に向かう要因を自治体組織に敷衍すると、上記の要因の多くは合致する傾向にあると考えられる。まず、一点目の供給側の要因としては、人口減少時代の採用難は企業にも自治体にも等しく押し寄せるため、採用の全体数にしても長期雇用においてモデルとしてきた人材像にしても、従来通りの組織管理や人事管理が成立しないことが予想される。

二点目の需要側の要因としては、市民自体が多様化している今般において、多様なライフスタイルの相互承認をめぐる政治・行政が求められてきている。宮本はこれを「ライフ・ポリティクス」[12]、生活のあり方にかかわる政治として位置付けているが、行政がこうした多様なニーズをどのように汲み取り、きめ細かに対応していくのかが課題となる。すなわち、もはや集権的行政には限界が生じており、多様性の社会的包摂を政策展開に活かすためには、多様性を自らの組織にも取り込むことで、新たな価値が創出できる仕組みを構築することが必要になるのではないかと考えられる。画一的な組織管理から育成される画一的な人材では、とりわけ組織における慣性が強く働く行政組織においては、前例にとらわれない柔軟な仕組みや多様性を包摂するような政策展開は難しいのではないか。

三点目の法律的、社会的要因としても、障害者雇用に関していえば、民間企業よりも公的機関の方が法定雇用率が高い点や、定年後の再任用者の増加、非正規職員といわれる臨時・非常勤職員の多用など、既に多様な人材が活用されている例が挙げられる。

このように、自治体組織管理においても多様化は避けきれない現象であるといえる。これらのことから、今後、人口減少時代における自治体組織管理において必要になる視座としては、多様な属性やバックグラウンドを持った職員が働く職場として、多様な働き方やキャリア形成を可能にするような制度構築と、それによって自律的に働き、多様な自己実現をなしうるような人材育成であるとみることができる。

4 自治体組織管理における多様性を進めるための法的環境整備

上記のような観点から、以下では、自治体組織管理における多様性を実現し促進するための法的環境整備という側面から、組織において働く人材の属性の違い及び働く条件の多様性に関わる要素について現況を整理し、検討を加えていく。属性の違いとしては、女性、障害者、外国人の雇用について取り上げる。また働く条件の多様性としては、テレワークや短時間勤務といった働き方の多様性と、雇用形態の多様性について取り上げる。

（1）属性の違い

1　男女共同参画

日本で「男女共同参画社会基本法」が公布・施行されたのは一九九九年である。同法は、第一条に「男女の人権が尊重され、かつ、社会経済情勢の変化に対応できる豊かで活力ある社会を実現することの緊要性にかんがみ、男女共同参画社会の形成に関し、基本理念を定め、並びに国、地方公共団体及び国民の責務を明らかにするとともに、男女共同参画社会の形成の促進に関する施策の基本となる事項を定めることにより、男女共同参画社会の形成を総合的かつ計画的に推進することを目的とする」とあるように、同法を起点として、男女共同参画を実現するための様々な取り組みがなされることとなったが、なかでも中心的取り組みが政府、都道府県に課された「男女共同参画基本計画」の策定であった。

二〇一五年には「男女共同参画基本計画（第四次）」が閣議決定、施行されている。その政策領域別の目標一覧によると、国家公務員の女性登用について、本省課室長相当職に占める女性の割合は二〇一五年七月現在で三・五％であるが、これについて、二〇二〇年度末を期限とする成果目標として七％が掲げられている。また、係長相当職（本省）に占める女性の割合については、二〇一五年七月現在で二二・二％であるが、これについても、同じく二〇二〇年度末を期限とする成果目標として三〇％が掲げられている。地方公務員の女性登用に関しても、都道府県（市町村）本庁課長相当職に占める女性の割合について、八・五％を一五％に、また本庁係長相当職に占める女性の割合については二〇・五％を三〇％とする成果目標が示されている。

内閣府が取りまとめている「地方公共団体における男女共同参画社会の形成又は女性に関する施策の推進状況（平成二七年度）」によれば、男女共同参画に関する計画の整備状況としては、二〇一五年四月現在、全都道府県・政令指定都市において、男女共同参画に関する計画が策定済みとなっている（二〇一四年四月現在、全都道府県・政令指定都市）。しかし、市区町村において計画を策定しているのは一二七七市区町村で、総数に占める割合は七三・三％であり、うち市区は七八九で九七・〇％であるものの、町村は四八八で五二・六％にとどまっている。対前年比でみれば、二〇一四年四月現在、一二五一市区町村で七一・九％（うち市区は七八五で九六・六％、町村は四六六で五〇・二％）であるため、増加傾向にはあるものの、町村における整備状況はまだ十分であるとはいえない。なお、計画の策定を検討しているのは九六市区町村で、総数に占める割合は五・五％となっている。

次に、男女共同参画に関する条例の制定状況についてであるが、二〇一五年四月現在、千葉県を除く四六都道府県・全政令指定都市において、男女共同参画に関する条例が制定済みとなっている。一方、市区町村において条例を制定しているのは五九九市区町村で、総数に占める割合は三四・四％にとどまっている。うち市区は四五五で五六・〇％、町村は一四四でわずか一五・五％という現況である。こちらも前年と比べれば、二〇一四年四月現在では五七一市区町村で三二・八％（うち市区は四三四で五三・四％、町村は一三七で一四・八％）であったため、わずかながら増加しているものの、町村部における制定が進んでいないことが明らかである。

また、審議会等委員への女性の登用状況としては、二〇一五年四月現在、法律又は政令により地方公共団体に設置されている審議会等委員に占める女性割合について、都道府県の審議会等は三〇・六％（二〇一四年四月現在三〇・三％）、市区町村の審議会等は二五・六％（二〇一四年四月現在二五・二％）となっている。なお、二〇一五年四月現在、都道府県防災会議に占める女性の割合は一三・二％（二〇一四年四月現在一二・一％）、市区町村の防災会議に占める女性の割合は七・七％（二〇一四年四月現在七・一％）で、女性委員のいない都道府県防災会議は〇（二〇一四年四月現在〇）となっている。

愛知県における男女共同参画にかかる状況[13]としては、女性の政策・方針決定過程への参画に関して、県の審議会等委員への女性の登用率（二〇一六年四月一日現在）は、県の審議会等委員数は九二六人（二〇一五年四月一日現在八九五人）、うち女性数は三六一人（三四〇人）で、女性の登用率は三八・九八％（三七・九九％）となっている（目標：二〇一五年度末三七・五％）。また、県職員の管理職に占める女性の割合（二〇一六年四月一日現在）は、課長級以上は九・三％（二〇一五年四月一日現在八・八％）、主査級以上の役付職員（課長級以上を含む）は二四・八％（二三・八％）となっている（目標：主査級以上二〇一五年度末二三％）。審議会等委員、管理職への登用ともに全国平均に比べれば若干高い数値となっているが、前年度比ではごく微増であることに加え、まだまだ十分な数値とは言い難いのが現状である。

次に、女性の地域活動の状況として、自治会長に占める女性の割合（二〇一五年四月一日現在）は、五・〇％（二〇一四年四月一日現在四・四％）となっている（目標：二〇一五年度一〇％）。

また、愛知県内の市町村における男女共同参画施策の状況としては（以下いずれも二〇一六年四月一日現在）、男女共同参画に関する条例を制定済みなのは一八市町（全体の三三・三三％）、男女共同参画計画を策定済みなのは四八市町村（全体の八八・八九％）、審議会等委員への女性の登用率は二六・七〇％（二〇一五年四月一日現在二六・一四％）となっている。こちらも、全国的な傾向と同じく、市町村では条例についてまだ整備が進んでいないところが多くなっている。

管理職や審議会等委員への女性登用については、この点だけに着目して数字の達成を追求してもさほど効果はないと考えられる。家庭を持つ女性の場合、家事や育児について非常に大きな負担を抱えている場合が多いと考えられるため、職場等での働き方（短時間勤務や突発的有給など）について十分な柔軟性が確保されていることや、それらについての職場での理解があることが前提となる。そのうえで、ワーク・ライフ・バランスがある程度自律的に決定できる状況が整備される必要があろう。

なお、二〇一六年四月から完全施行された女性職業生活における活躍の推進に関する法律（女性活躍推進法）においては、国は女性の職業生活における活躍の推進に関する基本方針を策定するとともに、地方自治体はこの基本方針等を勘案して推進計画を策定することとされている。また、事業主は①自社の女性の活躍に関する状況把握・課題分析、②①を踏まえた行動計画の策定・届出・公表、③女性の活躍に関する情報の公表を行うこととされている（労働者が三〇一人以上の大企業は義務、それ以下の中小企業は努力義務）。こうした職場環境の整備を組織側が積極的に行うことが求められた点で、本法の意義は大きい。今後は女性職員側だけに働きかけて活躍推進を図ろうとする考え方から脱却し、組織内の役割分担や長時間労働を見直したうえで、時間的制約のある職員についても業務の量ではなく質できちんと評価する仕組みを設けることも必要であろう。

2　障害者

日本での障害者に関する法整備は、一九七〇年に制定された「心身障害者対策基本法」（一九九三年「障害者基本法」に改正）に始まる。同法に基づき、国は、障害者施策の総合的かつ計画的な推進を図るため、障害者基本計画を定めている。「障害者対策に関する新長期計画」(一九九三〜二〇〇二年)、「障害者基本計画(第二次)」(二〇〇三〜二〇一二年)に続き、現在は二〇一三年九月に、二〇一三年度から二〇一七年度までの概ね五年間に講ずべき障害者施策の基本的方向について定めた障害者基本計画(第三次)が策定されている。

二〇〇九年度以降、日本では「障害者の権利に関する条約」の締結に先立ち、障害者に関わる法律や制度が大きく見直されている(障害者制度改革)。内閣に障がい者制度改革推進本部が設置され、二〇〇九年一二月から当面五年間を障害者の制度に係る改革の集中期間と位置付け、「障害者制度改革の推進のための基本的な方向について」(二〇一〇年六月二九日閣議決定)等に基づいて、障害者の権利に関する条約の締結に必要な国内法の整備を始めとする制度の集中的な改革が進められているところである。

主な法制度改革としては、二〇一一年には「障害者基本法」の改正および「障害者虐待防止法」が成立し、共生社会実現に向けた基本原則等の設定や、障害者への虐待の定義およびその救済や防止策が定められた。翌二〇一二年には「障害者総合支援法」が障害者自立支援法を改正して成立し、障害者サービスの対象に「難病」を追加するなど、制度の谷間の解消が図られている。さらに二〇一三年には「障害者差別解消法」の成立と「障害者雇用促進法」の改正が行われ、障害者基本法における差別の禁止や合理的配慮の提供などの具体化が図られるとともに、雇用分野における差別の禁止、合理的配慮の提供を具体化された。また、精神障害者を法定雇用率の算定基礎に加える改正も行われた。

なお、自治体における障害者施策の実施については、二〇〇四年の障害者基本法の改正により、都道府県及び市町村における障害者計画の策定が義務化されている。また、二〇一一年の障害者基本法の改正時に「合理的配慮」[14]の概念が導入され、障害者が日常生活や社会生活を送る上で障壁となるようなもの(社会的障壁)を取り除くために、負担になり過ぎない範囲で、必要な配慮や調整を行うことが求められた。これを受け、障害者差別解消法においても、この「合理的配慮」の実施が、政府および地方自治体、独立行政法人、特殊法人については義務(強制)として、また一般事業者については努力義務として位置づけられている。

次に、障害者の雇用状況については、二〇一五年六月一日現在、障害のある人の雇用者数は四五万三一三三・五人となっており、一二年連続で過去最高を更新している。[15]

表２－２　民間企業，行政機関における法定雇用率

法定雇用率	改定前	2013.4.1以降	2018.4.1以降
民間企業	1.8%	2.0%	2.2%
国・地方公共団体等	2.1%	2.3%	2.5%
都道府県等の教育委員会	2.0%	2.2%	2.4%

（出所）　筆者作成.

表２－３　愛知県内の障害者雇用状況（2016年６月１日現在）

区分		企業数又は機関数（件）	基礎労働者数又は職員数（人）	うち障害者数（人）	実雇用率（%）
民間企業	一般民間企業	5,641	1,567,462.50	29,024.5	1.85
	(2.0%)	5,544	1,537,157.50	27,892.5	1.81
	特殊法人	11	9,324.00	206.0	2.21
	(2.3%)	11	9,194.00	208.5	2.27
地方公共団体	2.3%	82	71,018.50	1,766.0	2.49
	適用機関	84	70,533.00	1,710.5	2.43
	2.2%	2	40,685.50	920.0	2.26
	適用機関	2	40,468.50	904.0	2.23

（注）　下欄は2015年６月１日現在の状況.
（出所）　愛知県「障害者の雇用状況と支援〈平成29年〉」より.

国・地方公共団体における状況としては、国の機関（法定雇用率二・三％）に在職している障害のある人の割合、勤務している障害のある人の数はそれぞれ二・四五％、七三七一・五人となっている。また、都道府県の機関（法定雇用率二・三％）は二・五八％、八三四四・〇人であり、市町村の機関（法定雇用率二・三％）は、二・四一％、二万五九一三・五人となっている。

一方、民間企業における状況としては、民間企業が雇用している障害のある人の割合は一・八八％となっている。企業規模別では、五〇～一〇〇人未満規模で一・四九％、一〇〇～三〇〇人未満規模で一・六八％、三〇〇～五〇〇人未満規模で一・七九％、五〇〇～一〇〇〇人未満規模で一・八九％、一〇〇〇人以上規模で二・〇九％となっているものの、法定雇用率を達成した企業の割合は四七・二％と依然として半数に満たない状況であった。

法定雇用率の達成に向けた指導として、国及び地方公共団体の機関については、民間企業に率先して障害のある人の雇入れを行うべき立場にあることを踏まえ、国及び地方公共団体の各機関の人事担当幹部に対し、計画的な採用を図るよう、内閣府から要

請を行っている。すべての公的機関は、毎年六月一日現在の雇用状況を発表するとともに、未達成である機関については、障害のある人の採用に関する計画を作成しなければならない。また、その計画が適正に実施されていない場合には、計画が適正に実施されるよう勧告を行っている。

二〇一五年六月一日現在の障害のある人の雇用状況では、国・地方公共団体で勤務している障害のある人は前年よりも増加しているものの、特に都道府県等の教育委員会では、未達成である機関が多くみられることから（法定雇用率未達成である都道府県教育委員会は四七機関中一九機関）、指導が行われている。

障害者雇用を促進させるため、厚生労働省では各種の助成制度を設けている。そのうち、特定求職者雇用開発助成金は、障害者を雇い入れた場合、特定就職困難者コース（ハローワーク等の紹介により障害者を雇用する事業主に助成）、発達障害者・難治性疾患患者雇用開発コース（ハローワーク等の紹介により発達障害者又は難治性疾患患者を継続して雇用する労働者として雇い入れ、雇用管理に関する事項を把握・報告する事業主に対して五〇万円（中小企業の場合は一二〇万円）を支給）、障害者初回雇用コース（障害者雇用の経験がない中小企業で、初めての雇入れにより法定雇用障害者数以上の障害者を雇用した場合、一二〇万円を支給）などが受けられる。また、トライアル雇用助成金として、障害者を試行的に三カ月間雇い入れた場合、または、週二〇時間以上の勤務が難しい精神障害者・発達障害者を三～一二カ月間かけて二〇時間以上の勤務を目指して試行雇用を行う場合、助成金を受けることができる。この他にも、障害者雇用安定助成金、中小企業障害者多数雇用施設設置等助成金などがある。

また、事業主が障害者を雇用するために、職場の施設等設置・整備や適切な雇用管理を図るための特別な措置を行った場合、その費用の一部を助成するものや、障害者の職業能力の開発・向上のために、対象障害者に対して障害者職業能力開発訓練事業を行うための施設または設備の設置・整備または更新を行う事業主および対象障害者に対して障害者職業能力開発訓練事業を行う事業主に対して助成するものもある。

障害者雇用を促進するためには、各自治体独自の施策も実施されている。愛知県では、二〇一七年現在、以下のような施策が行われている。

①中小企業応援障害者雇用奨励金

障害者雇用の経験のない事業主（障害者の雇用義務制度の対象となる常用労働者数五〇～三〇〇人の事業主）が、雇用率制度の対象となるような障害者を初めて（過去三年間に対象障害者の雇用実績がない場合も含む。）雇用した場合に奨励金（一事業主あたり六〇万円、但し対象労働者が短時間労働者の場合は三〇万円）を支給する。

②障害者雇用企業サポートデスクの開設

産業労働部労政局就業促進課内に「障害者雇用企業サポートデスク」を開設し、企業からの電話での相談に対応するとともに、雇用や職場定着など個別のニーズに対応した支援を行っている。

③精神・発達障害者雇用促進事業

二〇一八年には法定雇用率の算定基礎に精神障害者が加わることから、法定雇用率の引き上げが見込まれていることを受け、求職中の精神・発達障害者と障害者雇用を検討している企業双方の支援を行っている。

④障害者就職面接会の開催

学卒障害者就職面接会、一般障害者就職面接会を愛知労働局、新卒応援ハローワーク、公共職業安定所などと連携して開催している。

⑤障害者雇用啓発事業

障害者雇用の理解を深め、雇用促進・職場定着を図るため、事業主等を対象とした障害者雇用促進トップセミナーを開催し、障害者雇用の現状や法・制度等の説明、実際に障害者雇用をしている企業の事例を紹介するとともに、障害者雇用優良企業等表彰を行っている。

⑥障害者雇用支援事業

障害者の就職と職場定着を促進するため、支援を希望する障害者や事業所へ県で育成した就労支援者を派遣する障害者就労支援事業を行っている。

このように、実際に雇用に至る前の段階での企業に対する支援が複数用意されていることは、高く評価できるだろう。障害者を雇用した経験のない企業にとっては、当該障害者に分担させる職種や業務遂行方法、企業の施設及び精神面でのサポート体制など、手探りの部分が多いと想定されることから、こうした面において行政が積極的に支援することは非常に効果的であると考えられる。

3　外国人

●多文化共生

外国人の分野では、男女共同参画や障害者の分野のような根拠法令を持たない。そのため、自治体における外国人施策の展開は、各自治体の裁量に委ねられている。

二〇〇六年に総務省が策定した「地域の多文化共生推進プラン」は、地方自治体における多文化共生の推進について、政府として初めて総合的・体系的に検討したプランである。地域において取り組みが必要な分野として「コミュニケーション支援」、「生活支援（居住、教育、労働環境、医療・保健・福祉、防災等）」、「多文化共生の地域づくり」、「多文化共生の推進体制の整備」を挙げている。このプランは、各都道府県及び市区町村における多文化共生施策の推進に関する指針・計画の策定に資するためのものとされ、各都道府県及び市区町村が地域の実情と特性を踏まえて多文化共生の推進に係る指針・計画を策定し、地域における多文化共生の推進を計画的かつ総合的に実施するよう通知している。

これを受けて、各地方自治体における多文化共生の推進に係る指針・計画の策定状況（二〇一六年度）としては、全国で七四六の地方自治体（全地方自治体の約四割程度）が多文化共生を推進するための指針や計画を策定済みである。

愛知県では、二〇〇七年度に策定した「あいち多文化共生推進プラン」が、二〇一二年度末で計画期間が満了したため、社会情勢の変化や外国人県民を取り巻く社会環境変化への対応も盛り込んだ「あいち多文化共生推進プラン二〇一三―二〇一七」を策定している。

同プランの基本目標は「多文化共生社会の形成による豊かで活力ある地域づくり」とされ、それを実現するための施策目標として「誰もが参加する地域づくり」、「多文化共生の意識づくり」、「誰もが暮らしやすい地域づくり」を掲げている。その内容としては、自らの能力を十分発揮しながら活躍できる環境が整備されている状態や、外国人県民も含めた様々な担い手が対等な立場で連携・協働している状態を目指すこと、外国人県民の人権が尊重され、地域で前向きに受け入れられている状態や、外国人県民が自立して、安全で安心して暮らせる地域になっている状態を目指すこととされている。

●公務員任用に関する法的問題

外国人の雇用については、民間企業とは異なり、国家公務員ないし地方公務員となることについては法的問題が存在する。

一九五三年三月二五日「わが国の公務員が日本国籍を喪失した場合にその者は公務員たる地位を失うかについての照会」に対する内閣法制局回答によれば、「一般にわが国籍の保有がわが国の公務員の就任に必要とされる能力要件である旨の明文の規定が存在するわけではないが、公務員に関する当然の法理として、公権力の行使又は国家意思の形成への参画にたずさわる公務員となるためには日本国籍を必要とするものと解すべきであり、他方においてそれ以外の公務員となるためには日本国籍を必要としないものと解せられる」との見解が示された。これがいわゆる「当然の法理」として、以後効力を持つこととなる。

国家公務員については、一九六七年に人事院規則八―一八が制定され、同規則第九条において日本国籍を有しない者は採用試験を受けることができない旨の規定が設けられた。すなわち、定型的な職務に従事する一部の官職を除き、日本国籍を必要とすることが原則となった。国会職員や裁判所職員についても、国会や最高裁判所の内規で採用試験に「日本の国籍を有しない者」に受験資格がないことが規定されている。

地方公務員についても、公権力の行使や地方公共団体の意思形成への参画に携わる職に就くためには日本国籍が必要であるとして、公務員に対する当然の法理が繰り返し確認されている。しかし、地方公務員法が施行されたことにより、公務員採用試験は人事委員会で行うことになり、各自治体の裁量として受験資格にいわゆる国籍条項を設けるに至った。

しかし近年、国籍条項を撤廃して、医療職、技術職を中心に外国人にも地方公務員への道を開く自治体が増えてきている。一九九六年に川崎市が政令指定都市で初めて一般事務職の任用について国籍条項を撤廃して以降、多くの自治体において撤廃の動きが広がり、自治省も同年一一月には「条件付き撤廃」を容認した。

しかし、管理職への登用については司法の面からも認められていないのが現状である。国籍条項によって管理職試験の受験を拒まれ、資格の確認を求めた「管理職選考受験資格確認等請求事件」では、最高裁は二〇〇五年一月二六日の判決で受験拒否は合法と判断した。

本判決は、公務員に関する当然の法理（基本原則）を具体的に地方公務員に当てはめた上で、東京地裁と東京高裁が示した公務員の類型化とは異なる視点から「公権力行使等地方公務員」との概念を示した。この「公権力行使等地方公務員」は、地方公務員の中でも「住民の権利義務を直接形成し、その範囲を確定するなどの公権力の行使に当たる行為を行い、若しくは普通地方公共団体の重要な施策に関する決定を行い、又はこれらに参画することを職務とするもの」を意味し、このような公務員については、「国民主権の原理に基づき、国及び普通地方公共団体による統治の在り方については日本国の統治者としての国民が最終的な責任を負うべきものであること（憲法一条、一五条一項参照）に照らし、原則として日本の国籍を有する者が公権力行使等地方公務員に就任することが想定されている」とした[16]。

（2） 働く条件の多様性

1　働き方の多様性

次に、働く条件の多様性として、テレワーク、在宅勤務、短時間勤務など、働き方の多様性にかかる現況について整理する。

●テレワーク

国土交通省が行った「平成二七年度テレワーク人口実態調査結果[17]」によれば、「自宅で仕事をしたことがある」雇用者[18]のうち、二〇一五年一月一日から二〇一五年一二月三一日の期間で、所定勤務日[19]における終日在宅勤務を「週一回以上実施」と回答した人は約一八％で、「月一回以上実施」と回答した人は約三八％だった。終日在宅勤務を実施している雇用者における在宅勤務時の仕事内容としては、「普段勤務しているオフィスでの仕事と同じ内容の仕事」と回答した人が最も多く、特に「週一回以上実施」と回答した人では約六九％いた。また、「在宅勤務用に切り出した、持ち出し可能な仕事」と回答した人は、「月一回以上週一回未満実施」と回答した人の約四七％おり、工夫して在宅勤務を行っている状況が伺える。

また、在宅勤務導入の目的としては企業によって多様であり、「ワーク・ライフ・バランスの向上」は共通してみられるところであるが、規模の大きな企業等は、企業の働き方改革の一環や生産性向上とするところが多い一方、規模の小さな企業等は、家族事情等による優秀な人材の離職防止等がきっかけとなる場合が多くみられる。制度導入時には、育児・介護事由や、部門・職種を限定してトライアル等でスタートした企業等においても、その後、対象事由の拡大や、対象を全職種や全社員に拡大しているケースもみられる。

さらに、勤務時間選択制度、半日単位の年休制度等、他の制度との複合的な活用により、勤務時間のスライドや勤務時間の一時中断等が可能となることで、より柔軟で効果的な在宅勤務が可能となっている例も報告されている。また、こうした在宅勤務は子供の急病、台風や大雪などの悪天候時及び交通機関の麻痺等突発的な事象が生じた場合でも、在宅で業務を継続することが可能であり、労働者の多様な働き方を保障するものとなっている。

二〇一三年六月には、「世界最先端IT国家創造宣言」が閣議決定され、同宣言工程表において「テレワーク導入企業数三倍（二〇一二年度比）」「雇用型在宅型テレワーカー数一〇％以上」等の政府目標が掲げられている。これを受けて、テレワークの普及・促進に向けた総務省の取り組みとしては、テレワーク試行体験プロジェクト、先進的テレワークシステムの実証実験、全国各地域における普及啓発・セミナーやテレワーク導入コンサルティング等の活動が実施されている。また、総務省職員を対象としたテレワーク制度も二〇〇六年から本格導入されている。

仮にテレワークを地方公務の現場で導入しようとするならば、情報セキュリティの問題はもちろんのこと、業務の切り分けと分担、紙媒体での資料や押印を要する書類の扱いなど、解決すべき課題は数多いと考えられる。個人情報および行政としての組織的機密事項の漏洩が確実に防止できるという前提が保障されるのであれば、どの部署あるいはどの業務であればテレワークが可能かについては順次検討されていく余地があるといえよう。

●育児休業制度、育児短時間勤務制度等

二〇〇九年六月の育児・介護休業法改正前は、事業主は、三歳に満たない子を養育する労働者について、短時間勤務制度、所定外労働（残業）免除制度、フレックスタイム制度、時差出勤の制度、事業所内保育施設の設置運営などから一つを選択して、制度を設けることが義務付けられていた。

同法改正後は、事業主は、三歳に満たない子を養育する労働者について、労働者が希望すれば利用できる短時間勤務制度（一日原則六時間）を設けることが義務付けられた。また、三歳までの子を養育する労働者は、請求すれば所定外労働（残業）が免除される（二〇一〇年六月三〇日施行。ただし常時一〇〇人以下の労働者を雇用する事業主は二〇一二年七月一日施行）。

厚生労働省が実施している雇用均等基本調査[20]によれば、二〇一五年一〇月時点で、育児休業制度の規定がある事業所の割合は、事業所規模五人以上では七三・一％（二〇一四年度七四・七％）、事業所規模三〇人以上では九一・九％（同九四・七％）となっており、二〇一四年度調査より事業所規模五人以上では一・六ポイント、事業所規模三〇人以上では二・八ポイント低下した。産業別にみると、複合サービス事業（一〇〇％）、電気・ガス・熱供給・水道業（九五・三％）、金融業、保険業（九三・六％）で規定がある事業所の割合が高くなっている。規模別にみると、五〇〇人以上で一〇〇％、一〇〇〜四九九人で九八・四％、三〇〜九九人で九〇・二％、五〜二九人で六九・二％と規模が大きくなるほど規定がある事業所割合は高くなっている。

また、育児のための所定労働時間の短縮措置等の制度の導入状況としては、こうした制度がある事業所の割合は六一・三％となっており、二〇一四年度調査時と同率であった。産業別では、複合サービス事業（九七・三％）、金融業、保険業（九四・九％）、電気・ガス・熱供給・水道業（八七・九％）において制度がある事業所の割合が高くなっている。規模別にみると、五〇〇人以上で九九・二％、一〇〇〜四九九人で九五・二％、三〇〜九九人で八〇・九％、五〜二九人で五六・七％と、規模が大きくなるほど制度がある事業所割合が高くなっている。

育児のための所定労働時間の短縮措置等の各種制度の導入状況（複数回答）としては、多い順に「短時間勤務制度」が五七・八％（二〇一四年度五七・九％）、「所定外労働の制限」が五三・二％（同五四・六％）、「始業・終業時刻の繰上げ・繰下げ」が三〇・四％（同二九・七％）となっている。

地方公務員については、「地方公務員の育児休業等に関する法律及び育児休業、介護休業等育児又は家族介護を行う労働者の福祉に関する法律の一部を改正する法律」の施行（二〇一七年一月一日）により、働きながら育児や介護がしやすい環境整備をさらに進めるため、民間及び人事院勧告等を踏まえた国家公務員に係る規定の改正内容に準じて、地方公務員の育児支援・介護支援に係る規定の改正が行われたところである。主な内容としては、「地方公務員の育児休業等に関する法律」については、育児休業等の対象となる子の範囲に、特別養子縁組の監護期間中の子及び養子縁組里親に委託されている子等が加えられた。「育児休業、介護休業等育児又は家族介護を行う労働者の福祉に関する法律」については、介護休業取得可能期間（三月）を三つの期間に分割して取得できることとされた。さらに、介護のための所定労働時間短縮措置や、介護休業の申出をすることができる非常勤職員の要件の見直しが行われた。

2　雇用形態の多様性

●臨時・非常勤職員

総務省が二〇一六年に行った調査によれば、全地方公共団体における臨時・非常勤職員の総数は六四万三一三一人にのぼり、前回調査時の二〇一二年から約四万四〇〇〇人増加している。[21]

臨時・非常勤職員は任用区分の基準の違いにより、以下の三種類が存在する。[22]

i　臨時的任用職員

地方公務員法二二条二項ないし五項に基づき臨時任用される一般職の職員であり、自治体の非正規職員の中ではこの職員の比率が一番高い（上記総務省調査では二六万二九八人）。地公法二二条二項では、臨時職員は「緊急の場合」や「臨時の職に関する場合」などに人事委員会の承認を得て「六月を超えない期間」で任用するものとされている。その任用は、「六月をこえない期間で更新することができるが、再度更新することはできない」とされるため、一回の任用更新しか認められず、通算一年以内でしか雇用されない。しかし、繰り返して任用されている実態に即し、総務省も通知において「……再度任用されることはありうるものである」（総務省通知二〇一四）として追認している。

ii 特別職非常勤職員

地公法三条三項三号に基づいて任用される。本来この職は一定の専門的知識や経験を必要とする職に任用することを想定した職員区分である。実体的にはフルタイムまたはそれに近い勤務時間で多くの特別職非常勤職員が雇用されている（上記総務省調査では二一万五八〇〇人）。任期については、法のレベルでは規定されていない。地方公務員法は適用されず、労働条件の決定に関しては労働三法（労働基準法・労働組合法・労働関係調整法）が適用される。

iii 一般職非常勤職員

地公法一七条に基づいて任用されており（上記総務省調査では一二万七三九〇人）、補助的な業務を主に担当するとされている。

こうした臨時・非常勤職員については、厳しい地方財政の状況が継続する中、多様化かつ増大する行政ニーズに対応するため、増加の一途をたどっている。総務省における同種の調査結果によれば、調査初年度の二〇〇五年時点では四五・六万人だったところ、二〇〇八年では四九・八万人、二〇一二年には五九・九万人となっている。

これらの職員に関する任用上の課題としては、通常の事務職員も特別職非常勤職員として任用している例が挙げられる。本来、特別職は専門性が高い者などを想定しており、特別職として任用されれば地方公務員法が適用されないことから、守秘義務、政治的行為などの公共の利益保持に必要な諸制約が課されていない。また、採用方法等が明確に定められていないため、一般職非常勤職員としての任用が進まないという面も指摘できる。さらに処遇上の課題としては、労働者性の高い非常勤職員に期末手当が支給できないという点も挙げられる。国家公務員の非常勤職員には支給可能であることからすれば、待遇上の公平性が確保されていないことになる。

これまでにも、臨時・非常勤職員の労働実態については自治労の調査によって明らかにされてきたところである。二〇一二年に自治労が行った「自治体臨時・非常勤等職員の賃金・労働条件制度調査結果報告[23]」では、以下のような点が指摘されている。

1．臨時・非常勤等職員の全職員に対する比率は三三・一％と、二〇〇八年調査の二七・四％に比較してさらに拡大していた。

2．週勤務時間については、「正規職員と同じ」を含め正規職員の週勤務時間四分の三以上が六割余りと、二〇〇八年調査と同様であった。

3．賃金は、単純平均で時給・日給型が八〇〇円台、月給型が一四～一六万円が最多層であった。また、昇給は八割以上で「ない」ことが把握できた。

4．通勤費は二～三割、一時金は六割、退職一時金は九割以上で支給「なし」となっていた。

こうした調査から明らかになるのは、正規職員との待遇面での格差の存在である。勤務の実態や担当業務についてはぼ正規職員と同一であるにもかかわらず、任用に際して法的制約が少ないためにこうした格差が生じていると考えられる。多くの場合、各部署で必要に応じて随時採用されていることから、自治体全体としての雇用数やその実態については正確に把握されていない。いわゆる「官製ワーキング・プア」を生み出さないためにも、各自治体では実態を把握することから始め、根本的な格差是正のためには今後の法的整備が必要であるといえる。

前述の任用上・処遇上の課題や実態改善のため、二〇一七年には「地方公務員法及び地方自治法の一部を改正する法律」（平成二九年法律第二九号）が成立した。特別職の任用及び臨時的任用の厳格化を求めるとともに、それ以外の臨時・非常勤職員は原則として会計年度任用職員に移行することとされ、会計年度任用職員に対する期末手当の給付を可能とするような規定整備が盛り込まれており、二〇二〇年度からの施行が予定されているところである。しかし、この会計年度任用職員にはフルタイムとパートタイムが規定されており、退職手当や特殊勤務手当が支給できるのはフルタイムに対してのみであることなど、新たな格差を生じさせかねないものとなっている。職員の働き方が大きく変わる可能性も含んでおり、その運用については注視していく必要があろう。

●任期付職員

二〇〇二年に「地方公共団体の一般職の任期付職員の採用に関する法律」によって創設された任期付職員制度では、専門的な知識や経験を有する者を活用し、本格的業務に従事させることが可能となった。これにより、多様な任用や勤務形態のもと、業務遂行上の専門的能力の補完が見込めることが期待されている。任期は三〜五年以内の複数年で設定ができ、雇用形態としてはフルタイムもしくはパートタイムのいずれでも可能である。なお、自治体は採用にあたって条例制定が必要となる。

総務省が二〇一四年に行った「地方公共団体における任期付職員の採用状況等について[24]」の調査によると、任期付職員を採用している団体は都道府県で四四団体、政令指定都市で一七団体、市区町村で三八〇団体であり、これら四四一団体における採用人数の合計は九六六五人（前年度比一六〇六人増）である。都道府県および政令市では活用が進んでいる一方、市区町村ではまだこれからといった状況だといえる。

なお、任期付職員の区分としては、根拠条文によって以下の三種類があり、要件および任期がそれぞれ異なっている。

i　任期付職員（専門的知識等・三条）

特定任期付職員であり、高度の専門的知識経験等を有する者を一定の期間活用することが特に必要な場合などに用いられる。任期は五年であり、主な採用例としては情報システム担当部長（町田市）、法務専門監（厚木市）、病院ゼネラルリスクマネージャー（阿蘇市）、危機管理監（御殿場市）、広報専門監（松江市）、政策法務室長（流山市）などである。

ii　任期付職員（時限的な職・四条）

一般任期付フルタイム職員であり、一定の期間内に終了することが見込まれる業務に従事もしくは一定の期間内に限り業務量の増加が見込まれる業務に従事する場合に用いられる。任期は原則として三年以内だが、特に必要な場合は五年以内が認められる。主な採用例としては、福祉、一般事務（ケースワーカー、保育士等）などである。

iii　任期付短時間勤務職員（五条）

これも時限的な職であり、上記四条任期付職員の要件に加え、住民に対するサービスの提供時間の延長および繁忙時における提供体制の充実等や、部分休業を取得する職員の業務の代替として用いられる。任期は原則として三年以内だが、特に必要な場合は五年以内が認められる。採用例としては、延長保育などのサービス提供時間の延長や土日の窓口サービスの開始などの提供体制の充実に対応するため、臨時・非常勤職員を任用してきた職について、任期付短時間勤務職員の職として転換を図る事例がみられる。

任用根拠別の採用状況は、三条任期付職員で一四七〇人（前年度比二八七人増）、四条任期付職員で三三三七人（前年度比九七五人増）、五条任期付職員で四八五八人（前年度比三四四人増）となっている。(25)

このように、任期付専門職の採用が拡大してきている背景としては、公務員の任用の「多様化」への要請があるといえる。従来の正規職員の任用だけでは、多種多様化する住民ニーズへの対応や、複雑高度化する政策課題への専門的知識に基づく対応が十分でないことの証左でもあるといえよう。

また、採用する側だけでなく、職業として公務を考える個人の側に立てば、任期付職員として多様な働き方が可能になることに加え、正規職員のキャリアパスにおける選択肢の拡大とも関係してくることが考えられる。任期付職員の採用と併せ、正規職員の短時間勤務など他制度との組み合わせによっては、職場全体でのワークシェアへの道が開かれるからである。介護や育児、定期的な通院など、様々な事情を抱える職員の増加が見込まれるなか、正規職員にとっても多様な働き方の選択ができる可能性を含んでいるといえよう。

5　実地調査

以上のような問題意識、法的環境整備の現状を踏まえて、豊田市及び名古屋市に対してヒアリング調査を行った。(26)

(1) 豊田市[27]

1 人口減少に伴う自治体組織における人事管理の変容について

今後予測される人口減少を見据え、採用ないし人事管理上で以下のような方策が採用されている。

①採用試験の多角化

新規学卒者採用について複数の日程を設定し、二〇〇二年度採用試験からは、そのうちのA日程として、従来の公務員試験とは一線を画した自己推薦型の採用を行っている(A日程、B日程、C日程の設定)。また障害者採用、社会人経験者採用、任期付採用、技能労務職採用、外国語枠(ポルトガル語)、中山間地域在住職員採用試験(「We Love ふるさと採用」、二〇一五年度~六名採用)など、多様な採用試験を行っている。

また、採用試験の多角化と併せて、選考観点の多様性も重視されており、多様な価値観を持った人材の採用が意識されているとのことである。A日程での採用はこの観点から行われており、教養試験を撤廃することで、学力を問うことよりも自立的に主張や行動ができる人材を採用することに重きがおかれている。

②PR手法の多角化

ホームページや広報誌といった従来の手法に加え、大学等の訪問、合同企業展への出展、就職サイトへの掲載、インターンシップの受け入れ等、これまでの行政が採っていなかったPR手法を活用し、幅広い学生層への訴求を行っている。また、市独自の取り組みとしての就職ガイダンスでは、「お仕事説明会」や技術職員の採用促進のための現場見学会などが行われている。より低年齢層への訴求として、中学生・高校生の職場体験や、市内の学生が市の仕事をレポートし広報誌に掲載する「ガクレポ」という取り組みも行われている。

③任用形態の多角化

特定任期付及び一般任期付職員の採用の検討が進められているほか、再任用制度の運用、非常勤一般職の活用などが行われている。二〇一三年四月には法務課が新設されるとともに、弁護士資格を有する特定任期付職員(任期三年、同意があれば五年まで更新）二名を採用している。

④行政事務等の実施主体の多角化

中学校区単位での地域会議、地域予算提案事業、地域が予算枠上限五〇〇万円の中で実施する「わくわく事業」の創設および活用など、共働によるまちづくりの推進が図られている。

2　自治体に課された社会的責任としての多様性実現について

人口減少により地域内の企業・団体においても労働力の減少からくる採用難は避けて通れない課題となる。そうした観点から、地域の企業においても多様性の実現支援についての施策展開が必要となってくることが考えられる。

豊田市では、「第三次とよた男女共同参画プラン　クローバープランⅢ（平成二七年度～平成三一年度）」に基づく各種施策・事業の実施を行っており、重点施策及び事業として以下のものがあげられる。

- 女性の就業促進に向けた支援（企業との連携強化に向けた組織の設置の検討、働く女性などを対象とした女性の活躍推進シンポジウムの実施、企業経営者に向けた女性が働きやすい職場環境づくりの推進等）
- ワーク・ライフ・バランスの推進（働きやすい職場環境を目指す優良事業所に対する表彰制度の実施及び改善、ワーク・ライフ・バランス推進のための市民団体との共働による事業所訪問等）

また、地域における多様性実現推進のための条例や基本計画の策定状況としては、女性関連では上述の「クローバープラン」が、また障害者関連では豊田市障がい者計画「障がい者ライフサポートプラン二〇一五」（二〇一五～二〇二〇年度）および「第四期豊田市障がい福祉計画」（二〇一五～二〇一七年度）、外国人関連では「豊田市国際化推進計画改訂版」（二〇一三～二〇一七年度）がそれぞれ策定、進行管理がなされている。

3　今後の組織・人事管理の展開について

今後は例えばＬＧＢＴなど多様な背景を持つ住民の増加が想定されるが、こうした住民への理解を深めるため取り組まれている活動や研修などとして、同市ではパートナーシップ研修や人権研修などが実施されている。また、地域との連携に関しては、採用四年目の職員が地域・自治区へ実際に赴いて意見交換し、それを政策提言にする「協働事業提案制度」や、国際的理解促進を目指した取り組みとしては国際的まちづくりのための研修や、職員による英会話教室等が行われている。

また、職員個々の職業観やワーク・ライフ・バランスに合致した働き方を保障するためには、働き方の柔軟性ないし多様性が高まる必要性があるが、この点にかかる取り組みとして、豊田市では、次世代育成対策推進法に基づく第三期特定事業主行動計画「豊田市職員いきいき子育て応援プラン」(二〇一五〜二〇一九年度)に基づく各種施策・事業を実施している。このなかでは、例えばワーク・ライフ・バランスに関する職員への啓発や、育児にかかる休暇等を取得しやすい環境づくり等が行われているが、同市では育児短時間勤務制度については未実施であり、現在検討中とのことである。

女性活躍推進法に基づく特定事業主行動計画「とよたウィメンズプラン」(二〇一六〜二〇一九年度)に基づく各種施策・事業の実施も行われているところであり、例えば職域拡大・計画的育成とキャリア形成支援(企画、政策立案業務や横断的調整業務などへの積極的な参加促進、育児休業復帰者の育成につながる管理職研修の実施等)、長時間勤務の是正等の男女双方の働き方改革などがあげられている。しかし、毎日の働き方に関わる制度として早期の整備が求められるフレックスタイム制度については、現時点では二〇一六年一〇月から一一月にかけて行われた、一部の部署での試行実施にとどまっている。一般職員は一〇〜一六時、育児介護対象者は一〇〜一四時の勤務とし、窓口がある部署や時間外勤務の多い部署、育児介護対象職員の多い部署など二五部署を選定して行われたが、全部署での実施は今後の課題である。

さらに、今後職場の多様性が進むことを見据えれば、管理職(評価者)を対象とした研修等が必要になってくると考えられるが、同市では通常の人事考課研修や管理職研修(年三回程度)に加え、新規役職者研修、「課長塾」(受講できるメニューを複数用意し、受講者が選択)、経営層の外部派遣研修(部長職を対象とした公募制で、土曜日などに企業や経営系大学院などに派遣するもの)など独自のメニューも展開されている。

（2）名古屋市㉘

1　人口減少に伴う自治体組織における人事管理の変容について

①採用試験に関する取り組みについて

人口減少時代にあって、今後大卒程度の採用試験における受験年齢人口の減少が見込まれる中、職務経験者採用試験の受験資格について、二〇一五年度より三一～五九歳に拡大（以前は三一～三五歳）し、幅広い年齢層からの採用を行っている。また、大学での専攻に関係なく受験できるよう、公務員試験特有の職種ごとに専門的な知識を問う「専門試験」を課さない試験区分である「行政一般」（教養試験＋面接、論文のみ）が設けられており、多様な人材の採用が目指されている。一方、多岐にわたる福祉行政に対する市民ニーズやその変化に的確に対応するため、福祉に関する専門的な知識を問う試験区分である「社会福祉」を設けている。

名古屋市では、これまでも学力に偏重しない人物重視の採用試験を実施してきており、具体的には、人物的側面等を直接評価できる面接や論文試験のウェイトを高めている。

②その他人事管理に関する取り組みについて

・再任用職員の活用

二〇一六年四月一日現在、名古屋市全体で五一四名の再任用職員が在職し（うち二〇八名は新規）、定年までの間に培われた経験・能力を活かしつつ、後進の育成にあたっている。

・外部の人材登用

高度の専門的な知識経験・能力を有する人材を確保するため、外部登用を行っている。二〇一五年度には総務局男女平等参画推進室主査（相談担当）として一名を採用している。また二〇一四年度には、国家公務員からの割愛採用として、国土交通省職員を住宅都市局長として採用している。

任期付職員の採用としては、民間企業等での専門的な知識経験・能力を活用する観点から行っており、採用例としては西部児童相談所主幹（緊急介入担当）、西部医療センター病院経営戦略室主幹（経営戦略担当）、総務局総合調整部主管

（名古屋の魅力づくり担当）、子ども応援委員室指導主事（スクールカウンセラー）などがある。

・女性の活躍推進

二〇一六年三月に策定された「第1期女性職員の活躍推進プログラム」において、管理職に占める女性職員の割合の目標値が定められ、積極的な女性登用が目指されている。同時に、職員の子育て支援や、ワーク・ライフ・バランスの推進などに取り組み、仕事と子育ての両立ができる職場環境の整備が進められている。これは、働きやすい風土や制度の構築を通じて幹部職員への登用を目指すものだが、一方で、柔軟性のある勤務形態については今後の課題となっており、幅広い職務においてどう取り入れるべきか、検討の必要性が認識されている。

・障害者雇用の促進

二〇一六年六月一日現在、名古屋市全体で五六二名の障害者が在職しており、市長部局での障害者雇用率は二・六四％となっている。各職員の持つ能力を有効に発揮することができるよう、職場での年三回程度の面談をもとにして必要な配慮を行うことや、相談窓口の設置などが進められている。

2　自治体に課された社会的責任としての多様性実現について

地域内の企業・団体に対する多様性の実現支援についての施策展開としては、二〇一六年度に策定された「名古屋市産業振興ビジョン二〇二〇」（二〇一六〜二〇二〇年度）に基づき、各種施策・事業の実施が行われている。同ビジョンを実現するためのプロジェクトの一つとして、〈プロジェクト三〉「だれもがいきいきと働き輝けるまち名古屋」の実現が掲げてあり、具体的な施策としては、地域の活性化につながる就労支援等（なごやジョブマッチング事業の推進、多様な人材への就労支援等）や、次世代を担う産業人材の育成・確保（人材の確保・定着支援、大学生等の中小企業への定着支援等）について取り組まれている。中小企業では人材確保が喫緊の重要課題であり、企業に向けての啓発や、アドバイザーを企業に派遣して行う人材確保支援、若者定着支援などが行われている。

3　今後の組織・人事管理の展開について

名古屋市では、高度の専門能力を要する課題の解決のため、複数の分野において任期付職員が採用されている。これは所管各局で需要があれば、人事課と相談の上採用しているとのことで、今後も住民ニーズへの迅速かつ的確な対応のため、任期付職員の採用も含めて最適な対応を検討するとのことである。

多様な背景を持つ住民への理解および多様な価値観を持つ職員の養成という観点からは、同市の人材育成基本方針においては、目指すべき職員像として「人権・多様な価値観の尊重」の視点を持った職員が挙げられている。例えばセクシュアル・マイノリティにかかる啓発としては、二〇一五年度において職員向け研修や、なごや人権啓発センターにおける展示等を実施している。

職員の多様な働き方への支援としては、子育て支援関係の制度として、妊娠障害休暇、出産休暇、部分休業等の制度が設けられている。また、ワーク・ライフ・バランスの実現に必要な超過勤務の縮減や年次休暇の取得促進、ノー残業デーの設定やアニバーサリー休暇の取得促進などの取り組みも行われている。

おわりに
――期待される効果と論点――

ここまで検討してきたように、今後自治体組織において多様性が実現されることによりどのような効果が期待されるのか、また、実現に向けてどのような課題が想定されるのか、いくつかの論点について述べておきたい。

まず、組織・人事管理の多様性が政策の多様性を生み出す要因の一つになるのではないかという点である。人口減少時代にあっては、例えば、空き家対策、高齢者等の医療・介護、人権擁護、児童虐待などを内包する貧困問題などを始め、課題が複合的でその解決に高度な専門能力を要するケースがある。その際、例えば専門的な能力を持つ弁護士や福祉専門職などを任期付職員として登用し、短期的に集中して問題解決にあたるというのも一つの手段となろう。

また、多様な背景を持つ住民の増加がある。例えばＬＧＢＴの問題についても、まずは行政としてこうした人々に対する理解、問題の共有がなされる必要がある。この場合、組織において理解を早期に深める手段として、これら多様な背景を持つ住民を組織のなかに取り入れることが手段の一つとして有効ではないだろうか。多様なニーズにマッチした事業やサービスを展開するためには、多様な背景を持つ構成員から成る組織であることが重要である。それゆえ、地域でのダイバーシティを推進していく役割を担っている自治体においては、自組織における構成員の多様化の推進がまず取り組まれるべきである。

職場の多様化は、組織にとっては多様な人々を取り込み、既存の枠組みにとらわれない新しい知見を得ることで組織力が向上する可能性がある。一方、働く側にしてみれば、自らの職業観、ワーク・ライフ・バランスに合致した働き方を組織が提供してくれることになり、働き方の柔軟性が高まる。つまり、職場における多様化は、組織にとっても働く側にとっても有効なものとなりうる可能性を含んでいると考えられる。

しかし、人事管理の面からすると、職場の多様化とは、これまで比較的同質な人員構成であった課員を画一的に管理することができた時代から、個別の特性に基づいて一人一人の課員を丁寧に管理しなければならなくなったことを意味している。人事管理においては公正さが重要な要素であり、個別的管理においても、画一的管理時代に確保されていたであろう公正さは必ず確保される必要がある。加えて、個別的管理を実施すると管理職及び人事担当の労力、業務量も相当程度の負荷となることが考えられるなど、管理職の難易度は総じて高くなることが予想される

個別的管理における公平性を確保するためには、業績目標の難易度や評価結果について、部局間でばらつきが生じないようにすることも重要である。評価者研修の徹底的な実施や全職員に対する組織目標の浸透、個々人の業務目標との連動などが随時なされるべきであろう。

本章では、組織管理の一つの手法としてダイバーシティを題材として検討してきたが、前述したように、ダイバーシティが利益に直結した財務的基準を向上させるとするような理論モデルはまだ開発、検証されていない。本章では売上高、業績等の財務的基準のパフォーマンス向上としてのダイバーシティを論じる意図ではなく、人口減少時代を迎えるにあたり、人材の供給面、需要面の双方からの要請として組織及び人材の多様性が不可避ではないかという視点から検討を行ってきたものである。

したがって、自治体公務労働にダイバーシティという組織管理手法をあてはめた時、政策形成の多様性という成果ないし因果関係の検証は、厳密には難しいことも想定される。しかしながら、これまでにも組織構造ないし組織管理と組

織戦略（としての政策形成）の関係性について、研究として十分に解明されてきたとはいえず、同種の問題が存在しているといえよう。少なくとも、多様性の社会的包摂という視点を政策展開に生かす可能性は開かれると考えられる。

各論についてみてみると、男女共同参画や障害者の雇用については、法的環境を整備し雇用率などを達成しただけではダイバーシティの効果が現れるとはいえない。個々の職員がそれぞれの事情を抱えるなか、ワーク・ライフ・バランスに合致した働き方を自ら選択できる仕組みが構築される必要がある。したがって、属性の違いを超えた多様な人材の確保と、働く条件の多様性にかかる制度整備については相互補完的に行われることが望ましいと考えられる。この点に関しては、調査先（豊田市、名古屋市）において例えば育児短時間勤務などの制度整備ないしその運用がまだ十分とはいえないことも明らかとなり、今後の課題であると考えられる。

働き方の多様性としてのテレワークについては、秘匿情報の扱い（情報管理）と公権力の行使に関わる業務の扱いが問題となる。また臨時・非常勤職員についてはこれらの問題に加え、採用、報酬、任用についての正規職員との違いから生じる労働条件の格差と、義務や責任の所在に関する点が問題となると考えられる。

こうした論点があるにせよ、来るべき人口減少時代における効果的な組織管理を実践するために、多様性（ダイバーシティ）という概念は組織の側からも働く側からも、一定の有効性を示しうると考えられる。少なくとも、現在まで個々別々に行われてきた各種の取り組みについて、「多様性（ダイバーシティ）」というラベリングを行い、理念的に一括りにすることで、各種の取り組みに横串を通し、総体化することが可能となる。このことにより、例えば女性や障害者など少数派への単なる優遇策という観点ではなく、人口減少時代における組織体としての持続可能性を模索する管理方策の選択として組織内外に理解され、取り組まれる可能性が高まるといえるだろう。

追記

本章を初出として脱稿した後の二〇一八年八月、各省庁及び全国の自治体において障害者雇用数を水増ししていることが報道によって明らかとなった(29)。それによれば、国の三三行政機関を対象とした再調査結果では二七機関で計三四六〇人の障害者数の不適切な参入があり、平均雇用率は従来調査の結果である二・四九％から一・一九％に半減、当時の法定雇用率二・三％にははるかに届いていなかった。また、都道府県では、半数以上の二八県で障害者手帳などの証明書類を確認していない職員を雇用率に不適切に参入していたこともわかった。

障害者雇用促進法では、省庁や企業が雇用率に算入できる障害者の範囲を厳密に定めており、ガイドラインでは、算入できる対象を身体障害者手帳や知的障害者の療育手帳の交付を受けている人などと定めている。身体障害者は手帳がなくても認められる例外があるが、都道府県知事の指定医か産業医の診断書などが必要になる。しかし、実態としてこうした「数合わせ」が横行していた理由としては、担当者が法令で認められていない書類を見て「障害者」と判断する誤った運用や、そもそも障害者手帳や診断書を確認せず本人の自己申告を基に参入していたケース、「障害者手帳などを確認しなくてもよい」という法令違反にあたる運用が引き継がれてきたケースなどが明るみに出た。

こうした事態を受け、不正の再発防止策を柱とする改正障害者雇用促進法が二〇一九年六月に成立した。不正防止策としては障害者手帳のコピーなど確認書類の保存を義務付けており、ルールが守られているかをチェックするため、厚生労働省が他省庁に書類を提出させて確認できるようにしている。また、従来より、従業員一〇〇人以上の民間企業が法定雇用率について未達成の場合には、不足一人につき原則として月五万円（年六〇万円）の給付金を国に支払うことが課せられていたのに対し、行政機関にはこうしたペナルティが設定されておらず不公平だとの批判が上がっていた。今回の不正を受け、法改正とは別に、各省庁が法定雇用率を達成できなかった場合、省庁の運営費などに充てる庁費から不足一人あたり年六〇万円を翌年度予算から減額する仕組みについても導入されることとなった。

民間企業よりも高い法定雇用率が課せられ、本来であれば率先して障害者雇用に取り組む必要がある行政機関において、こうした不正が恒常的に行われていたことは許される行為ではない。民間企業では法定雇用率達成に向けてペナルティだけでなく、定期的な訪問検査も行われていたところ、かたや行政機関に対してはそうしたチェック体制も存在しなかった。今回の法改正によって、省庁において不正があれば、正しく参入するよう厚生労働省が勧告できる仕組みも設けられたが、遅きに失した感も強く、行政機関に対する信頼が失墜する事態を招いたといえるだろう。心身に何らかの障害を持つ人たちの働く権利を保障し、それぞれの人が能力を発揮しつつ生きがいを持って働ける社会を目指すという理念に立ち返って、真摯な取り組みが待たれるところである。

注

（1）国立社会保障・人口問題研究所「日本の将来推計人口（平成二九年推計）」http://www.ipss.go.jp/pp-zenkoku/j/zenkoku2017/pp_zenkoku2017.asp（二〇一九年一一月二日閲覧）。

（2）もともとは、CSR（企業の社会的責任）規格として検討されていたが、二〇〇四年にISOの高等諮問委員会（SAG）が「社会的責任を果たすべきなのは企業だけではない」との勧告を出したことに基づき、より普遍的なSR規格として開発された。認証を目的とした品質管理に関するISO9000や環境マネジメントに関するISO14000と異なり、同規格はガイダンス文書（手引書）として活用するために作られているため、要求事項を挙げて適合性評価を行うというものではなく、組織は、規格の内容を参考に自主的にSRに取り組む。『日本経団連タイムス』第三〇一七号（二〇一〇年一〇月二一日付け）参照。

（3）総務省「地方公共団体における行政改革の推進のための新たな指針」「第2　行政改革推進上の主要事項について　2　行政ニーズへの迅速かつ的確な対応を可能とする組織」より、二〇〇五年三月。

（4）西村孝史「ダイバーシティ・マネジメントに求められる3つのバランス」『地方自治職員研修』二〇一五年。

（5）谷口真美『ダイバシティ・マネジメント～多様性をいかす組織』白桃書房、二〇〇五年、一一六ページ。

（6）人種・皮膚の色、宗教、性別、出身国に基づく差別的取り扱いが法律で禁止された。

（7）谷口前掲書、二〇二ページ。

（8）Thomas, R. R-Jr., "From Affirmative Action to Affirming Diversity", *Harvard Business Review*, vol. 68, No. 2, 1990.

（9）谷口前掲書、五一ページ。

（10）K. Y. Williams and C. A. O'Reilly, "Demography and diversity in organizations: A review of 40 years of research", In Staw, B. and Cummings, L. L. (eds.), *Research in organizational behavior*, vol. 20, JAI Press, 1998.

（11）D. A. Harrison, K. H. Price, J. H. Gavin and A. T. Florey, "Time, teams, and task performance: Changing effects of surface-and deep-level diversity on group functioning", *Academy of Management Journal*, 45, 2002.

（12）宮本太郎『福祉政治――日本の生活保障とデモクラシー――』有斐閣、二〇〇八年。

（13）愛知県「平成二八年度版あいちの男女共同参画（平成二七年度年次報告書）」より。

（14）障害者基本法第四条二項「社会的障壁の除去は、それを必要としている障害者が現に存し、かつ、その実施に伴う負担が過重でないときは、それを怠ることによって前項の規定に違反することとならないよう、その実施について必要かつ合理的な配慮がされなければならない。」

（15）「平成二七年度障害者白書」内閣府より。

(16) 高乗智之「外国人の公務就任をめぐる法的問題」『高岡法学』第三三号、二〇一五年。
(17) 国土交通省都市局都市政策課都市環境政策室、二〇一六年三月。
(18) 全雇用者の有効サンプル（三四五二三人）のうち「自宅で仕事をしたことがある」と回答した人（三三二五人）を対象に実施したアンケートの有効回答者二七五三人。
(19) 「就業規則等で労働すべき日として定められた日」（いわゆる出勤日）。
(20) 事業所調査として調査対象数五八五〇事業所、有効回答数三九五八事業所、有効回答率六七・七％。
(21) 総務省「地方公務員の臨時・非常勤職員に関する実態調査」（二〇一六年四月一日現在）より。調査対象は任用期間が六カ月以上又は六カ月以上となることが明らか、かつ、週一九時間二五分以上勤務の者。主な職種として一般事務職員、保育士、教員・講師など。
(22) 早川征一郎・松尾孝一『国・地方自治体の非正規職員』旬報社、二〇一二年より。
(23) 調査概要は以下のとおり。
1．調査基準日　二〇一二年六月一日
2．調査対象の自治体　自治労加盟単組のある自治体（※一三四九自治体）（注）一部事務組合・広域連合は含まない。特定地方独立行政法人（公務員型）の病院は含む。※一三四九自治体は、自治労の県本部報告による各県の自治体数の集計数。
3．調査対象の臨時・非常勤等職員［共通設問］二〇一二年六月一日在職のすべての臨時・非常勤。（注）臨時職員（地公法二二条）、特別職非常勤職員（同三条三項三号）、一般職非常勤職員（同一七条）のほか、任期付フルタイム職員、任期付短時間勤務職員、育児休業代替職員を含む。高齢再任用職員を含まない。［職種別設問］職種は①保育士、②学校給食調理員、③図書館職員、④看護師、⑤ケースワーカー、⑥一般事務職　対象は、週勤務二〇時間以上の臨時・非常勤のうち、最も一般的なケース。（注）勤務時間、任用形態などにおいて最も人員が多い一般的なケース
4．有効回答［共通設問］有効回答　八四五件（自治体）有効回答率六二％（＝八四五件÷一三四九自治体）職種別設問］保育士：七四四件（自治体）、学校給食調理員：六四〇件、図書館職員：六一〇件、看護師：五〇三件、ケースワーカー：一二一件、一般事務職：八五一件
(24) http://www.soumu.go.jp/menu_news/s-news/01gyosei11_02000047.html（二〇一九年一一月一日閲覧）.
(25) 上記二〇一四年総務省調査より。
(26) 以下二件の調査は、愛知地方自治研究センターに設置された「人口減少時代における地方自治に関する研究会」による「人口減少時代における地方自治に関する研究」の一環として実施した。

(27) 二〇一六年八月二九日実施。同市総務部人事課にご協力をいただいた。

(28) 二〇一六年九月二日実施。同市総務局職員部人事課、総務局行政改革推進部行政改革推進室、市民経済局産業部産業労働課、人事委員会事務局任用課にご協力をいただいた。

(29) 『朝日新聞』二〇一八年八月二四日朝刊、二八日夕刊及び八月二九日朝刊。

第3章　大部屋主義の再検討と自治体職場における目標管理制度

はじめに

公務労働の現場において、能力主義的・実績主義的な人事管理が導入されようとしている。こうした動きは、日本の公務労働のこれまでの歴史において大きな転換点を意味するものである。しかし、現状における業務分担や職務管理の仕組みの下で、こうした人事管理は本当に機能するのであろうか。本章では、近時公務労働に関して進められる改革の柱の一つである能力主義的な労働の議論に対し、まずは一旦立ちどまって、従来の公務労働についての通説的理解と実際の職場における働き方とを整理する。その上で、能力主義的な管理ツールである目標管理制度を自治体職場に導入する際のインプリケーションを探っていく。

公務労働に対する従来からの批判に加え、一九九〇年代半ばからの地方分権への要請と、その一方で多くの自治体が財政難の折に人件費増加に頭を悩ませるなかで、自治体の職場についても民間企業同様、能力主義や実績重視といったNPM的視点での改革論議が盛んである[1]。また、そうした管理ツールの一つである目標管理制度についても、多くの自治体で導入が検討され始めている。こうした議論はしばしば華やかなスローガン的語調で満たされているものの、その実現可能性という点に関し、果たして職務や管理の実態を踏まえた十分な検討はなされてきただろうか。行政学におけるこれまでの公務労働の議論とそれらをすり合わせた時、両者には実は大きな齟齬が生じているのではないだろうか。

従来、地方自治体の職場の特徴としては、職場の雰囲気や暗黙のルールをも包含した「大部屋主義」が通説として広く受容されてきた。しかし、必ずしも自治体における職務や管理の実態が事細かに明らかにされているわけではなく、ややもすると感覚的な理解に留まってきたというのが実状である。つまりこの議論からだけでは、職場における管理の仕組みや実質的なルールについての厳密な理解は得られないのである。

さらにこの通説によれば、仕事の管理はあくまでも集団主義的に進められるため、個々人の仕事の範囲も曖昧だとされる。この観点に立てば、目標管理制度を導入するとしてもその中軸に据えるべき目標自体が個々人では曖昧であることになり、それを基にして個人の能力や業績を評価することは非常に困難なことが自明となるのである[2]。

当然のことながら、給与と仕事はいわば表裏の関係にある[3]。能力主義や業績主義といった議論が仮にそうした給与体系への移行を意図しているとしても、その給与体系の裏側に貼り付くべき仕事自体のやり方や管理方法についての議論も、これと同時にセットで行う必要があるのではないだろうか。そうでなければ、測定基準や評価基準が曖昧なままの「能力」や「業績」といった言葉のもとに、公務員は精神論的な頑張りを無限定に要求される世界へ連れ出されるか、もしくは結局従来の仕組みから大きく踏み出すことはできずに、こうした改革の流れを一種の流行としてやり過ごしてしまうことになりはしないだろうか。

すなわち職場の改革を現実的に議論するためには、まず職務構造と管理に関する現状を調査し、大部屋主義の議論からだけでは知り得ないそこでのルールや仕組みを知ることが必要なのであり、この点に関する理解を一足飛びにして能力主義や目標管理の導入に関する議論を展開するのは余りにも拙速にすぎると思われるのである。公務労働の場に新しい議論を持ち込む前に、通説的理解とのギャップをまずは整理し、その溝を埋める作業が必要であろう。こうした作業なくしては、能力主義や目標管理との議論はすれ違うばかりである。

そこで、本章では、より現実的な改革を指向するために、まず従来の通説である大部屋主義の議論を再検討し、自治体組織における目標の概念と突き合わせた後、視点を設定し事例を検討する。ミクロな職場レベルでの職務構造の実際を調査し、職務分担の仕組みや業務の執行及び進捗、成果に関する管理がどのように行われているのかを明らかにしたうえで、その結果から目標管理制度の導入に向けたインプリケーションを探っていきたい。

ミクロな職務構造とは、組織内分業のルールでもある。目的と協働という要素を軸にすれば、組織と組織成員との間にかかる目的達成と運営のための行為を引き出す仕組みないし規則として捉えられる。つまり行政組織とは「行政目的を実現するために体系化された人間の協働的活動」[4]と定義することができ、その際、運営に必要な行為の内容は職務として規定され、職位・職権・職責がそれに付随する。したがって本章では、こうしたルールは実態としてどのように運営されているのか、またこうしたルールのなかで個人はどのように職務遂行しているのかということを明らかにするものでもある。

1　大部屋主義の再検討と目標管理との齟齬

大森によれば、大部屋主義とは職階制の不実施等を背景要因とした日本の自治体における独特の職場組織の形成原理であり、職務の分担と権限が明細に定められ、人員と職務が不可分に結びつけられている欧米の自治体での執務が個室主義的に行われていることとの対比においてこのように呼ばれている。その含意するところは概ね以下の点である[5]。

(1)その一所で仕事をする全員が適宜仕事を分担しつつも、お互いに協力しカバーし合うことが可能であること
(2)課員は仕事振りを縦横に評価し合う一方で、個々の職員の仕事実績を個別に評定しにくいこと
(3)集団に属して仕事を行うため課や係の一員として他の職員と協調的な人間関係を形成、維持できるか否かが個々の職員にとっても管理職にとっても大切な配慮事項となること

大森は、こうした特徴を生み出している要因の一つとして、地方自治体におけるフォーマルな職務構造を規定している分掌事務規定の存在を指摘する。分掌とは、都道府県単位での自治体が行うべき事務が、部→課（室・所）→係→職員へと順次分解されて割り振られる事務処理の構造を指している。この分掌の特色として、部や課、係という組織単位に割り振られた事務処理の内容が極めて概括列挙的（「○○に関すること」等）であり、また各自治体が定める分掌事務規程では、組織の最小単位である係までしか内容が定められていないため、自治体の職場においては「職務といえば、そ

れぞれの職員が、所属する課や係に事務分掌規定上与えられている任務を分担しつつ協力して遂行している仕事の全体のことになる」[6]と理解される。

単に職場のレイアウトとしての大部屋、個室の違いのみならず、両者の違いの根幹は、仕事がその種類及び複雑さと責任の度合いに応じて分類され、個々の職員に割り当てられているか否かという点にある。個室主義では、詳細な職務分析によってこうした職の分類が可能になり、職を中心とした管理によって、そこに適切な人材が配置される。そのため、仕事の範囲や責任の度合いが個々に明確になっているからこそ、個室における業務遂行が可能になるのである。こうした職務遂行の裏側に貼り付いているのが、職務給の仕組みである。

これに対して、日本では職階制の導入に失敗し、大部屋主義的な職務遂行が依然として行われているという理解であって、その裏側には長期雇用を前提とした「積み上げ型報奨システム」[7]が貼り付いているのである[8]。

こうした大部屋主義の議論は、日本における地方自治体の職務構造の特色としてこれまで広く受容されてきた。しかしこうした業務遂行が真の実態だとすると、近時の改革論議でしばしば取り上げられる目標管理の導入を考えた場合、双方の議論には入り口の段階で大きな齟齬が生じる。なぜなら、目標管理の導入にあたってはまず組織目標の明示と、それの個人目標へのブレイクダウンが必須の前提条件となるが、そのためには個々人の仕事及び責任範囲の明示化が必要であり、円滑な運営のためには上司と部下との話し合いによって現行の業務分担との綿密な擦り合わせが行わなければならない[9]。しかし、自治体の業務遂行がもっぱら大部屋主義的に行われているとすれば、個々人の職務範囲や職責は曖昧であり、したがって目標管理導入のための前提条件がそもそも整えられていないことになる。

職務の曖昧さはこれまでしばしば日本的経営の特質の一つとされてきたが、組織目標との関連性という観点に立つならば、地方自治体においては組織が抱える特有の問題に起因するとも考えられる。公的組織は公共の福祉の実現のために存在していることからすれば、自治体組織は限りある資源を地域住民に対し、公共目的に即し公平かつ適正に配分しなければならない。これを組織の生産性という言葉で置きかえるなら、企業の生産性が「生産の効率」であるのに対し、地方自治体のような公的組織の生産性は「配分の効率」[10]であるといえる。したがって地方自治体の組織目標は、こうした資源配分やサービス実施を通じて正義と公平を実現しなければならないことにあると考えられる。

しかし、正義や公平を指標によって表示することは極めて難しいため、その判断基準はサービスの受給者である多数の住民の主観によるところが大きくなる。すなわち自治体における生産性や効率は常に多様な価値観の競合とともにあることとなり、組織として具体的な目標を提示することは非常に困難となる。結果として個々人の職員が持つべき下位目標も、組織目標が明確かつ具体的にブレイクダウンされたものとはなりにくいため、仕事の範囲や達成すべき価値及び目標も自ずと曖昧になると考えられるのである。

このことは、公務部門における成果をどう捉えるかという問題にも直結している。成果の判断基準も目標同様多様な価値観にさらされるため、単純に費用対効果では判断しかねる事業や、公共目的の見地からは行政が担当すべきと考えられる事業もある。さらに個々人の職員に関しては、個人の寄与や貢献をどのように測定するのかも問題となる。職場での業務遂行が通説どおり大部屋主義的、すなわち個人単位ではなく課や係といった単位組織による協働行動であるとするなら、匿名性とチームプレーがその特色だからである(11)。

このように通説的理解に立つならば、自治体組織での目標管理制度の導入に際しては業務遂行及び範囲の問題、目標の立て方、そしてその評価の仕方といった問題等が存在することになり、このまま目標管理を導入すれば相当な困難を伴うことが容易に想像できる。改革論議を始めるにあたり、まずこれら諸点について現状を把握し問題を整理する必要性があるのではないだろうか。少なくとも、大部屋主義の議論では必ずしも明確に触れられてこなかった、職場レベルや個人レベルでのミクロな仕事の管理の詳細について知る必要があると考える。

2　事例の検討にあたって

以上のような点を踏まえ、自治体職場での職務構造の事例を調査するにあたり、次のような視点を設定する。まず大部屋主義的な職務執行に対する直接的な再検討として、職務管理と業務分担の仕組みについて調査する。つまり、具体的な仕事の遂行と管理として、予算要求及び業務の流れ、業務分担の基準、業務遂行上の目標とその達成の仕組み、業務の進捗及び結果の管理等がどのレベル（個人、集団、あるいは職場全体）でどのように行われているのかについて明らかにしたい。事務分掌規程上は、確かに所属部署について概括的な事務内容しか定められていないが、実際の場面では業務分担に基づく担当が決められていないことには仕事を進められないのではないか。その「実際」のところの仕組みを知る必要があると考えるからである。また、具体的な仕事の遂行方法と密接に関わることとして、組織内での情報やノウハウ共有の有無ないし仕組み等についても明らかにしたい。

3　事例：A県X県民局建設部の職務構造[12]

(1)　建設部の組織構成と事務分掌

建設部は総勢九一名とX県民局では最大部署であり、建設一、二、三グループが所管区域の公共事業を実施している(図3-1)[13]。同部の分掌事務は、A県行政組織規則第三九条において内容が定められており[14]、建設二グループではこれに基づきさらに担当事務の分掌を定めている(表3-1)。

しかし表3-1では各技師の仕事が全員同じ内容であり、実質的な業務を表していないため、これでは何のことかわからないだけでなくこの分掌表を基に管理することも不可能に思われる[15]。公式に決められている事務分掌はあくまでも図3-1のレベルまでである。しかし実際にはグループ内での管理の必要性から、さらに表3-2のようなイメージで年度中に実施する事業単位での分担が行われている。注目すべきは、事業単位で完全に個人に対して業務分担がされていること、一つの事業についての担当者は一人である点があげられる。

(2)　予算要求から枠付けまでの流れと管理

X県民局では生活関連の県単独道路事業について、所管区域の市町村からの翌年度の事業要望を精査して取りまとめ、本庁の担当部局へ予算要求を行っている。まず毎年八月頃に各市町村からの事業要望を受け、それを整理し順位付けを行うが、その基準としては事業効果の度合い、県で行う事業としての妥当性、関連事業との調整等があげられる[16]。この段階では、県民局内の他部署との協議や調整は行われていないケースも多い。

建設部
- 総務グループ………総務，工事庶務（入札・契約），建設業法
- 企画調査グループ…事業執行の総合調整，土木事業の企画及び調査等
- 建設1グループ……所管a市全域の道路・河川・砂防・港湾の各事業
- 建設2グループ……所管b町，c町，d町，e村の道路・河川・砂防・港湾の各事業
- 建設3グループ……所管f町，g町，h村の道路・河川・砂防・港湾の各事業
- 維持管理グループ…県管理道路の修繕，道路交通障害報告，道路河川の占用・工事施行許可申請，砂利等の採取許可等
- 用地調整グループ…公共用地の買収取得・補償，公共用地の登記・代替地登録等
- 建築グループ………建築物の確認及び許認可事務，開発行為の許認可事務等

図3－1　建設部組織構成

表3－1　建設2グループ事務分掌

主幹兼課長（土木） （グループリーダー）	1．建設2グループ総括（b町，c町，d町，e村の全域） 2．市町村事業の指導監督に関すること
主幹（土木）	1．グループリーダー業務の補佐に関すること 2．各種企画調査及び設計調査に関すること 3．建設事業予算の執行及び精算に関すること 4．その他特命事項に関すること
係長（土木）	1．係業務の総括 2．各種企画調査及び設計調査に関すること 3．建設事業予算の執行及び精算に関すること 4．その他特命事項に関すること
技師1（土木，主査）	工事の調査，設計，監督に関すること（b町，c町，d町，e村）
技師2（土木）	工事の調査，設計，監督に関すること（b町，c町，d町，e村）
技師3（土木）	工事の調査，設計，監督に関すること（b町，c町，d町，e村）
技師4（土木）	工事の調査，設計，監督に関すること（b町，c町，d町，e村）
技師5（土木）	工事の調査，設計，監督に関すること（b町，c町，d町，e村）
業務補助職員	工事関係事務の補助業務

次に、建設部内各グループでまとめた順位表を総合してグループリーダー、副部長、部長による会議でX県民局建設部全体での順位付けを行い、これを概算要求として本庁の担当部局（本課）へ提出し、その際には事業内容等についてのヒアリングを受ける。さらに翌年の二月には、八月の時点から変更になった点などを組み入れ、改要望として本課へ再度提出、ヒアリングを受ける。これが最終的な予算要求となり、本庁の事業担当部局と予算担当部局との折衝、議会での議決を経て、四月に本課から各県民局に対して公式に予算が事業箇所ごとに割り当てられる（枠付け）[17]。最終的

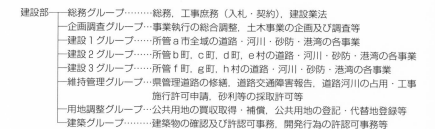

表３－２　建設２グループ平成13年度事業一覧表（一部省略）

事業種	町村名	事業名	箇所名	H13要望	H13枠付	H12担当	H13担当
国補	b町	緊急Ａ	○○線	（金額）	（金額）	技師１	技師１
国補	b町	統合河川	××川			技師１	技師２
国補	c町	急傾斜	○○地区			―	技師３
…							
県単	b町	道路改良	△△線			係　長	技師１
県単	d村	交通安全	……線			前任者	技師４
県単	d村	防災	国道……号			前任者	技師５

（注）他の管理項目としては，前年度精算金額，前年度繰越金額（継続事業について），前年度補正予算額，当年度入札決定金額等．事業種について……国補（国庫補助事業），県単（県単独事業）．事業名について……緊急Ａ（緊急Ａ改良．県として二，三年のうちに整備すべき道路改良事業．延長距離も短いものが主），急傾斜（急傾斜地崩壊対策事業），防災（災害防除事業），交通安全（交通安全対策事業）．

な決定金額と事業実施箇所とが確定するのは四月に入ってからと遅いものの、ヒアリングの中で事業実施箇所については大体の予測がつくため、建設二グループでは事前（三月末から四月初め）に表３－２のような業務分担表を予め作成し、事業毎の担当を決定している。

工事費については、実際に事業を担当する各グループ単位で管理されている。部全体としては総務グループが年度当初の枠付け額と年度末の精算見込みの総額把握をする程度であり、執行途中での細かな管理は行われていない。また、県民局内の経理担当部署においても、建設部総務グループと同程度の把握がなされているだけである。

（３）業務の流れと管理[18]

上記のように決定された当年度予算額は、年度当初に工事費、測量試験費、用地買収補償費といった事業ごとの費用区分に割り振られる。そこで各担当はまず工費の積算を行い、設計書を作成する。次にその結果を主査と係長が検算した上で決裁し、各グループリーダーと副部長、部長で業者決定の指名審査会を行って入札日を決定し、業者へ通知、入札が行われる。入札の結果によって業者が決定し、契約を交わして事業の発注となる。

こうした業務の流れにおいて大きな目安とされるのが発注時期であり、上半期内（九月末まで）に基本的には全ての事業について八〇％は発注することが目標とされる[19]。注目すべきは、この目標となる発注時期についてグループとしての管理ではなく、基本的には担当個人によってスケジュール決定がなされている点である。担当の技師は一人当たり複数の事業を受け持つが、各事業の発注をいつ頃に設定するかを上記のような業務のなかで個人で決定する。発注時期を決定すれば、積算及び設計書の作成期限は自動的に逆算できる。そうして各担当が各事業について作ったスケジュールを突き合わせ、グループ会議の場でグループ全体の業務計画表を作成する。その際、積算結果を検算する主査と係長の業務が特定の月に偏らないよう若干の調整は行われるが、基本的には担当個々人が発注時期を自己申請する仕組みになっている。このことから、各担当が事業単位で業務を受け持ち、その区切りはかなり明確であること、進捗管理も担当の自律性に任されていることがわかる。

一方、係長や主査、主幹、グループリーダー等が行う管理は全体として非常に緩やかな印象である。年間の事業を通して、表立って管理のツールとなるのは起案書及び設計書である。担当者はまず当年度の事業担当と工期スケジュールに基づいて起案書を作成し、次に入札が終わるとその結果報告書、工事の途中で変更が生じた場合や工期が延期になった場合には変更設計書や工期延期願い、そして工事終了後に最終精算設計書ないし完成報告書を作成し、それらは係長及び管理職に稟議書として回覧される。その書面上には設計金額や工事内容、入札結果（工事請負業者、請負額、工期等）、最終精算金額等が記載されているので、係長及び管理職はその数字を確認し決裁するとともに、別途事業別の管理表に整理して管理をしている。

もちろんこれは公式な手続きによる管理であり、金額や進捗についての把握はこれら書面の回覧までに後述するグループ会議などの場でなされている。しかしそれはあくまでもおおまかな把握であり、最終的な確認は書面で事後的になされるのみである。また上司から担当に対して強制的なノルマ、締め付けといった管理手法はとられておらず、基本的には担当者個人の判断とペースで業務が進められている。

（４）　業務分担の仕組み

グループ内での事業分担については、一般の担当技師以外の者（グループリーダー、主幹、主査、係長）の話し合いで、担当者の年齢及びスキルと事業の内容等を勘案して決定される。事業内容の判断の際、目安となるものの一つとして事業費がある。工事金額が高額であるということは、道路整備事業等の場合には単に延長距離が長い場合もあるが、概ね様々な工種が入り交じった複雑な工事であることが多く、積算に要する時間や要求される知識・スキルも多くなるため、「ややこしい事業内容のものは経験のあるしっかりした人に[20]」割り振られることになる。

一方、新規採用やまだ年齢も若く経験が浅い者については、業務分担はＯＪＴの意味合いも含めて決定される。工種が少なく比較的簡単な積算だけですむ工事や、ある特定の事業種だけを担当していたのではスキルが向上しない。建設二グループでは道路、河川、砂防、港湾の各事業を実施しているが、例えば道路事業ばかり担当していたのでは「勉強にならない[21]」。そこで本人の経験を踏まえ、ＯＪＴの意味も含めて担当する事業が決定される[22]。

（5） 情報共有の仕組み

建設二グループでは、年度内に六、七回程度のグループ会議が行われている。第一回の会議では各担当が受け持つ事業の工期スケジュールを持ち寄り、先述したグループ全体の工事計画表が作成される。上半期内の工事発注を最大の目標として、各担当が決定した日程をもとに全体の計画表が作成されるが、あくまでも担当個人単位での事業遂行が基本であり、この段階では担当間での業務のやりとりや調整はなされない。

下半期に入ってからのグループ会議では、もっぱら精算をめぐる事業間での調整事項が主な議題となる。各事業について担当から進捗状況の報告がなされるが、ここで着目すべきことは二点ある。第一に、各事業の詳しい進捗状況については各担当者のみが把握している点である。係長やグループリーダーも起案書等の回覧によって大体は把握しているが、「工事の詳しい部分は担当しか知らない[23]」のである。

次にこうした進捗状況の報告は、グループ構成員が全工事についての進捗状況を情報として共有することを目的とはしていない点である。ここで重要なのは工事の進捗状況ではなく事業費の執行具合と最終的な精算金額であり、その目的は事業間での予算の流用にある。各担当者は工事の進捗とあわせて事業費の執行状況や、場合によっては事業費の余剰見込み、あるいは不足見込みについて報告する。そうした精算事情を各事業について突き合わせ、流用が可能な事業間での事業費のやりとりが係長を中心に調整されるのである[24]。

その結果、精算については「早い者勝ち[25]」という状況が生まれてくる。つまり、同種の県単事業間での流用は比較的容易であるため、予算は当然事業ごとにつくものの、仮に実際の事業費が予算額をオーバーしてしまっても「よそからもらえばいいや」[26]ということになるのである。したがって、工事が早く終わり精算が済んだ事業のなかで事業費が予算額を超えたものがあった場合は、残っている他の事業にしわよせがいく形になる。他の事業の道路整備の延長距離があとどれだけ残っていようとも、予算残額が決まってしまうために「(残っている延長が)長くても短くてもこれで終わってくれ」[27]ということになる。逆に工事が早く終わった事業で予算が余ってしまう場合は、足りない事業に流用する[28]。

こうした精算をめぐる調整や工事の進捗は、グループ会議の場で初めて話し合われる。通常は各事業について担当者が個人単位で進めているため、担当者どうしは「他人が何をしているかは知らない」[29]からである。このことから、同じグループであっても隣の者がどういった業務を今どのように進めているかについて日常的には知らないこと、また知らなくても自分の業務には差し障りがなく情報共有の必要性がないという事情がうかがえる。

(6)　事例のまとめ

以上の調査から明らかになった諸点は概ね次のとおりである。公的に定められている事務分掌は確かに概括的であり、具体的な業務内容を表すものとはなっていない。しかし実際にはグループ内での管理の必要性から、別途事業単位での分担が行われており、一事業につき一担当者とその職務範囲は明確である。さらに担当者は工期スケジュール管理から事業執行、工事の進捗管理、工事費の管理までをかなり自律的に進めている。

グループ内での業務に関しては、各事業の詳しい進捗状況は担当者のみが把握しており、グループ構成員が情報として共有する必要性は感じられていない。個々人が担当する各事業について個人単位で進めているため、同じグループであっても隣の者がどういった業務を今どのように進めているかについては日常的には知らず、また知らなくても自分の業務には差し障りがないという状況にある。したがって大森がいうような、「お互いが協力しカバーし合うことが可能である」職務態勢とは少し様相を異にしている。

こうした担当者の個人単位による業務遂行に対し、上司やグループ全体としての管理は比較的緩やかである。工期スケジュール管理については上半期内での工事発注という目標があるが、この達成についても基本的に個人のスケジュール管理と事業の執行管理に委ねられる。工費の積算金額や入札結果、精算金額についても、書面回覧以前はおおまかな把握がされている程度であり、最終的な確認は書面によって事後的になされている。また上司から担当に対して強制的なノルマ、締め付けといった管理手法はとられていない。

集団的意思決定の手法であり情報共有の仕組みでもあるグループ会議で主な議題とされることは、もっぱら予算の流用に関する事柄であり、工事の進捗状況についての情報を共有し知識として活かすことやノウハウとして蓄積するといった意図はみられない。グループが一体となって業務を遂行するというよりは、個々の担当がそれぞれ業務をこなしている。つまり、各事業が実施箇所によってかなり独立した内容であって、情報を共有することに大きな意義が見出されていないことを表している。[30]

おわりに
——目標管理の導入へ向けて——

今回の事例調査を通して、通説としての大部屋主義とは幾分か違った管理手法が存在していることが明らかになった。もちろんこれは一事例にすぎず、現時点でこれが自治体職場について一般的な特徴であると考えることは乱暴であろう。しかし少なくとも、これまで「大部屋主義」と一括りに理解されてきた通説とは異なる職場が存在することが明らかになったのであり、今後様々な職場や職種での同様の調査を重ねていくことで、多様な職務管理の実態解明と「大部屋主義」についての検証作業を進める必要があると考える。

その一環として、今回の事例調査と並行して同県民局内の企画部門及び福祉部門についても同様の調査を行った。[31] ここで建設部との比較という点において簡略に記しておきたい。

まず企画部門については、事務分掌が建設部とは異なり比較的細かに定められている。これは事業内容が個別で多岐に渡っているためだと考えられる。業務分担は事務分掌を基に行われているが、分掌に明示されていない事業や業務も多く存在する。業務分担の基準は事業の予算額ではなく、各事業の業務量を勘案して決定される。これは事業費と業務量が必ずしも比例しないこと、つまり表立って予算がつかなくても業務量は多い事業も少なくないからであり、公共事業と非公共事業の大きな違いだといえる。

業務執行については、基本的に担当者個人が自律的に進めている[32]。進捗管理も担当者が一名の事業については個人単位で進められ、各担当者は建設部のような図表化したスケジュール管理は特段行っておらず、進捗についての細かな点は各個人の裁量に任されている。というのも、建設部のように標準的な工期や明確な納期が存在しない事業が多いからであり、各事業は最も効果的な実施時期を勘案しつつ個別に進められるからである。

情報共有の仕組みについては、グループ内での公式な会議はほとんど行われていない。これは他のグループと業務上の関連がほぼないこと、またグループ内でも各事業内容が個別であり、個人単位で独立して業務を進めていることなどが理由である。また、建設部のように予算の流用は行われておらず、担当者が個人単位で各事業について予算の執行・管理を行っているため、流用のための情報共有も必要ではないこともあげられる。

次に福祉部門については、企画部門と共通する点が多く見られた。事務分掌が比較的詳細であり、それを基に業務分担がなされているものの、そこに明示されない細かな事業や業務が多数存在する。また業務分担の基準も、事業の予算額ではなく業務量から決定される。業務執行についても各担当者が独立して進めており、各事業が個別であるために全体としての情報共有はあまり必要でなく、グループ会議は事務的な連絡にとどまっている。予算についても、担当者が各事業単位で本庁担当部署に予算要求した後、個人単位で執行・管理を行っており、グループや部内での取りまとめはされていない。

但し、福祉部門におけるこうした個人単位での職務体制は、各担当者が持つ専門性に由来又は依存する部分が大きいと考えられる。業務分担に関してはまず技術系と事務系職員で大別され、その中で保健師などの資格職種が担当するべき事業が割り振られる。専門性が高いため、各事業の内容や対象者も個々別々であり、したがって同じグループ内でも他の者が担当している業務とは実施レベルでほとんど関連がなく、知らなくてすむ状況にある[33]。

最後に、今後の目標管理制度の導入に関して、今回の事例調査が示唆する点について考察したい。目標管理を導入するためには、個人レベルでは職務や役割の明確化、業務遂行の権限や裁量の確保が、そして組織と個人との関わりにおいては目標の明示化と下位目標との連携、個人へのブレイクダウン等が必須の前提条件となる。そのためには、公務労働について通説的理解に留まるのではなく、こうした様々な職場の実態の把握、すなわち本事例調査で明らかになったような、業務内容によって異なる職務執行態勢について正しく知ることから始めなければならない。調査による実態把握と理論の接合が喫緊の課題であるといえよう。

その上で、例えば部門ごとに細部では異なった形式での目標管理の導入が試みられてもよいのではないだろうか。その際には業務や個々の職員の専門性による違いや、公共事業等を所管する事業系・現業系の職場と、総務・管理的な部門による違いなどが検討されるべきである。仮に今回の調査で扱った建設二グループのような比較的自律性の高い職場であれば、現行の職務管理下でも目標管理の導入はそれほど困難ではないと考えられるものの、企画や福祉部門ではそれとは違う仕組みの工夫が必要であろう。少なくとも、各部門で業務の実際に知悉している現場の管理者がイニシアティブを取り、組織目標の明示化と個人レベルへのブレイクダウンを行うことが必要であると考える。

学問の側ではこうした調査やそれに基づく新たな認識と理解が、そして実務の側では部門や職場ごとの工夫等がなされて初めて、目標管理制度導入の現実的な議論が可能になると思われる。その上で、目標管理制度を導入する意義について考えればどうなるだろうか。今回明らかになった、建設部をはじめとして他の部門でも業務遂行はある程度個人単位であり、他の者の業務内容について特に知らなくても支障がないといういわば大部屋主義的でない実態は、自治体が実施する事業や業務内容が非常に細かく多岐にわたっていることも原因の一つではないかと考えられる。担当は事業ごとに細分化され、その結果として、本来は地域住民に対し資源配分やサービス実施を通して正義と公平を実現するという組織目標の観点に立てば、相互に関連があるはずの事業や業務でも、日常の繁忙さで目先の業務をこなすというレベルに視点が集中されがちになり、結果として同じグループ内でも業務遂行は個人単位で行われ、他人のことは知らなくてもすむということになる。

公共の福祉の実現のため、多様な価値観の競合のなかにおいて配分の効率が求められることは、行政組織のいわば使命である。ときにはそこに政治的判断も含まれるため、組織目標を明示化するプロセスにおいてはこの前提を常に考慮する必要がある。つまり組織目標は常に一定であるはずはなく、住民ニーズや時代背景、状況的要因など、組織周辺の外的変化を受けて変化しうるものであり、目標管理制度を導入する際はこの点を包含する仕組みでなくてはならない。すなわち、組織目標を達成するための組織内におけるルールとしての職務構造ないし職務管理は、閉鎖的な組織内のルールとして機能しているものではなく、組織の周辺に存在している諸組織および諸制度、そして社会環境との関係のなかに存在し、それらに影響を受ける存在でもある。このように、制度的枠組みの中における自治体組織の組織目標の多義性と、それにかかる個人と組織との間に存在する、従来の職務管理を通じた目標達成についての齟齬をどのように埋めていくべきかについて、まずは検討される必要があろう。

一個人としての自治体職員が、多大な業務量を抱える日々において常に公共の福祉という総合的な視点を持ちつつ業務をこなしていくことは、観念的にはそうした姿勢が求められるとしても実際にはなかなか難しいのではないだろうか。そうであれば、常にそうした目的意識を持てるような、すなわち組織目標と個々日常の業務とを結びつける視点なり仕組みが提供されなければならない。この点において貢献ができるとすれば、導入にあたって議論されるべき問題はまだ多くあるものの、目標管理制度は地方自治体において有効性を持ち得るのではないかと考える。

注

（1）国の公務員制度調査会による「公務員制度改革の基本方向に関する答申」（一九九九年三月）では、各論の主要な項目のなかに「能力・実績に応じた昇進・給与」「能力・実績に応じた昇進・給与を支える人事評価」をあげている。また、この答申を受けて設置された人事評価研究会が発表した新たな人事評価システムの整備のための指針となる報告書（二〇〇〇年五月）においても、能力評価と業績評価を重視したシステムへの移行が主張されている。総務省ＨＰ http://www.soumu.go.jp/jinji/990518.htm 及び http://www.soumu.go.jp/jinji/jinjihyouka_e.htm 参照（二〇〇八年一一月現在）。

（2）上述の人事評価委員会報告では、業績評価の具体的な方法について「評価者である上司が被評価者である部下に対して割り当てた業務の目標を明らかにし、その達成度を測るという手法を、業務と職責の特性に配慮しつつ……導入することとすべきである」とされ、一方能力評価については「被評価者について、期待される能力や求められる行動特性をベースとして、評価時における実際の能力及び行動特性を把握し、評価期間中における能力等の伸長度を、その開発達成度として測るという形とすべき」とされている。これらの評価が上司の恣意性に委ねられないための方策として、外部専門家によるアセスメントや多面評価が提案されているものの、評価の基準となる目標をどうやって割り当てるのか、その妥当性はどのように判断するのかといったことについて、仕事の側から最低限議論されるべきであろう。

(3) 企業における労使関係を歴史的観点から想起すれば、集団的取引によって労働者間の競争を排除した欧米の職務給は、所定の生産量の達成以上の目標は存在しないという労働との取引関係にあるからこそ平等主義的な個人差のない賃金であったのであり、これと比較して日本における査定によって個別化された賃金は、仕事の個別化が裏側に貼り付いているからこそ成り立ってきたと考えられる（石田光男「人事処遇の個別化と労働組合機能」『日本労働研究雑誌』第四六〇号、一九九八年）。

(4) 宇都宮深志・新川達郎編『行政と執行の理論』東海大学出版会、一九九一年、四七ページ。

(5) 大森彌『自治体行政学入門』良書普及会、一九八七年、三二ページ。その他に、課や係の仕事を何人の職員で行うのが最適であるかという組織の適正規模が曖昧になりやすく員数の点で一定の伸縮性（スラック）をもっていること、大部屋での協力と協調が必要である一方で権限体系では上命下服を含む典型的な階統型組織をとっているため、管理職には特によき人柄の持ち主であることが要請されること等。

(6) 大森彌『自治体職員論』良書普及会、一九九四年、一〇ページ。しかし実際に仕事を進めていく場面になるとこうした大振りな内容では分業が不可能なため、通常は別途職場単位で職務分担表を作成しているもののその内容は依然として概括列挙的であり、厳密には個々の職位の仕事を明細に記述していないため、仕事の内容と範囲は曖昧で上司や時々の解釈によって多少の伸縮が起こりうるとされる。

(7) 稲継裕昭『日本の官僚人事システム』東洋経済新報社、一九九六年、一九ページ。

(8) 公務員の賃金については職務給の原則が存在するが、職階制が導入されないままであった一方、この原則を実質的に補完していたのは給与表であると考えられる。本書第1章参照。

(9) 北浦正行「民間の人事制度改革からの視点」『都市問題』第九三巻第一二号、二〇〇二年。

(10) 田尾雅夫「職員参加と目標管理による自治体運営」『都市問題』第八七巻第三号、一九九六年。

(11) 大森前掲書、一九八七年、四〇ページ。

(12) A県では同県行政機関設置条例によって、地方自治法第一五五条第一項の規定に基づき知事の権限に属する事務を分掌させるため県民局という名称で地域機関（いわゆる出先機関）を設置している。県下には七つの県民局があり、各県民局に県内の市町村が数箇所ずつ所管区域として割り振られている。X県民局が所管するのは県中南部の一市五町二村であり、主な業務内容は県が行う施策についての事業実施だが、県民局独自の事業について企画から実施まで担当する部署もある。正規職員数は二七九人（二〇〇二年四月一日現在）。調査対象に自治体出先機関を選んだ理由は、職務の執行及び管理に特に着目しその仕組みを明らかにする狙いからである。国の中央省庁と対比すれば自治体は実施機関と位置づけることができるが、自治体内部で考えた場合、出先機関が事業実施にとりわけ特化していると考えられるからである。

(13) A県では二〇〇二年四月一日付けで組織変更があり、X県民局でも組織名称やグループの括り方、一部の管理職の職制等についての変更があったため現在の名称は整備一、二、三グループであるが、各グループが担当する事業内容には変更がないため、組織名称等については第一回ヒアリング当時（二〇〇二年三月）のものとする。今回調査にご協力いただいたのは建設二グループ係長（当時）、調査は二〇〇二年三月（第一回）、五月（第二回）、六月（第三回）の計三回実施。

(14) A県行政組織規則第三九条例に定められる建設部の分掌事務は次のとおり（一部抜粋）。

- 工事の入札及び契約に関すること。
- 建設業法の施行に関すること。
- 市町村の行う公共土木施設整備事業の指導及び補助金等の交付事務に関すること。
- 道路、河川、海岸、港湾及び都市公園の管理及び保全に関すること。
- 砂防指定地、地すべり防止区域及び急傾斜地崩壊危険区域の管理及び保全に関すること。

(15) 事実、建設二グループ内ではこの事務分掌表は配布されておらず、実際の業務遂行と定められた事務分掌との関連の薄さを示しているといえよう。

(16) しかし、市町村からの要望に対し事業の順位付けを行うことはそう簡単ではない。事業効果そのものが将来的な波及効果までは測定しにくいこともあるが、直接的効果だけで考えた場合でも山間部より市街地の道路事業のほうが経済効果は高く評価され、これでは山村地域に不公平となるため、実際には各市町村が事業要望の一位にあげた事業の中でまず順位付けをし、これを全体の一位から四位までとする。次にそれぞれの二、三位について同様の作業を行い、なるべく市町村間で不公平の出ないよう工夫されている。

(17) 最終的に決定された予算額と要求額は同額の場合もあれば、ヒアリングの結果により増減もありうる。

(18) 建設二グループでは国庫補助事業と県単独事業を実施しているが、以下は主に県単事業に関する業務の流れと管理についての記述である。

(19) この目標を直接的に規定しているのは国土交通省からの通達である。

(20) 建設二グループ係長（当時）へのヒアリング調査（第三回、二〇〇二年六月実施）による。

(21) 建設二グループ係長（当時）へのヒアリング調査（第一回、二〇〇二年三月実施）による。

(22) 新規採用者は継続、新規事業にかかわらず比較的規模の小さな事業を割り当てられ、まずは県が運用している積算システムを使い前年度設計書のまねをする方法で業務を進める。しかし中身を理解するためには現場経験が必要とされるため、起案した事業については現場監督員に任命され、現場での工事説明や立ち会いをこなしながら現場と積算の内容を理解していく。

(23) 建設二グループ係長（当時）へのヒアリング調査（第二回、二〇〇二年五月実施）による。

(24) 国庫補助事業に比べて県単事業のほうが流用についての制限が厳しくなく、比較的「融通がきく」ためにこうした流用はしばしば行われる。A県では、道路整備にかかる県単事業について重点整備箇所から他の箇所への流用はできないが、その逆もしくは同じ事業種の範囲内であれば予算額内の一定の金額までは出先機関の判断で流用が認められており、申請も不要となっている。

(25) 建設二グループ係長（当時）へのヒアリング調査（第二回、二〇〇二年五月実施）による。

(26) 同上。

(27) 同上。

(28) こうした予算流用の背景に予算を使い切るという前提があることは、部内でも明確に意識されている。「予算使い切り」自体の目的化については、地方官僚組織の病理現象の一つとしてこれまでも批判されてきたが、大部屋主義だけにその根源を求めるものではなく、むしろ予算編成と執行・管理のシステムによる部分が大きいと考えられるため、この問題については別稿に譲ることとする。

(29) 建設二グループ係長（当時）へのヒアリング調査（第二回、二〇〇二年五月実施）による。

(30) このことは、同じホワイトカラー労働であり一般に「チームワーク」や「集団主義」が強調される傾向がある日本企業の営業職の職場においては、仕事自体は本事例と同様個人の分担がかなり明確な一方、顧客情報を職場で共有しノウハウとして蓄積させることが有効であると認識されていることとは対比的である。日本労働研究機構編『ホワイトカラーの労働と生産性に関する総合的研究』五章、一九九五年参照。

(31) ヒアリング調査にご協力いただいたのは企画調整部企画調整グループ主事、保健福祉部福祉保健グループ技師（いずれも当時）、調査は二〇〇二年三月（第一回）、五月（第二回）の計二回実施。

(32) 但し担当者が複数の事業については、打ち合わせや連絡は日常的に行われている。

(33) 例えば特定疾患についての情報収集についても、本庁や周辺関係機関との間に確たる情報のルートやシステムがないために、担当者が個人的なつながりや力量によって対応しているという現状にある。

第4章　組織構造のフラット化
――階層の持つ意味――

はじめに

本章は、自治体組織の構造及び編成に関する改革手法として用いられる「フラット化」について、とりわけ行政組織における階層の意義とその機能を明らかにするとともに、組織と個人の観点から、またインセンティブシステムとしての観点から、その本質を分析しようとするものである。

近年、「組織のフラット化」や「グループ制」という言葉がいくつかの地方自治体の行政改革大綱などに用いられているのを目にする。例えば岩手県の二〇〇〇年度行政システム改革実施方針では、「行政機構の簡素・効率化と現場重視へのシフトを目指して」と題されるなかの一項目として「グループ制及び組織のフラット化の推進」があげられている(1)。その改革の目指すべき方向としては、「権限委譲の推進と意思決定単位の小規模化により、迅速な行政運営」を進める点や、「新たな課題等に的確に対応する柔軟な行政運営」を進めることがあげられている。

また、福井県では一九九八年一一月に策定された「福井県新行政大綱」の具体的取組事項の一つに「スリムで質の高い行財政システムの確立」を掲げており、「弾力的で効率的な庁内システムの確立」のため、「グループ制等による効率的な事務処理体制の確立」(2)をあげている。また、同県が設置している行政改革推進委員会では、グループ制の意義について「組織はどうしても垂直的なピラミッド型が多くなるが、柔軟性を求められている。フラット化することにより、いろいろな業務に対応できるようになる。グループ制はそのような要請に見合ったよい制度である」[3]と説明している。

自治体によって「グループ制」だけ、または「フラット化」だけを採用するところ、あるいは両方の言葉を同義的に使うところなど様々であるが、その意図するところは自治体によって異なるためになかなか見えにくい。また、現在は様々な改革手法が試行されている段階でもあり、自治体全般にわたって言葉の定義を行うことは難しいといえる[4]。

組織のフラット化とは、日本企業では一九九〇年代半ば以降、部課制の廃止や組織の統廃合による簡素化及び単純化、あるいは組織の階層構成を短縮する低階層化などの改革手法として取りいれられてきたものである[5]。フラット化の手法は組織の大括り化を伴う場合も多く、組織全体の構成として簡素にするために、部を廃止・統合し、その下での行動単位として存在した従来の課や係に代わるものとして、グループやチームが編成される。

フラット化の最も極端な形は、上司もしくは管理監督者が一人で、後の社員は全て横並びとなる文鎮型である。社員の数にもよるが、管理監督者の管理業務が増大しすぎるため、実際にはなかなかここまでの形はとれない。こうした組織構造が成立し機能するためには、業種や職員の働き方についてなど一定の条件が必要になると考えられる。それは、個々の社員が高い能力を持ち、的確な判断力とある程度の決裁権限を有していること、そして情報技術が発達し、個々の社員がそれを十分に使いこなすことができること、そしてそれによって個々の職員が直接市場との応答性を高め、自律的な労働ができることなどである。逆にいえば、これらが備わっていなければ組織としては機能不全に陥ることが予測される。また業種としては、上記のような条件を満たしつつ、とりわけ市場とのやり取りにスピードが要求される、例えば情報技術系やゲーム業界などが想定できる。

したがって、こうした条件を満たせない組織においては、フラット化の手法の多くは中間管理職を廃することで低階層化し、意思決定を迅速にして市場との応答性を高めようというものである。戦力化しきれていない中間管理職はしばしば問題視されるところであり、ポストに限りのある職場では処遇に困る事態もあることから、職員の総戦力化としてもフラット化が採用されることも考えられる。

翻って、自治体組織で取組まれている「フラット化」とはどのような変化を指しているのだろうか。言葉の持つ意味合いからしてみても、「フラット化」とは組織における階層を低くする改革手法のことであり、つまりは組織構造の変化にほかならない。しかし、「構造」の変化とは具体的に何の変化を意味するのであろうか。単に組織図上の変化として、高いピラミッド型から底辺が広い文鎮型に変化することだけを意味するのであろうか。従来の機構改革でとられてきた部や課の組み替え、あるいは事務所掌の変更などのいわゆるヨコの変化ではなく、フラット化はタテの変化でもある。その変化は、地位や業務だけでなく、様々なその他の変化を内包するものなのではないだろうか。また、極端な文鎮型とまではいかないまでも、これまで企業組織において導入されてきた組織改革の手法であり、組織として機能するためには業種や職員の働き方など、一定の条件が必要になると考えられるところ、今般自治体組織において実施される際にはどのような意味を持ち、どのような問題点を抱えているのであろうか。

本章ではこうした問題関心に立ち、地方自治体で新たな組織編成及び管理上の改革手法として行われつつある組織のフラット化において、組織内で何が変化しているのかということを明らかにし、フラット化の持つ意味と、現時点での問題点および限界を考察していく。そのためには、次に述べるような組織構造に関する分析視点を用意する必要があると考える。

1　組織構造に関する分析視点

組織構造をどのように捉えるかということは、組織そのものの概念をどのように定義するかという問題とほぼ等しい。それは組織論の発展と、それに伴う分析視点の相違によって変遷を続けている。しかし、バーナード以来、組織の存立と発展の基本要件は、かたや目標の達成、かたや構成員の要求充足であるという図式については、おおよその合意が成立していると考えられよう(6)。こうした理解に基づいて行政組織を定義するならば、「行政目的を実現するために体系化された人間の協働的活動(7)」であるということができる。

それでは、目的と協働という要素を軸にした場合、組織構造はどのように捉えることができるだろうか。中條は、「団体」との対比を通して、「組織」の本質をその維持運営と目的達成に求めている(8)。組織は単なる人間関係ではなく、組織を維持し、その目的を達成するための手段的関係であり、その関係は行為の継続性によってのみ保証される。こうした関係概念として組織を捉えると、維持運営と目的達成という二つの至上命題のために、組織は人々の行為を確実に引き出す枠組みを提供するものでなければならない。行為の予測可能性、目的合理的な行為を継続的に引き出すためには、秩序を保つことが不可欠である。したがって組織概念は、拘束性、強制力、支配、管理といった概念と結びつく。また、運営に必要な行為の内容は職務として規定され、職位・職権・職責がそれに付随する。このような運営に関わる関係や仕組みが規則などにより構造化されたものが組織構造であるとする。

このように組織構造を捉えるならば、その成立のためには、組織目的の達成に必要な仕事の内容、技術、権限と責任の割当といった事柄を明確に規定する必要が生じる。ブラウ＝スコットはこうした仕組みを「フォーマル組織」[9]とよび、その特徴を、明示的な目標、明示的な規則や規定の精巧な体系、コミュニケーションと権限のはっきり示されたラインを持つフォーマルな地位構造にあるとする。これらは、組織がある特定の目標を達成するという目的のために、組織構成員間の相互行為や活動を前もって予想し導くように意識的に設計されたものである。すなわち、ブラウ＝スコットのいうフォーマル組織とは、個人と組織との間の合理的な関係を前提にして、組織目的達成のための具体的な役割体系が制度化されたものである。これによって組織構成員の協働が具体的に可能になるという点からすれば、それは職務構造とその調整に関わる規則ないし仕組みにあたるともいえよう。

本章では、組織を目的と協働という軸で捉えたうえで、組織構造を、目的達成と運営のための行為を引き出す仕組みないし規則であるとの見方に立つ。そしてブラウ＝スコットの枠組みによりながら、組織構造の変化であるフラット化という現象を、組織目的達成と運営に関わるフォーマル組織の変化、つまり達成すべき目標、構成員が従うと期待されている規則、組織構成員の役割体系の変化という点に着目して考察していきたい。

2　階層の位置づけ
——組織の合理性と個人の自律性のジレンマ——

ここではまず、事例検討の前提作業として、階層という構造が、個人と組織の関係性において既存理論ではどのように位置づけられてきたのかということを、フォーマル組織の要素たる組織目的、規則、役割体系といった点に着目しつつ確認しておくことにする。

行政学の研究対象としての「行政」を、「統治過程における階統型組織（＝官僚制）の集団作業である」[10]と西尾が定義するように、階層構造は官僚制という組織形態においてその特質を最もよく表すものの一つとして考えられてきたといえる。

阿利は官僚制概念の一九世紀的展開過程をヨーロッパを中心に概観し、そこにおける官僚制の概念を、全くの通俗概念でもなければ厳密な意味での学術概念として確立しているわけでもない一種の「中間概念」として断ったうえで、その特色を次のように述べている[11]。すなわち、

①政府官庁、官吏の仕事ぶり。とくに権威主義、干渉主義
②代表制民主主義に対立する意味での官僚の政治支配（権力的支配）
③官庁機構の独任制的ヒエラルヒー
④官吏集団のカースト化
⑤官僚制の統制方法に対する楽観的あるいは規範主義的な思考

このように、いわゆる古典的な官僚制概念は市民的利益あるいは当時の自由主義に対置された観念を軸としており、そこでの階層の意味合いは、コントロールとしての権力体系を可能にする装置であり、組織的分業の体系でもあった。理論の関心は組織目的の効率的な達成とそれを可能にする管理にあり、階統的構造は、仕事の横の分業と命令服従の縦の分業というルールを可能にするシステムとして捉えられていたといえる[12]。組織目的達成のための命令に対する成員の服従は当然視されており、いわば上から下への一方向的な組織コントロールを支えるシステムと見なされていたともいえる。

近代的官僚制概念がウェーバーによって理念型として確立されたことは論をまたないが、その含意の骨格をなしているものは「近代的官吏制度の特殊な機能様式[13]」であり、官僚制はそうしたすぐれた管理能率をもつ合理的組織として定式化された[14]。そこでの官僚制組織の基本的性格は、「官職事務の継続的な、規則に拘束された経営」にあるとされる[15]。合法的支配のもとでは、規則によって職位の権限がその範囲を限定されている。加えて、職務遂行を導く行為基準が客

観的な規定として定められることにより、組織活動の形式合理性が高められる。したがって、構成員の交替や移動にかかわらず、組織活動に一貫性と継続性がもたらされる。ウェーバー理論において強調される近代官僚組織の合理的特質は、こうした没人格的な規則に基づく継続的な活動に見出されているといえる。

組織構造としての階層制は、こうした活動を可能にするための官職と審級制の原則を担保するシステムとして位置づけられている(16)。官職階層制の原則は、一元的な権限の階層的秩序を確立させるものである。その働きとしては、一つにはすべての職位が上位職位のコントロール下におかれることにより、職務や意思決定が不安定な偶然性に支配されることがなくなる。さらに、職務を階層的に配列し、それぞれに等級化した権限を割り当てることによって、権限の源泉を個人的な特質から独立させ組織内の地位に基づいた権限行使の構造を可能にする(17)。これによってトップが集権的に組織全体をコントロールし、組織活動の統一性ないし合理性が確保される。すなわち階層制は、非人格的規律と専門技能に基づく規則による合理的支配を可能とし、それによって精密な分業と統制を実現する組織に必須の構造として捉えられているといえよう。

ブラウは、ウェーバーの官僚制概念を組織の能率という文脈において、一定の規則・規定と監督上のヒエラルヒーは、個々の成員がそれぞれ個別に行う決定としての合理的判断の範囲を制限するものとして必要となることを説明している。官僚制の諸特質の総合的な効果は、成員が組織目的の合理的追及を促進するように動くのであって、「ひとりひとりの考えでは合理的であろうとなかろうと、そうすることをかれらに強制する社会的条件」(18)をつくりだすものであるとする。すなわち階層とは、組織としての合理的活動を遂行するために命令の統一性という原則のもとに成員を統制するという組織目的、すなわち一元的なコントロールを可能にするための装置であるという見方がされているといえよう。

このような一元的コントロールの論理では、個人の果たす役割は相当程度捨象されている。しかし、組織における問題解決と合意形成という局面において、組織内のコミュニケーションへの個人の参加を前提とすれば、一元的コントロールの論理を生み出す階層は、組織と個人の関係において本来的に組織が持つジレンマの源泉でもあるといえる。

ブラウ＝スコットは、権限の階層分化とコミュニケーションの調整という点に、フォーマル組織が内在的ジレンマを抱えることを指摘する(19)。組織内でのコミュニケーションの自由な流れは、有効な問題解決に貢献し、意思決定の向上をもたらす機能がある。しかし、無制限なコミュニケーションは合意形成を困難にする側面もあり、そこに調整が必要となる。権限の階層分化は階統制における地位の格差とあいまってコミュニケーションの調整的役割を果たすものの、コミュニケーションの自由な流れをあまりに制約すれば、有効な問題解決を妨げ、合理的な意思決定にとっては逆機能的な働きをすることになる。また、階統制における地位の格差がコミュニケーションにおける下位者の参加を抑制すれば、下位者の満足や貢献意欲の減退につながる。ここに、階層分化を通じたコミュニケーションの調整におけるジレンマが生じるのである。

このようなフォーマル組織の持つジレンマは、組織と個人の関係における限界を指し示していると考えられる。組織の側から見れば、目的達成のための合理性追求を可能にするコントロールの論理は、そこに働く個人の側に視点を移せば、中央による組織全体の画一的コントロールや服従を自己目的化する権威主義的管理、厳しい規律の内面化の要求、形式的な規則や手続の拘束による自主性の減退、完成の喜びを伴わない断片的でルーティンな職務内容といった要素と密接に結びつき、これらは組織成員のモラールの減退につながっていくからである。

齋藤は、この問題を「目的合理性」と「価値合理性」の統一における官僚制組織の限界と捉えるが[20]、そこでは組織の能率ないし合理性と個人の自律性とのジレンマの構図が浮かび上がってくる。そしてこのジレンマを生みだす中軸に存在するのが、階層とそれにかかわるフォーマル組織の特質であるといえよう。

3　行政組織の特質と階層構造の必然性
——代表性と自律性のジレンマ——

官僚機構の内部的特徴の一つとして公式的権限の階統制構造をあげるダウンズは、階統制が官僚機構において必要となる理由として、大規模組織における紛争調整のための権限付与にあるとする[21]。官僚機構はおおむね大規模なものであり、多大の調整を必要とする専門化された業務を遂行している。したがってそこでは紛争の可能性が非常に高い。

ここでいう紛争とは、一つには職務の専門化が進んだ組織にみられる、情報の専門化から生じるものがあげられる。

職務の専門化が進むと、各構成員が持つ知識と情報は限られるため、職員が追求する明示的な目標、現実認識の仕方といったことについて多様な結果に至ることになる。組織が何をなすべきかについて意見の一致をみなかったり、また意見の不一致を含んでいなくても互いに他の者の職務について知らないという状態になり、これが紛争の根源となると考えられる。こうした状態が蔓延すれば、ある成員の行動が他の成員の行動を相殺することになり、組織全体としての影響力が弱まって、組織の目的達成という命題を大きく阻害することになる。これを回避するために官僚機構では、組織内の特定地位の者に対し、階統制に基づいた紛争解決権限が付与されることになるとする。

いまひとつは、官僚機構に特徴的なこととして、予算に関わる配分上の紛争があげられる。官僚機構では、収入の発生が金銭の消費と完全に分離しており、また、あらゆる活動が単一の予算からすべて支給されるという点において、予算配分の調整の必要性が生じる。したがって、予算配分に関わる各部門間の相互関連性ないし競合性からも紛争が生じる可能性があり、市場を持たない大規模組織の活動の調整という意味においても、階統制とそれに基づいた権限が必要とされるのである。

すなわち、階統制とは、共通の組織目的達成に向かわせるため、組織成員間の目的に対する認識の相違や紛争を回避し調整するための権限と密接に結びついて、官僚機構における特徴的な構造であるとされている。

行政組織における共通目的とは、とりもなおさず公共目的を意味し、その実現と達成が行政組織に本来的に課された機能ないし持つべき特質であるといえる。片岡は、国民と行政という構図において、こうした行政組織が持つべき特性という観点からその組織構造について考察するなかで、ヒエラルキーの必然性を指摘している。片岡は、組織の設立の経緯、組織間の競合性、組織目的の達成方法、組織目的の設定のされ方、そして活動のための資源調達方法という点で行政組織と民間組織の異同性を強調する。そのうえで、行政組織ないし行政官と国民の関係を委任代理関係と捉えて、行政とは「公共目的を追求する集合的営為[22]」であり、国民に代わってその公共目的を実現する活動を代行するのが行政組織であるとする。公共目的を達成するためには、他の公共目的との整合性を図りつつ、全体のバランスを保ちながら組織活動が一体として遂行されなければならず、また、そこに必要とされる仕組みは、多くの人々を共同の目標達成に向かって動員しうるものであると同時に、集合的営為の結果に対する責任の所在を明らかにするものでなければならない。したがって、公共目的とその実現に対する責任という観点からすれば、行政組織内において完全なる民主主義は成り立たず、ここにヒエラルキー的権威の必要性があるとする。

こうした観点に立ったヒエラルキーの必然性の論理は、当然ながらそこにおける個々の組織成員の個人的自律性をある程度犠牲にしたうえに成り立っているといえる。行政はその活動のなかで担うべき規範としての行政責任から逃れることはできない。行政組織の本来的性格を、政治や国民との関係において、「行政外の権威によってある公共目的を達成するために設立された道具[23]」としてみれば、こうした外在的統制によって行政責任が確保される。また、公務員には国民との同質性が確保される[24]。したがってその限りでは、行政組織における個人としての公務員の主体的人格性ないし自律性に一義的重要性は認められないのである。この点において、行政組織内での民主主義と公共的目的の実現は鋭く対立する。

これを公務員の行動としての執行活動と裁量という点からみれば、公共性の確保と裁量統制の関係における問題となる。執行活動は、行政組織の目的たる公共利益の実現のためになされる活動である[25]。完全なる公共性の実現のためには、公務員は規則の遵法者として活動すべきことになるが、実際にはそれは不可能に近く、どちらかといえばクライアントとの関係性に応じた活動が裁量的行為として行われることになる。しかし、こうした裁量行為は公共性の確保を阻害する可能性があるため、外部から統制される必要がある。いうなれば、ここには公務員の行動特質における代表性と自律性のジレンマが存在するのである。

これらの点を組織と制度、そして組織成員である個人との関係から捉えなおせば、次のようになろう。行政組織を中心にそこから個人の作用についてみれば、組織や周辺諸制度（組織内の下位システムとして取り込まれたものを含む）は、個人の行動の制約となり、行動を決定するルールと誘因の構造となる。それらは明示的な目標、規則の体系としてコントロールの概念と結びつき、組織の合理性を確保するためのシステムとなる。しかし、個人を中心に組織、制度への作用に分析視点をおけば、公務員にとって行政組織や活動理念としての公共性は、そこにおける行動に対して安定性と意味を与える認知的、規範的、規制的な構造と活動から構成されるものである。ここにおける行政組織とその下位システムは独立して閉鎖的に存在しているのではなく、周辺諸組織や周辺諸制度との関わりのなかで、文脈としての制度のなかに埋め込まれて存在している。それゆえ、公共目的を達成するためには外在的統制が必要なのであり、そもそも公共目的そのものが、そうした組織外部との関わりなしには成立しえない。したがって、行政組織においては組織と個人が本来的に持つジレンマの構図に、さらに公共性の実現という役割が加味されて、代表制と自律性の問題を浮かび上がらせているといえる。

4　地方自治体における階層の意味

（1）職務構造と自律性

それでは、地方自治体におけるフォーマル組織としての職務構造と調整の仕組みは、そこで働く個人の自律性にどのように関わっているのであろうか。

日本の自治体での職場組織の最も大きな特徴は、大部屋主義にあるとされる。大森によれば、大部屋主義とは①公式の（事務分掌規程上の）任務は組織の基本単位である課・係までしか規定されておらず、②その規定のしかたは、「○○に関すること」というように概括列挙的であり、③職員は、そのような課・係にまず所属し、それから課・係の任務を分担しつつ協力して担い、④しかも、空間的には一所（同じ部屋・フロアー）で仕事をするような組織・執務形態であるとされる。[26]そこでは一所で仕事をする全員が適宜仕事を分担しつつも、お互いに協力しカバーしあうことが可能であり、集団に属して仕事を行う執務体制がとられている。そのため部・課・係の一員として他の職員と協調的な人間関係を保つことが重要視され、ここから「ウチ」の部署と「ソト」の部署とを区別する部門割拠主義的な意識がうまれやすいとされる。

こうした大部屋主義は、職務構造という点からみれば、職階制の不実施に大きく関わっていると考えられる。職階制はアメリカ公務員制度の中核をなす制度であり、そこではそれぞれの職位に要求される職務が分類整理され、あわせてその職務で必要とされる能力基準も極力明示されている。[27]職務の分類は、その執行にあたっての権限と責任の付与を伴う。また同一の職権に属する職位をそれぞれ職級に分類し、職種が異なる職位の上下関係は等級によって明らかにされている。[28]

日本ではこうした職階制が実施されてこなかったため、個々の職位ごとの職務内容が明確に特定されていない。単位組織である課や係の所掌事務は規定されていても、それが個々の職員に細分化されておらず、自己の業務と他人の業務との範囲が明確に区分されていないのである。職務の範囲が明確でないということは、おのずとそれに伴う権限の範囲と責任の度合いも曖昧にならざるを得ない。つまり、職務や責任は個人単位でなく所属組織単位で配分されているため、個人の持つ権限や責任の範囲は非常に不明確であるといえる。

このことは、公務員の職務における裁量性が比較的高いことを意味する。しかし、公務員の職務には法律の厳しい制約が課されていることはもちろん、行動の不規則性や、横並び意識、クライアント依存、政治性といった状況要因によってもその行動を規定されているため[29]、職務における自律性としての裁量性はあくまでも限定的なものだといえよう。

(2) インセンティブシステムとしての階層の果たす機能

組織の職務構造と密接に結びつくものとして、組織の配分規則である人事・給与制度がある。これは個々の職員にとってのインセンティブシステムであり、職員の自律性を担保する制度でもある。とりわけ行政組織においては、ピラミッド型の階層構造が昇進構造や賃金体系といったインセンティブシステムと深く関わっていると考えられる。したがってここでは、地方自治体における昇進と給与構造の仕組みと、フラット化によってもたらされる変化について考察する。

稲継は、日本企業の昇進管理方式に特徴的な「遅い昇進」が国家公務員の昇進管理においてもあてはまることを指摘している[30]。また地方公務員については、自治体間で昇進制度にばらつきがあり一概には論じれないものの、試算によれば都道府県での係長級への昇進平均年齢は三八・八歳、指定都市では三九・一歳であり、課長級への昇進平均年齢は都道府県で五一・三歳、指定都市で四七・二歳となるなど、基本的には「遅い昇進」政策がとられているといえる[31]。

山本が都道府県および政令指定都市の人事管理責任者に行ったアンケート調査によれば、同期採用者間での昇進格差については、最後まで同時昇進させる自治体はゼロであるものの、係長級まで同時昇進政策をとるとするものが都道府県で全体の四八・八%と最も多い結果となった[32]。すなわち、同期採用者の間で初めて昇進に差がつき始める時期が係長昇進時ということであり、上述の昇進平均年齢とあわせて考えると、採用後約一五年であるといえる。これを民間企業と比べた場合、日本労働研究機構による調査では日本企業の平均年数は七・八五年となっており[33]、自治体で昇進格差が生じる時期は民間より格段に遅いことがわかる。したがって、「遅い昇進」政策は、企業より自治体でさらに遅く実施されているということができる。

しかしその一方で、山本の調査によれば、公務員の仕事に対する動機づけには給与よりも昇進のほうが効果的であり、したがって公務員にとっての昇進とは企業におけるそれよりも誘因の度合いが高いとされている。そしてある時点の昇進だけではなく、最終的にどのポストまで到達できるかに関心を有しているとする。また、仕事に対する満足度とそれらを規定する要因としてのアウトカム（年収、職位）、インプット（試験区分、学歴、年齢、官職、リスク選好）、その他（仕事の価値、昇進意欲）について分析した結果、公務員の仕事の満足度に有意な影響を与えているのは昇進意欲であるとしている[34]。

それでは、自治体においてこのように昇進が遅いにもかかわらず、給与よりもなお公務員に対する誘因の度合いが高いのはなぜであろうか。

これは、公務員給与の上昇構造と深く関わってくる問題である。地方公務員の給与については、基本的には地方公務員法第二四条第六項および地方自治法第二〇四条第三項によって各自治体ごとに条例で定めることとされている。しかし手当の種類、定め方などについての地方自治法第二〇四条第二項や地方公務員法第二四条第三項によって、実質的には国家公務員に準じた体系をとっているところがほとんどである。また、上位等級への昇格についてはメリット主義に基づくこととされている（地方公務員法第一五条、同第一七条）が、実質は能力・業績以外の経験年数と試験区分によって管理されている色彩が強い。この経験年数は、試験区分と学歴によって規定されており、昇格する際にはトータルとしての必要経験年数または必要在級年数を有しかつ勤務成績が優秀であることが要求されている。

しかし、勤務成績の評価には主観的判断が介入しやすいため、結果としてより客観的判断としての必要経験年数または必要在級年数と、それを規定している試験区分および学歴によって賃金が決定されているといえる[35]。つまり、メリット主義の原則的適用を受ける特別昇給と勤勉手当がむしろ例外的になっている。加えて、特別昇給については持ち回りの運用が、また勤勉手当については一律支給が圧倒的に多い[36]。こうしたことから、山本は、同じ試験区分で同じ学歴であればほとんど給与格差は生じないため、地方公務員の賃金管理の特徴を「平等主義」であるとする。

しかし、この特徴はある一定レベルまでにとどまる現象であると考えられる。稲継による地方公務員の年収試算によれば、都道府県において同一年齢層で部長級まで昇進できたものと課長補佐級にとどまっているものとの年収格差は五〇%以上にも及ぶ[37]。政令指定都市の場合はさらに格差が大きくなり、五六歳から五九歳の局長級の年収は、同年齢層課長級と比べて三五%の格差、同係長級に至っては八二%にも達することから、地方公務員の給与構造は役職・ランクの違いに応じて同一年齢でも相当の給与格差が生じているとする。

これは、地方自治体ではある一定レベルまでは勤続年数による昇格が行われるものの、あるレベル以降（多くは係長レベル）は査定の積み重ねによって昇格・昇進の有無が決定される「積み上げ型褒賞によるインセンティブ・メカニズム」[38]が働いているからであるということができる。稲継の試算の対象となっているのは五六歳から五九歳であり、この年齢層では部長級に達する者が出てくることから、給与格差の広がりは役職分布による面もあると考えられる。地方自治体において、全職員のなかで部長級にまで昇りつめる割合は非常に低い。例えば、後述する静岡県では全職員五八二四人中、部長級の者は九人（〇・一五%）である。これはピラミッド型の組織構造をとる限り当然の帰結でもあるが、上位職級にいくほど厳しい選抜が行われているということでもある。

したがって、ここで給与構造について整理すると、係長級まではもっぱら勤続年数と試験区分ないし学歴に基づく平等的な昇格が続くものの、それ以降は、積み上げ型褒賞によって役職にばらつきが生じてくるために、給与格差もそれなりに広がってくることになる。この転換点となる係長への昇進は採用後約一五年と、企業に比べて格段に遅い。したがって給与格差が平等的であるか否かは、キャリアのどの過程にいるかによることになるが、企業より平等的な期間が長いことは指摘できよう。すなわち、給与格差が平等的な期間が長いために、給与の上昇そのものが直接的なインセンティブとして働く力は弱い。しかし最終的な到達ポストからしてみると、結果としての給与格差は大きく名誉的地位としての意味も大きい[39]。したがって、公務員にとって最終到達ポストを含めた昇進は、最も主要なインセンティブとして作用していると考えられるのである[40]。

組織のフラット化によって階層が低くなり、ピラミッド型の構造が変化するということは、上位職のポスト数の減少を意味する。すなわち、昇進への道が実質的に閉ざされることになる。したがって地方自治体組織や公務員にとっては、インセンティブ上非常に重要な意味を持つ変化であると考えられるのである。

(3) フラット化が持つ意味
――事例分析にあたっての問題意識――

これまで述べてきたことを踏まえて、地方自治体で行われるフラット化の持つ意味という観点から、事例を分析する際の問題意識を抽出すれば以下のようになろう。

第一に、階層という組織構造が持つコントロール性と個人の関係性という点である。古典的組織理論から一貫した組織原理である分業と統合の観点からすれば、階層を低くするということは、縦の分業体制を崩すことになり、分業によって得られてきたメリットを放棄することになる。

このことを行政組織における集団作業としての意思決定過程に即してみると、いわゆる稟議制に由来する過程上の特質を変化させる要素として働くと考えられる。稟議制は、能率の低下や指導力の低下を招くとしてしばしば非難の対象とされてきたが(41)、階層を低くすることによって意思決定にかかる時間を短縮できる。しかし、機関決定はほとんど常に複数の構成員による決定の複合物であるために、最終的な決裁は階統型の権限体系によって制度的に保証されている(42)。階層が低くなるということは、このような制度的保証の精度が下がることを意味し、それだけ個々の成員に負う部分が大きくなる。稟議制が「無責任の体系(43)」と言われてきたことを裏返せば、階層を低くすることによって、意思決定に参加する成員ひとりあたりの決定に対する重要性が増すことが考えられる。

しかし、そもそも効率性を確保するための縦の分業としての意思決定が、あまりにも高階層になりすぎれば逆に効率性を阻害することになる。現在機構改革として行われるフラット化にはこの状況を改善しようという意図もあると考えられる。

また、権限と命令による組織の合理的支配という観点からみれば、階層を低くすることは、組織の統制力としてのコントロールを弱めることになる。このことは、先に述べた組織の合理性と個人の自律性というジレンマのなかで、個人の自律性により比重をおき、自律性を拡大する作用によって、成員のモラール減退を防止する意味があるようにも思われる。しかし、行政組織や公務員としての特質から自律性を考えれば、そこには代表性と自律性とのジレンマが常に待ち受けているのであり、フラット化はこの問題をより際立たせることにつながる。

また、実際の自治体の職場では、大部屋主義と職階制の不実施などによって責任と権限が曖昧であり、その点からすれば職務に関する自律性は高いものの、法的制約が課せられるため限定的な自律性であることをみた。フラット化によって個人の自律性の比重が高まるとすれば、実際の職務構造やそれに伴う権限と責任は、事例においてどのように変化しているのであろうか。

第二に、行政組織において階層の持つインセンティブシステムとしての機能に関する点である。地方自治体組織においてフラット化が進められるということは、ポスト数の減少を意味し、従来のピラミッド型構造において最も主要なインセンティブである昇進への道を実質的に閉ざすことになる。だとすれば、何らかの代替インセンティブが用意されなければ、成員のモラールは低下し、個人の自律性は担保されえない。個人には責任ないし業務だけが押し付けられるものの、インセンティブが与えられないという状況が生み出され、結果としてフラット化そのものがうまく機能しないと考えられるからである。

次章では、こうした問題意識に基づきながら、事例として静岡県の取組みを検討することにする。

5　事例：静岡県における組織フラット化の取組み(44)

(1) フラット化導入の背景

静岡県では一九九四年から「県民本位の生産性の高い行政運営のしくみづくり(45)」を基本理念とする行政改革に着手した。これは、前年の一九九三年八月に石川嘉延知事が就任したことが直接的な契機となっている。石川知事は、分権型社会の到来という時代認識と行政運営課題という視点から、次のような発言を行ってきた。いわく、「地方公共団体の自主性・自立性を高め、個性豊かで活力に満ちた地域社会の実現を図るため、国と地方を通じた行政制度が見直され、画一性を重視した中央集権型行政システムから、分権型行政システムへ転換が図られつつある。地方自治体としても、中央から提示される行財政システムに頼るのではなく、独自の組織形態、役割、組織運営について、明確なビジョンに基づく経営理念の確立に努める必要がある」[46]。

知事のこうした考えを受け、静岡県では当時民間企業が主に導入していた「リエンジニアリング」の手法を取り入れた改革が模索されはじめた。ここでいわれる「リエンジニアリング」とは、「既存事業のプロセスや執行体制を、ゼロベースから抜本的に見直し、新たな視点に立って、生産性の高い効率的な行財政運営を進める」[47]ことを意味する。

当時、県庁内にはこれまでの行政運営ないし行政改革に対する行き詰まり感があり、「今までのやり方では限界にきていた」[48]との空気があったとされる。従来の行政改革はいわゆる「ケチケチ行政や節約型行政」[49]への取組みであり、これだけを推し進めても効果はさほど期待できない。こうした庁内の空気は新しい知事の考えをきっかけに呼応し、新しい手法を大胆に取り入れる行政改革が進められることとなった。

(2) 目的志向型の行政運営

一九九八年二月、静岡県はリエンジニアリングの精神を柱とした「目的指向型行政運営システム（TOPシステム）」の構築を宣言した。このシステムの狙いは次のようなものである[50]。

- 県民にとってどのような効果があるのかという観点から施策の目的を明確にし、目的の達成度合いと必要性を確認しながら効果的な行政運営を目指す。
- 県全体の施策の優先度を確認しながら一丸となって目的の達成に取組む行政運営を目指す。
- 施策の目的とそれを実現するための業務、さらには目的達成の進捗度合いを公開することで、県民参加型の行政展開のための県民と行政との共通の土俵づくりを目指す。

TOPシステムは、①方針管理手法の導入（戦略的政策展開システム）、②施策・事業評価システムの構築と定着（業務棚卸表の活用）、③目的指向型の組織再編（組織のフラット化）を柱としている[51]。

①方針管理手法の導入……限られた人的・財政的資源を効果的・効率的に活かすためには、政策の重点化が必要

であることから、県として「どの政策を優先的に実現していくのか」という政策の形成・展開の仕組みとして、民間企業で行われている「方針管理」方式の応用・導入を行う。

②施策・事業評価システムの構築と定着……業務棚卸表を基にして、目的を照らし、担当する「施策」やそれを構成する個別の「事務事業」について、有効性や必要性などを評価し、効果的で効率的な業務の執行につなげる。

③目的指向型の組織再編……行政目的ごとに、組織を小規模な「室」として再編するとともに、中間管理職をなくして、より現場に近い人に責任を権限を移すことで、迅速な施策の展開と簡素で効率的な行政組織を目指す。

静岡県における組織のフラット化は、このような目的指向型の行政改革の一環として取組まれた。したがって、その運営にあたってはＴＯＰシステムの他の柱である方針管理と業務棚卸表が深く関わっている。

業務棚卸表とは、係が持つ施策目的を基本として、それを実現するために取組むべき仕事の内容を大小の項目に区分して記載したものである。[52]またそれぞれの項目ごとに進捗度がわかるような管理指標を定め、実績と当面の目標、その達成期限を明らかにしている。

行政の仕事は係が基本単位となっていることを前提に、係ごとに業務棚卸表を作成する。事務事業単位ではなく施策単位で評価を行い、予算よりも職員や係単位での業務遂行の内容を把握することを狙いとしている。このように係の目的を基本として業務を体系的に記述することにより、目的と手段、達成目標が明らかになり、効果的な目的達成につながると考えられる。

(3)　フラット化導入の経緯と狙い

フラット化組織は、一九九八年度から農林水産部の本庁全課（一六課一室）、総務部防災局の二課一室、および生活・文化部の文化関係三課でまず導入され、翌一一年度には本庁の知事所管部局のすべてで導入された。

フラット化組織の目的は、「人的資源を最大に効率化することにより行政の生産性の向上を図り、複雑、多様化する行政需要に的確に対応できる組織を構築する」[53]ことであるとされ、具体的に次の四点があげられている。

①目的指向型行政運営への転換を図る組織体制を整備
②積極的な権限委譲による行政運営の迅速性、柔軟性の向上
③組織全体のパワーアップ（中間管理職の廃止に伴う総戦力化）
④職員の能力を最大限に活用、モラールアップ

この目的が設定された背景には、従来の組織構造に起因する様々な問題の存在が認識されていたことがある。第一に、規模の肥大化があげられる。知事部局の課の職員数は、フラット化導入以前では全体の四分の一が三〇人以上の課であり、最大では五五人にも達していた。この理由としては、いったん組織ができるとその存続が目的化されて「課を守ろうとする動き[54]」が起こるからだと考えられる。「廃止は『行政の後退』との意見もあって、強い抵抗にあう。その結果、組織は残り、職員定数の変更、再配置だけが行われ、アンバランスな組織を生んできた[55]」といえる。肥大化した組織では多数の案件を同時に抱えることになり、意思決定に時間がかかりすぎることや、責任や権限を不明確にするという弊害を生んでいた。

第二に、従来の課には様々な目的が混在しており、効率的な業務遂行の妨げとなっていたことがあげられる。省庁に準拠した分野別の縦割り組織をとっていたために、複数の部や課で類似した目的を持つケースがみられた。これは業務棚卸表を実施する過程で明らかになってきたことであるとされる。こうした多様な目的の混在が、課の効率性と迅速な対応を阻害しているとされ、目的別に組織を再編すべきとの方向に向かった。

第三に、組織の硬直化がある。時代の変化に応じて行政需要も変化するとの考えにたてば、係の目的も少しずつ変化しているはずなのに、課として固定化されていたために組織の見直しができていなかったとされる。「(係の目的が動いているはずなのに) 心構えが変わらないのでいつまでたっても仕事の見直しをしない。課としての目的が変わらない。例えば施設係なら施設を作ることが目的になってしまっていたら、何のために作るのかということが見えていなかった[56]」のである。そのため、業務遂行のための最小単位として係を定め、係の持つ業務の目的を業務棚卸表で明確にしたうえで、従来の課よりも小規模な室として目的別にまとめる形となった。

フラット化組織の導入にあたっては、何よりもまず職員の理解が必要であるとの認識から、事前の説明と研修が徹底的に行われた。フラット化とは、新しい行政改革の理念である「生産性」や「目的意識」に即した組織構造と制度の改正であるという点について理解してもらうことが重要だったとされる。「リエンジニアリングの考え方」や「業務棚卸表の手法」などについて、学識経験者を講師とした講義形式や面談方式など多岐に渡る方法での研修が行われた。

この研修の特徴としては、従来の公務員を対象とした研修での一種のルールを破る手法がとられたことがあげられる。一般的な公務員研修は階層別研修となっているが、この研修では上司の課長と部下である主幹や係長が一緒に受講したり、研修発表においても、知事以下幹部職員の前で課長が発表するのを部下である主幹や係長が聞くというふうに、職位階層の異なる職員が同じ課題に取組んだ。また、通常の業務ではトップへの報告は上司を必ず通し意向を確認することになっているが、この研修では課長自身の判断で作成した企画書を、そのまま幹部の前で発表する手法がとられた。

（4）　組織の構成と役割に関する変更点

フラット化により課組織が廃止され、代わりに概ね目的別となるような小規模な室が設置されたことにより、各組織構成の役割は以下のように変更された。

①「課」を大括りにして「総室」を設置……施策の類似性・共通性に基づく既存知識の見直し、縦割り組織の弊害を排除できる大括りの組織、部長から総室長への権限委譲、業務の繁閑に応じた柔軟な人員配置。

②迅速な意思決定を可能とする「室」を設置……権限と責任をより現場に近づける組織への転換、中間管理職の廃職による迅速な意思決定。

③組織の基本単位としての「係」・「スタッフ」……業務棚卸表による目的指向型行政運営の基本単位。行政目的を明確にし、成果指標および目標値を設定、人的・財政的資源の最大効率化を推進。

庁内の組織構成と数の変化は**表4-1**のとおりである。従前の課の数に比べて、小規模化された室数が倍以上に増えることになった。フラット化移行期である一九九八年度時点では、課の平均職員数が二二・一人であるのに対し、室の

表4-1　組織フラット化による課（室）数の変化

年度	本　庁				
	部局	従来組織		フラット組織	
		課	室	総室	室
H8年度	16	100	15	—	—
H9年度	16	100	14	—	—
H10年度	15	80	11	7	53
H11年度	15	18	3	36	209
H12年度	15	4	1	39	226
H13年度	15	4	1	39	228

（出所）　静岡県行政改革室資料『行財政改革のこれまでの取組』2001年より.

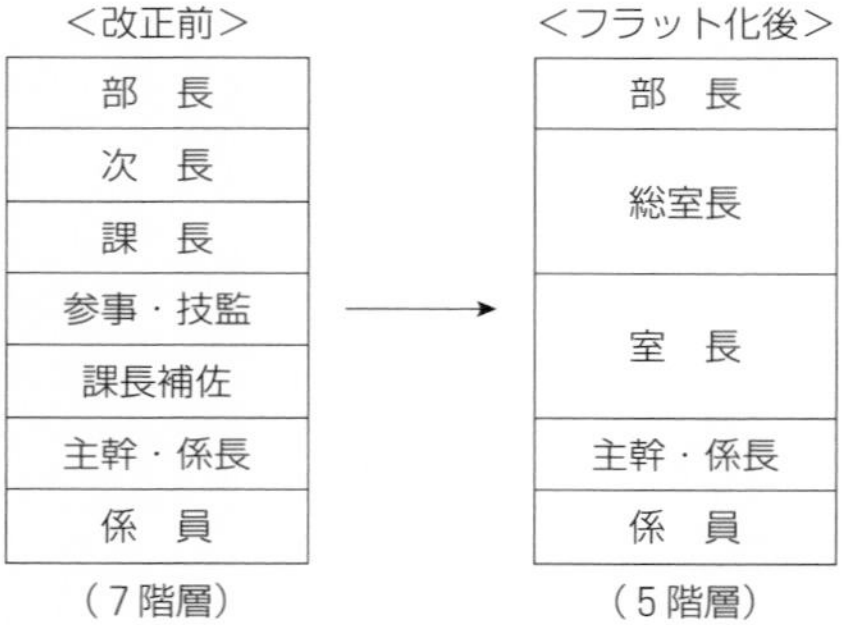

図4-1　職位階層の変化

中には係が一ないし二しか含まれないため、室の平均職員数は九・八人となっている[57]。

また、組織の構成変更に伴って職位階層と事務処理の流れも変更された。**図4-1**のように、これまでの中間職であった「課長補佐」「参事・技監」「部次長」を廃止し、新しい組織構造に対応して総室長と室長という職位を設けた。これにより、基本的業務を執行する権限が課長から室長にうつされることによって決裁は五段階から三段階に、部長の権限のうち業務執行に関する権限が部長から総室長にうつされることで決裁は七段階から四段階に簡略化された。

さらに、新たな職に就任できる級の幅を広げ、室長には課長級、出先次長級、課長補佐級が、総室長には部次長級、課長級が就任できるようにした。このことと、室数が従来の課数に比べて倍以上に増えたことによるポスト数の増加により、補佐職として滞留しがちであった人員を室長として処遇できることになったといえる。

こうした改革手法には、人材育成という狙いも含まれていたとされる。従来の組織構造と人事制度では課長補佐職に二年程度とどまるのが通常であったが、この間補佐職は意思決定および決裁の権限がないために実質的には「ねてしまう」[58]職だったそうである。この期間を課長職へのステップアップとしての研修期間ともみなせるが、これではキャリア形成という点で非常に無駄が生じる。そこでもう少しキャリアを詰める方法はないかと考えられたのである。

また、課長職における問題点としては、その滞在期間の短さが指摘されていた。平均的な滞在期間は一年から長くて二年程度であったため、仕事に対する責任という点で問題があったという。その理由としては、課長就任時の年齢の高さにある。この時点で既に五〇歳前後に達しているため、さらに部長など上を目指していくためには慣例的に踏んでいくべきとされているポストが多数待ち構えている格好になり、「優秀な人はゆっくりしている時間がない」[59]状態に陥ってしまうのである。こうした人事上の問題点を解決するためにもフラット化が考案されたという。室の数を課の倍以上に増やし、ここに課長補佐級と課長級をともに処遇することで、職への滞在期間を長くしようという狙いがある。腰を落ち着けて業務に専念できる環境構築と同時に、若手職員の室長登用を可能にしようとする狙いもあったといえる。

(5)　給与制度上の変更点

静岡県では一九九九年度から、課長級以上の全職員を対象として勤務成績評価制度を導入している。これには、昇任、昇給、勤勉手当等において職員の公平・公正な処遇や能力開発、人材の有効活用を実現する狙いがある。

評価制度の特徴として、以下の四点があげられている。[60]

①評価基準を行動例文として示し、職員の具体的な管理行動等を評価する
②評価に分布制限を設けない絶対評価とする
③評価の出発点に被評価者自身が行う自己評価を行う
④評価結果を被評価者本人にフィードバックさせる

評価は五月下旬および一一月下旬の年二回行い、それぞれの評価結果は六月と一二月の勤勉手当の成績率に反映され

表４－２　勤務成績評価制度における評価者

被評価者	１次評価者	２次評価者
室長，統括監，課長等	総室長，次長	部局長
出先所長（課長級）	総室長，次長	部局長
出先副所長等	所　長	部局長
総室長，次長，部参事等	部局長	—
出先所長（部次長級以上）	部局長	—
部局長，県理事	副知事，出納長	—

る。また、昇給、昇任、人事配置等の人事管理の基礎資料としても活用されることになっている。

(1)　評価対象者

特定幹部職員（管理職手当二〇％以上の支給対象者）三六五人（二〇〇〇年一二月現在）

但し大学教員、病院医師等を除く。

(2)　評価者

基本としては二次評価まで行い、一次評価は直属の上司が担当する。

(3)　評価基準

八項目×各一〇例文＝八〇の管理行動に関する評価例文について、五段階の絶対評価を行う。管理行動の項目として①目標管理行動、②業務革新行動、③政策判断行動、④政策調整行動、⑤情報管理行動、⑥組織管理行動、⑦部下育成管理行動、⑧知識、技術の獲得がある（但し、部局長の評価項目は①から④の四項目）。

(4)　評価事務の流れ

• 期首…一次評価者が被評価者の意見を参考に個別評価例文ごとのウェイトづけを行う。

• 期末…被評価者は自己評価を行い１次評価者へ提出→一次評価者による評価→二次評価者が一次評価者とのヒアリングのうえ二次評価。

(5)　評価結果の活用

五月、一一月の評価結果は、直後の勤勉手当の成績率へ表４－３のような目安のもと

表4－3　勤勉手当における総合評点と成績率の目安
（2000年12月実施分より）

総合評点	評　価		適用する成績率の目安		
50点≧総合評点≧45点	特に優秀	A	原則として	95/100	（0.95月）
45点＞総合評点＞40点	優秀	B	原則として	85/100	（0.85月）
40点＞総合評点≧25点	良好	C	原則として	75/100	（0.75月）
25点＞総合評点	劣る	D	74/100以下		（0.74月以下）

に反映される。

以上のような評価制度の導入にあたっては、事前の制度説明と研修が数度にわたって行われた。一九九九年八月には主管総室長会議を開催して制度説明、同年九月には総室長を対象とした評価者研修会が行われた。翌二〇〇〇年一月には評価制度全般にかかるアンケート調査を実施、四月には新任幹部職員への制度説明、そして一〇月には幹部職員全員を対象とした評価者研修会が行われた。

(6)　職場における変化

各職場での実際の業務遂行にあたっては、フラット化によって意思決定の単位が小さくなったことから、「現場で判断しろ」という雰囲気や「担当が判断しろ」という空気が生まれてきているということである。

しかし、このことは起案に際して担当者がまったく独自に判断できるようになったことを意味するわけではなく、実質的には、担当者が起案書を作成する際に直接室長の考え方を聞けるようになったことが大きく関係していると考えられる。以前は、担当者が起案したものが順次回覧される過程で、起案書に不明な点があれば、課長補佐や場合によっては課長のところへ担当者が呼ばれて説明するのが一般的であった。しかし、室の構成人数が減り、机の配置としても担当と室長の距離が近くなったことから、以前は書類で回していたようなことでも口頭で説明するなど、起案書を書く時点で担当者と室長が直接話し合う場面が増えているということである。

職務環境としては、以前は課ごとにフロアをパーテーションで仕切っていたのが、フラット化の導入とともにそれが取り払われた。これによって、以前は課が違えば日常的にはほとんど関わりがない状態だったのが、今は職員間のつきあいの壁がなくなったように感じられるとい

表4－4　フラット化室長の職位構成（2000年3月現在）

	課長級	出先次長級	課長補佐級	計
職員数	100人	22人	87人	209人
構成比	47.8%	10.5%	41.6%	100.0%

表4－5　課室長のうち50歳未満の職員数比較
（2000年3月現在）

区　分	1998年度	1999年度	増　減
課長級	4人	4人	—
出先次長級	1人	3人	+2人
課長補佐級	3人	23人	+20人
計	8人	30人	+22人

うことである。[61]

室長の職務としては、基本的業務を執行する権限が課長から室長に移されたことに伴って、議会答弁や対外的な交渉も室長が担当するようになった。[62] このことと、補佐職がなくなったことで課長職までの勉強期間がなくなり、室長の業務と負担が増加したため、室長が「かなり勉強している」状況にあるという。

（7）フラット化による効果と課題

フラット化移行により現れた効果として、同県総務部行政改革室では次の点をあげている。

- 目的ごとの組織再編により……明確な目的をもって業務に取組むことができる。目的と成果の明確化。
- 小規模な組織（室）を基本とした再編により……きめ細かな判断、指示ができる。室業務全般の把握、専門性の向上。
- 中間管理職の削減により……人員削減とともに実務への戦力化ができる。責任の所在が明確になる。
- 職位階層のフラット化により……実務者への権限委譲および決裁ルートが短縮され、迅速な意思決定ができる。基本的業務の責任者である室長に若手の登用が可能になる（表4－4、4－5参照）。従来の課長権限を持つ課長補佐級の室長登用など、若手職員へのインセンティブになる。同一職の在任期間の長期化が図られる。

しかしこうした効果と同時に、いくつかの課題も指摘されはじめている。小規模な組織（室）を基本とした再編が行われたが、実際には一つの室で完結しない業務が多く、室間の調整機会が増加している。「課の中に係があったときは調整でも気にならなかったが、室として小さく分かれると縦割り意識が（逆に）強くなってきた[63]」のである。

さらに、組織細分化による弊害として新規業務への対応ができにくくなった点があげられる。係と係の間の仕事が、昔は課の名前や目的があいまいだったため、課内で対応することが可能だったが、フラット化によって係や室の名前と目的がはっきりしたために、新しい分野や取組などの業務が「係と係の間に落ちてしまう」状況を生み出している。それを拾うのは総室長の役目であり、マネージャー的役割が期待されているのだが、室長から総室長の距離が遠くなってしまったために情報が入りにくく、現場の把握は難しい状況にあるとのことである。

組織が細分化されたことで、市町村にとっては窓口がわかりにくくなっていることもあげられる。市町村が県に対して要望する補助金のメニューによっては五、六室を通さないといけないケースも生まれている。また、市町村の立場からすれば、こうして要望先が多岐に渡るにもかかわらず、室間の調整をしてくれる部署がない。特に新しい分野での施策事業についてこうしたことが起こっているという。補助金申請についても、昔は一つの課でまかなえたものが、今はそれに関わった室の数だけの印鑑が必要になり、結果として逆に多くの印鑑を必要とすることになってしまっている。一つの室内での意思決定が速くなった反面、複数の室にまたがる業務においてはこのような調整の手間と印鑑が増えていることになる。

6　事例の分析と考察
――むすびにかえて――

以上の事例から明らかになった変化について、組織目的達成と運営に関わるフォーマル組織――達成すべき目標、構成員が従うと期待されている規則、組織構成員の役割体系の変化という点に着目して整理すれば次のようになろう。

まず意思決定に関する規則の変化としては、意思決定単位が課から室へと小さくなったことにより、権限が課長から室長に大きく移されている。これにより決裁ルートが短縮され、意思決定にかかるスピードが向上したため、この点では業務の効率化が進められたといえる。

業務執行に関わる規則としての職務内容については、担当の係員レベルでは特に具体的な職務内容の変更があったわけではない。どちらかといえば係や担当に固有の業務が存在するため、[64]これを基礎として組織が組みかえられている。

静岡県における組織のフラット化とは、いわゆる文鎮型などのような完全なフラットの形態をとっていない。イメージとしては、目的別に細分化された室が小さな三角錐を構成し、それが多数集まって総室という枠で大きく括られているという形になる。したがって、従来の課単位であった三角錐を分解もしくは間を取り去り、高さを低くサイズを小さくした格好になる。この理由として、行政組織たる県では各係の業務は普遍的な色合いが強いものが多いため、「係をなくすような完全なフラット化はできない[65]」とされるからである。このことは、係を基本とした役割体系が、自治体では容易には崩せないことを意味していると考えられる。

室長の職務内容としては、本来の業務に加えて、従来の課長補佐がこなしていた業務や議会での答弁という業務が増えたため、責任感と同時に負担も増している傾向にある。また、一般の係員には決裁上の権限はないものの、起案に関する発言権という観点では、起案者と室長の意思決定上の距離が縮まったことにより、室長の考えが聞きやすくなったとされる。また、中間職への説明等がなくなったため効率の向上にもつながっている。

行政組織である地方自治体組織の達成すべき目標は、無論、公共の利益の実現にあるが、実務に引き付けてその定義を行うことは非常に難しい。公共の利益を実現する価値は複数あるうえに、政策実施の場面ではそれらの価値間で常に何らかの葛藤が起こりうるからである。したがって個々の職員のレベルでは、業務執行にあたっての組織目標が多義的になる可能性が高いといえる。

この点に関わる変化として、静岡県の事例では、業務棚卸表による目的認識があげられる。これによって業務遂行の方法とその発想は大きく変わったとされる。業務棚卸表により、何のためにこの仕事をするのかまずそれをきちんとつめ、仕事の目的と優先順位を明らかにする方法が定着しつつある。従来は「仕事をやることが目的だった」面もあったそうだが、一連の行政改革の取組と業務棚卸表の導入で、職員の間で何よりも目的意識が浸透したことが一番の変化だという。業務の必要性、施策への資源投入の意義などを常に意識するようになった結果、業務に対する責任意識と自発性が高まってきたとされる。また、従来のやり方を変えて自発性を引き出すきっかけは、研修の方法にも仕掛けられていたといえる。このように今までは明確にされていなかった個々人の職務内容とその目的が、業務棚卸表とその公開によって、本人にも庁内および対外的にも明確に認識されることになった。

組織構成員の役割体系ないし規則としての人事制度では、室長のポストを増やしたことにより若手の登用を可能にし、一定のインセンティブ効果を狙う手法がとられている。しかし従来課長であった者も室長という幅の広いステップに吸収されることになり、降格にはあたらないものの、従来の昇進コースに慣れていた職員にはモラールの低下も懸念されている。

給与の面では、勤務成績評価制度を導入し勤勉手当等に反映させることで、「頑張っている人が評価される仕組み」[66]としてのインセンティブ効果が期待されている。しかしこの導入はまだ課長級以上にとどまっており、今後の一般職員への導入は未定である。その理由として、一般職員に対してはまず異動制度と研修制度を見直すことが先ではないかということがいわれている。また、行政という業務の特質上、業務の重要性が必ずしも単年度の成果や数値という形で現れない部署もあるとされ、業績給の導入はその部分をよく考慮したうえでないと不可能であるとされるからである。

それでは、こうした組織構造の変化であるフラット化に対して、現時点での一定の評価を与えるとすればどうなるであろうか。少々奢った言い方になるかもしれないが、今後の展望と合わせて、先に述べた問題意識に即して最後に論じてみたい。

まず、階層という組織構造が持つコントロール性と個人の関係性という視点に立てば、効率性を阻害していた高階層が低くなったことで、一定の業務効率の向上にはつながっている。また、意思決定単位が小さくなったことで、起案書の作成に際して一般の担当職員が参加する度合いや重要性が増していることや、室長の職務内容が増加しかつ多様化するなど、それぞれの職務に関する責任や権限も増加している。さらに静岡県の場合は、フラット化に伴って導入された業務棚卸表によって、従来は必ずしも明確でなかった職務内容とその目的がはっきりと認識されるようになった。こうした規則や役割体系の変化からみれば、個人の職務における自律性はある程度高まっているということができる。

しかし、自治体行政の現実の職務と執行という観点からすれば、権限が新たに与えられることはそれだけ業務が増えることを意味する。これは、従来の多くの地方自治体においては「政策」という観点ではなく、もっぱら政策課題を解決するために採られる具体的な活動内容としての「事業」を中心に思考が展開され、「事業を実施することが最大の仕事と考えられがちだった」(67)ことと深く関係する。事業実施が主たる職務内容とされ、かつその内容も既存の継続的な事業が前提とされることが多いため、おのずと職務はルーティン的性格が強いものとなる。したがって新たな権限が付与されるということは、行使できる影響力が拡大し裁量性が高まるというよりは、むしろ新たな業務が権限とセットになって課されることになり、個人の負担感が増すことも考えられるのである。事実、事例においても室長レベルでは業務の負担感が増している傾向にあるとされていたことから、今後改善されるべき点であろう。

静岡県での取り組みが完全なフラット型の組織構造を採らなかった（採れなかった）ことは、代表性と自律性のジレンマの存在を浮き立たせているともいえる。県での業務はおよそ係が一つの単位となって、住民や市町村に相対している。もし完全なフラット化によってこの係がなくなれば、各担当者は個別に住民や市町村と向き合うことになり、公共性の確保がまったく個々人の判断や対応に任されることになってしまう。行政組織や公務員には、国民に代わって公共目的を実現する活動を代行する任務が課せられている以上、集合的営為の結果に対する責任の所在を明らかにし、またその責任を確保する意味で社会による民主的統制に服さなければならない。したがって片岡のいうように、ヒエラルキー的権威による活動の統率が避けられないとすれば、静岡県でのフラット化の取り組みは、代表性と自律性のジレンマの間に生まれた折衷案とみることもできよう。

完全なフラット型の構造を採れなかったことは、行政組織の構造をとらえる上でもう一つの問題点を明らかにしているように思われる。行政組織、とりわけ地方自治体は業務の執行という観点からすれば、一つの組織内で完結する業務は非常に少ない。いうなれば自治体組織は非常に経路依存性、文脈依存性の高い組織なのであり、部・課・係といった体制は、法や一連の業務（政策）の流れのなかで、機関間の手続に応じた形でつくられている。したがって中央や市町村などの他組織、法や業務執行の仕組みが従来のままで、ある一つの組織だけが単独で大幅に構造を変え、住民や市町村、中央と相対していくことには少なからず限界があるのではないだろうか。

第二の視点である、階層の持つインセンティブシステムとしての機能に関する点からみれば、事例では室長のポストを増やして若手の登用を可能にし、給与面でも勤勉手当を業績給としていくなどの取り組みはなされていた。しかし、勤勉手当によって差がつく額はごくわずかであり、昇進に代わるほどのインセンティブとして十分な機能を果たすのかどうかは疑問の残るところである。給与制度は基本的に条例で決定されており、職制と密接に関わり合っていることから、急速な変化は難しく限界もあるといえる。

結果として、フラット化によってもたらされたインセンティブに関わる変化はポストの減少だけとなり、昇進という地方自治体の公務員にとって最も主要なインセンティブが奪われる形となっている。何らかの代替インセンティブが用意されなければ、モラールの減退は避けられない。行政組織の構造改革では、とかく業務の効率化や改善といったことがもっぱら議論され、こうしたインセンティブの問題は同じ所で議論されてこなかったように思われる。真に組織のフラット化を機能させようとするならば、昇進に代わりうる代替インセンティブが付与されることが必須であるといえよう。

自治体組織内における職務構造は階層構造として具現化され、組織内分業のルールとして、またコントロールの概念と結びついて組織的合理性を高める機能を持つ。一方で、この階層構造は組織内のインセンティブシステムとして、給与や人事管理といった組織内下位システムが輻輳的に構成しているものでもある。したがって、こうした組織内下位システムの相互補完性を無視し、職務構造と切り離した構造改革を実施することは非常に危険であると言わざるを得ない。

行政組織におけるインセンティブの問題は、さらに、先述のジレンマとの関係において一つの可能性を秘めているとも考えられる。なぜなら、インセンティブには自律性を担保する働きがあると考えられるからである。行政サービスの供給主体たるストリート・レベルの官僚を組織管理の枠のなかに収める方法として、田尾は、直接の管理的な介入に加えて、間接的な介入としての職員研修や公務員倫理の働きを主張している(68)。これは、ある意味で組織の合理性と個人の自律性、そして代表性と自律性というジレンマを緩和する手法として作用するとも考えられる。しかし、公務員にとって行政組織はあくまでも職場であり、そこでいきいきと働くためにも、これらのジレンマを緩和させる可能性があると考えられるインセンティブの問題も同時に扱う必要があるのではないだろうか。

静岡県での取り組みは、先進的事例として実験的な意味合いを持ち、今後自治体でフラット化がどこまで進められるかについて一定の示唆を与えてくれる。行政組織の階層構造が不動かつ所与のものではないという意識を職員の間に生んだことにも、ある程度の意味があるといえよう。しかし、組織の合理性と個人の自律性、代表性と個人の自律性というジレンマは常に存在し、加えてインセンティブの問題が何らかの形で解決されない限り、その実効性には疑問がつきまとう。これは民間企業での取り組みや仕組みをそのまま行政に取り入れることの限界と、それに対する警鐘という意味を含んでいる。今後、こうした問題が解決されていかなければ、フラット化は真に機能せずに終わってしまう。そうすれば、従来の階層的組織構造への揺り戻しが起こることも十分に考えられるのである。静岡県だけでなく、他の多くの自治体での一種流行的なフラット化への取り組みも、こうした可能性を含んでいるといえるのではないだろうか。

注

（1）岩手県公式ＨＰ『行政システム改革の内容』より。http://www.pref.iwate.jp（二〇〇一年三月現在）
（2）福井県公式ＨＰより。http://info.pref.fukui.jp（二〇〇一年三月現在）
（3）『福井県第三回行政改革推進委員会概要』（二〇〇〇年八月二八日開催）より。http://info.pref.fukui.jp/jinji/kyougi3.html
（4）グループ制あるいはフラット化を導入している複数の自治体に対する筆者のヒアリング調査では、グループ制は概ね従来の係に代わるものとして、あるいはさらに大括り化したものとして設置されており、業務の繁忙に応じて人員の弾力的な活用を主な狙いとするものである。また、フラット化は中間管理職を削減することで階層を低くし、迅速な意思決定と人員余剰の処遇ないしは人件費削減を主な狙いとしていると思われる。しかしこの二つの言葉がほぼ同義的に使用されていることも多く、自治体によってその含意するところも様々であるため、必ずしも厳密な区別がなされているわけではないといえる。
（5）企業組織のフラット化については横田絵里『フラット化組織の管理と心理』慶應義塾大学出版会、一九九八年などを参照。
（6）塩原勉「組織研究と社会学」『組織科学』第一四巻第一号、一九八〇年、一四ページ。
（7）宇都宮深志・新川達郎編『行政と執行の理論』東海大学出版会、一九九一年、四七ページ。
（8）中條秀治『組織の概念』文眞堂、一九九八年。
（9）P. M. Blau and W. R. Scott, *Formal Organizations*, Chandler Publishing, 1962（橋本真・野崎治男訳『組織の理論と現実』ミネルヴァ書房、一九六六年、二二ページ）.

(10) 渓内謙・阿利莫二・井出嘉憲・西尾勝編『現代行政の官僚制（上）』東京大学出版会、一九七四年、八一ページ。
(11) 同上、二五ページ。
(12) 西尾勝「政策形成とコミュニケーション」『講座現代の社会とコミュニケーション第四巻　情報と政治』東京大学出版会、一九七四年。
(13) 渓内・阿利・井出・西尾前掲書、三三ページ。
(14) ウェーバーの理念型による概念構成に対する多数の議論についてここでは立ち入らないが、ウェーバー理解において「誤解ないし無理解」があるとする今村の議論は示唆的である。純粋な理念型として描かれる官僚制はあくまでも「社会学的類型学」のうえでのことにすぎず、理解にあたって肝要なことは「一切の組織原理が流動的であり相互移行的」であることであり、合理的官僚制において「形式的合理性」と「実質的合理性」とが不可避的に葛藤する傾向を指摘する。今村都南雄『組織と行政』東京大学出版会、一九七八年参照。
(15) 齋藤美雄『官僚制組織論』白桃書房、一九八〇年、一二二ページ。
(16) M. Weber, *Soziologie der Herrschaft*（世良晃志郎訳『支配の社会学』創文社、一九六〇年）参照。
(17) 伊藤善朗『予算統制システム』同文舘、一九九三年、一六ページ。
(18) P. M. Blau, *Bureaucracy in Modern Society*, Random House, 1956（阿利莫二訳『現代社会の官僚制』岩波書店、一九五八年、二五ページ）.
(19) Blau and Scott 前掲書。
(20) 齋藤前掲書、一六八―一七〇ページ。
(21) A. Downs, *Inside Bureaucracy*, Little, Brown and Co., 1967（渡辺保男訳『官僚制の解剖』サイマル出版、一九七五年）.
(22) 片岡寛光『行政の理論二　行政の構造』早稲田大学出版部、一九九二年、二三〇ページ。
(23) 水口憲人「組織論の一動向」『法学雑誌』第二二巻第二号、大阪市立大学法学会、一九七五年、一八四ページ。
(24) 伊藤大一「公務員の行動様式」『行政学講座第四巻行政と組織』東京大学出版会、一九七六年。
(25) 森田朗「法治行政と裁量行為」『講座行政学』第六巻、有斐閣、一九九五年。
(26) 大森彌編『二一世紀の地方自治戦略九巻　行政管理と人材開発』ぎょうせい、一九九三年、三六六ページ。
(27) 大河内繁男「職員の異動と能力開発」『講座行政学』第五巻、有斐閣、一九九四年、二六〇ページ。
(28) 大森彌『自治体行政学入門』良書普及会、一九八七年、三〇ページ。
(29) 田中豊治・日置弘一郎・田尾雅夫『地方行政組織変革の展望』学文社、一九八九年。

(30) 日本企業における昇進ルールについては今田幸子・平田周一『ホワイトカラーの昇進構造』日本労働研究機構、一九九五年などを参照。
(31) 稲継裕昭『日本の官僚人事システム』東洋経済新報社、一九九六年、一三五ページ。稲継は地方自治研究資料センターが一九八五年に行った調査結果に依っている。地方自治研究資料センター『管理職の選抜(登用)及び養成に関する研究報告書』一九八五年参照。
(32) 山本清『政府部門の業績主義人事管理』多賀出版、一九九七年、七九ページ。
(33) 日本労働研究機構『国際比較:大卒ホワイトカラーの人材開発・雇用システム――日・米・独の大企業(二)アンケート調査編――』調査研究報告書第一〇一号、一九九八年。
(34) 山本前掲書、一二五ページ。山本は公平理論と期待理論を一体化したSummers and Hendrixのモデルを修正し、仕事に対する満足度とその規定要因との関係をリッカート尺度などにより数値化して回帰分析を行っている。
(35) 同上。
(36) 山本の調査結果より、勤勉手当の運用状況について一律支給であるのは都道府県で六五・〇%、政令指定都市で八八・九%にものぼっている。同上、八五ページ。
(37) 稲継前掲書、一二〇ページ。稲継は自治省の「地方公務員給与の実態」調査結果から一九九三年四月一日現在の数値に基づいて試算を行っている。
(38) 同上、一二一ページ。
(39) 伊藤は行政職員の昇進への関心の強さを指摘するなかで、その理由を「選択した職業内部の移動・昇進のいかんによって階層帰属が決まる」といった面が強い点にあるとする。渓内・阿利・井出・西尾前掲書、一四九ページ。
(40) 但し、山本が行ったA県の係長に対するアンケート調査の結果によれば、全回答者一六〇人中、昇進したいとする者は六八・一%であった。また、昇進を望まない者に対してどの程度の給与増があれば昇進してよいかとの問いには、三割以上とした者が六割を超えている。このことから、昇進志向が低い層(全体の三割)にとっては、現行の給与および昇進構造のなかでの昇進は必ずしもモチベーションの向上にはつながらないとしている。山本前掲書、一一三ページ参照。
(41) 辻清明『新版日本官僚制の研究』東京大学出版会、一九六九年。
(42) 渓内・阿利・井出・西尾前掲書。
(43) 辻前掲書、一五八ページ。
(44) 静岡県は、全国に先駆けて組織のフラット化を導入した自治体である。一九九八年度から農林水産部の本庁全課など一部で導入を開始し、一九九九年度からは本庁の知事所管部局すべてで実施されている。したがって、新しい構造と仕組みの定着が最も進んでいると思われることから、調査にご協力をお願いした。同県の概要として、一九九九年国勢調査人口は三七七万六〇〇〇人、二〇〇〇年度当初予算は一兆三二二〇億円（前年度当初比二・二％減、全国一一位）である。また、一九九九年度の県職員数は六六六九人（一般行政部門のうち派遣職員を除いた数）となっている。静岡県公式ＨＰより。http://www.pref.shizuoka.jp（二〇〇一年三月現在）。

(45) 『月刊晨』第一九巻第六号、二〇〇〇年。

(46) 財団法人自治研修協会編『新しい自治体経営手法の取組』二〇〇〇年、一七ページ。

(47) 静岡県編『地方分権への道標』ぎょうせい、一九九九年、二一〇ページ。

(48) 筆者による静岡県総務部行政改革室へのヒアリングによる。二〇〇一年三月実施。

(49) 静岡県前掲書、二一三ページ。

(50) 財団法人自治研修協会前掲書。

(51) 静岡県資料より。

(52) 業務棚卸表は静岡県公式ＨＰで公開されている。

(53) 静岡県記者発表資料『平成一一年度の組織改正等について』、一九九九年二月一〇日付。

(54) 静岡県総務部行政改革室へのヒアリングによる。

(55) 静岡県前掲書、二二二ページ。

(56) 静岡県総務部行政改革室へのヒアリングによる。

(57) 財団法人自治研修協会前掲書。

(58) 静岡県総務部行政改革室へのヒアリングによる。

(59) 同上。

(60) 静岡県資料（制度企画室）より。

(61) しかし、この後で述べるように、組織の細分化による弊害として調整機会が増加し、縦割り意識が逆に強くなってきていると認識されていることから考えれば、非公式なつきあいのレベルでは壁がなくなったが、業務の面では職場環境の変化はセクショナリズムの緩和には作用していないと思われる。

(62) 本題からは少し逸れるが、室長が議会答弁者となったことで、課長が担当していた頃に比べてその数が膨大に増え、「議場がとても狭く感じる」のだそうである。

(63) 静岡県総務部行政改革室へのヒアリングによる。
(64) ここでいう「担当に固有の業務」とは、個々の担当者の職務内容が文章化されるなど明確に定められていたという意味ではなく、あくまでも暗黙的に係の中で固有になっていたという意味である。
(65) 静岡県総務部行政改革室へのヒアリングによる。
(66) 同上。
(67) 真山達志『政策形成の本質』成文堂、二〇〇一年、五一ページ。
(68) 田尾雅夫「第一線職員の行動様式」『講座行政学』第五巻、有斐閣、一九九四年、二〇八―二〇九ページ。

第5章　内部組織の役割変容と機構改革

はじめに

地方自治体という組織体は、場所的構成要素としての一定の区域、人的構成要素としての住民、制度的構成要素としての法人格と自治権という三つの構成要素から成り立っている。その区域内の住民に対して国から認められた範囲で統治権を持ち、地域における住民の福祉の増進のための活動を行うことを目的とする。国家の統治構造の一環をなすものであると同時に、独立した法人格を有しており、自らの意思と責任の下に活動を行うものである。また地方自治法第一条の二第一項には、「地域における行政を自主的かつ総合的に実施する役割を広く担う」とあり、これは自治体が行政の事務を行う際、企画・立案から選択、調整、管理・執行などを、自らの判断と責任に基づいて、各行政分野間の調和と調整を確保しつつ一貫して処理することを意味している(1)。

このように、自治体は行政事務全般について自己決定と自己責任を原則として行う一方で、その内部組織は国―都道府県―市町村という、政策にかかる政府体系の中に位置づけられており、一つの組織体としての運営ないし経営は複層的にならざるを得ない。

こうしたことを前提として、本章では、自治体内の一部局である福祉担当部門が、個別政策領域における役割ないし機能変容の要請に対し、自治体が行う機構改革のなかでそれにどのように対応していったのかということを通して、自治体部門組織の組織構造と求められる役割及び組織運営の関係性について考察を加えていく。

近時、地方行革の一環として組織機構改革が盛んである。各自治体によって狙いとするところは組織効率、意思決定の迅速化、住民に対するわかりやすさなど多様であるが、機構改革には自治体全体としての方向性や理念を表現する意味合いも含まれるところから、各部局はこうした理念に基づいた構造変化の要請に応じる必要がある。しかし、仮に個別の政策分野における業務特質や特定の課題など、個々の部門のミクロな内部管理にひきつけた議論が十分なされなければ、新しい組織構造の導入は理念先行的なものとなってしまう恐れがあるといえよう。

一方、ここ一〇年から二〇年の間で政策変容や制度改革が頻繁に起こった分野の一つとして福祉行政があげられる。とりわけ一九九〇年代以降一貫した市町村重視の傾向のもと、数々の権限が福祉サービスの供給主体としての市町村に移譲された。そのなかにあって、都道府県に求められる役割は調整や支援などに変容し、組織的機能としては保健と福祉の連携が必要とされてきた。都道府県の福祉担当部門は、個別政策分野からのこうした役割ないし機能変容の要請をも受け入れる必要があったといえよう。

自治体内の一部局を主体として考えれば、当然のことながらそれは地方自治体を構成する内部組織であると同時に、個別政策領域における国―県―市町村という政府体系における一つの組織としても位置づけられる。したがって、求められる役割や機能、組織構造といったものが双方の立場においてそれぞれ存在し、一部局のなかでそれらがいわば交錯する状態にあると考えられる。すなわち政策変容や機構改革などの場面では、双方の文脈からの役割や構造の変容という要請に対し、部局はうまく折り合いをつけて組織を運営していかなければならないといえよう。このことは、組織間関係における組織編成と管理の問題でもある。つまり上位制度に埋め込まれた存在としての地方自治体組織においては、組織周辺他組織およびそれらとの関係性という組織外部の変化が、組織内下位システムないし組織内ルールとしての職務分担や管理に影響を及ぼすため、自治体組織はそれへの対応を迫られることになる。

以下ではこのような観点から、県レベルの福祉担当部門に焦点をあて、まず政策分野における役割変容の要請をみたうえで、機構改革のなかでその応答の具現化がどのようになされたのか、その結果組織運営上どのような課題が生じたのかということについて事例を通して考察する。そして役割変容や機構改革に際して、ミクロな職場レベルの視点を併せ持つことから抽出される問題意識を提示する。言い換えれば、福祉行政の政策変容とそれによって実施過程における自治体部門組織が受けたインパクトの関係性について、ミクロなレベルに立ち入って検討する試みでもある。

1 福祉行政分野における制度改革の動き

福祉行政改革の動向について、一九八〇年代が「理念（政策）レベルの変容から制度レベルの変化への移行[2]」であり、九〇年以降が「制度の実現[3]」期であるならば、九〇年代後半から現在に至るまでは、実現しつつある制度の自治体現場における運用過程と捉えることができよう。とりわけ都道府県レベルにおける老人福祉行政に焦点を合わせるならば、九〇年代以降の目まぐるしい制度改革の流れの中において、市町村間の連絡調整及び技術的支援への役割変容と、保健と福祉の連携という組織的機能の変容という二つの要請がなされてきた過程であるともいえる。

この二つの要請の萌芽は、一九九〇年の福祉八法の改正に先立って福祉関係三審議会合同企画分科会が取りまとめた「今後の社会福祉のあり方について」と題する意見具申においてみることができる。そこでは今後の中長期的な展望に立った社会福祉改革の方向として、①住民に最も身近な行政主体である市町村の役割重視、②公的在宅福祉サービスの供給主体の拡充を図るための社会福祉事業の範囲の見直し、③民間事業者、ボランティア団体などの多様な福祉サービス供給主体の育成、④地域において福祉、保健、医療の各種サービスが有機的に連携して提供される体制の整備などが提言された[4]。以降の一連の福祉行政改革は、この基本的考え方を基に進められていくことになる。

一九八九年一二月には厚生、自治、大蔵三大臣の合意により「高齢者保健福祉推進十か年戦略」（ゴールドプラン）が策定され、これと先の合同審議会による意見具申を受けて福祉関係八法（老人福祉法、身体障害者福祉法、精神薄弱者福祉法（現在の知的障害者福祉法）、児童福祉法、母子及び寡婦福祉法、社会福祉事業法（現在の社会福祉法）、老人保健法、社会福祉・医療事業団法）が改正された。福祉改革の条件整備と高齢者保健福祉サービスの基盤整備などが主な目的とされた改正の要点の第一は、市町村に対してホームヘルプ・サービス、ショートステイ、デイサービスなどの全国一律のサービス実施と併せ、地方単独事業としてそのほかの福祉サービスの実施など地域の実情に応じたきめ細かな措置が求められ、市町村の役割強化が図られた点である。第二に、老人福祉法に基づく特別養護老人ホーム、養護老人ホームなどへの入所措置などが町村部についても団体事務とされ、先の一九八六年の機関委任事務の団体事務化法と併せてすべての市町村に入所措置権限が移管された。第三に、老人福祉法ならびに老人保健法に基づいて、すべての市町村及び都道府県に「老人保健福祉計画」の策定が義務づけられ、具体的目標量を明記することとされた(5)。

この老人保健福祉計画は、基礎自治体たる市町村の計画がまず基盤とされたうえで、都道府県の計画は各市町村が策定した計画の積み上げによる広域的合算を前提にするものとして位置づけられ、策定にあたっては市町村間の連絡調整の役割が期待された。また、翌一九九一年の地方老人保健福祉計画研究班による「老人保健福祉計画の策定――その基本的考え方――」においては、都道府県の郡部福祉事務所に対して、高齢者へのサービス提供についての現業機関としての役割に加えて、企画調整の役割も求められた(6)。

この改正で都道府県が有していた郡部における老人ホームの入所措置権限が町村に移譲されたことにより、在宅福祉サービスと施設福祉サービスの供給主体が市町村に一元化されることとなったわけだが、都道府県の郡部福祉事務所にとっては知的障害者福祉を含む福祉三法は残されたものの、業務内容が生活保護中心へと移行すると同時に、その存在意義や組織体制のあり方も問われていくこととなった。すなわち、従来の福祉六法体制が都道府県では福祉四法体制、市では福祉六法体制、町村では福祉二法体制へと変更され、市町村間の連絡調整や技術的支援といった機能追加の要請、また町村移譲に伴って生じる福祉事務所の職員体制の変更(五法担当職員の配置見直し等)などが行われるとともに、組織自体も再編成の動きが起こり、そこでは保健と福祉の統合を軸とした相談機関のあり方が模索されていくこととなった(7)。

保健と福祉の統合ないし連携の必要性はかねてから指摘されていたが、この福祉八法改正及び老人保健福祉計画の策定義務化を契機に具体的課題として認識されるようになった。また、一九八八年に厚生省保健医療局老人保健部と社会老人福祉課が合体し、大臣官房に新たに老人保健福祉部が設置されたことも、自治体行政への影響要因の一つとなっていると考えられる。

もちろん、当時はまだ福祉事務所及び保健所についての必置規制があり、両者の完全なる統合には法解釈上の制約等、幾多の課題が存在した。しかし、二〇〇〇年施行の地方分権一括法に先立つ地方分権推進委員会の勧告において、両者の統合が現行地域保健法においても可能であるとの解釈が示され、それが厚生省によって確認された結果、保健所を設置している自治体（都道府県、政令指定都市、中核市、地域保健法の政令の指定都市、東京二三特別区など）では保健所と福祉事務所の統合による新たな組織の設置が可能となった。(8) ここにきて、保健と福祉の統合は、組織体制としても自治体が地域の事情に応じて決定できることとなった。

もう一つの要請である都道府県の役割変容の傾向についても、近年の制度改革のなかにおいても引き続き見出すことができる。対人サービスの実施機関として市町村重視の改革路線が進行していくなか、一九九七年には市町村及び特別区を保険者とする介護保険法が制定されたが、ここでの都道府県の役割は①介護認定審査会を共同設置する市町村への調整と技術的な助言等の援助、②市町村が行う要介護認定事務への援助、市町村から審査判定を受託した場合の都道府県介護認定審査会の設置、③指定居宅サービス事業者等、指定サービス事業者、施設の指定・許可・指導監督など、(9) やはり連絡調整や技術的指導に重きがおかれている。

さらに二〇〇三年施行の社会福祉法に基づいて、市町村には市町村地域福祉計画の策定が求められると同時に、都道府県には各市町村を通ずる広域的な見地から、市町村の地域福祉の支援に関する事項を一体的に定める都道府県地域福祉支援計画の策定が求められている。そこに定めるべき事項としては、①市町村の地域福祉の推進を支援するための基本的方針に関する事項、②社会福祉を目的とする事業の従事者の確保または資質の向上に関する事項、③福祉サービスの適切な利用の推進及び社会福祉を目的とする事業の健全な発達のための基礎整備に関する事項である。(10) 都道府県には文字どおり市町村の取組みへの支援が期待されており、基盤整備や広域的課題等に対して取り組むべき項目や方向性、そして地域福祉推進における県としての役割を明示することが求められているのである。

2　複数の文脈における組織変容の要請

以上のように、九〇年代以降の福祉行政改革の流れを都道府県に求められる役割や機能という点から眺め返せば、市町村間の連絡調整及び技術的支援への役割変容と、保健と福祉の連携という組織的機能の変容という二つの要請がなされてきた過程と読み取ることができる。

福祉国家体制の理念的な政府間関係においては、中央政府の役割は代表と調整にあり、地方政府の役割は実質的な地域サービスの主たる担い手と位置づけられてきた。翻ってここ十数年間における上記のような役割変容の要請は、地方分権型改革という文脈においては国レベルと都道府県レベルでの役割の転換として理解することもできる。すなわち、地域に固有の問題については広域的な団体としての都道府県に実質的な調整が委ねられてきており、その役割は「計画調整型府県機能(11)」への変化が期待されているといえる。

しかし、現実としてのこれまでの福祉行政をめぐる中央地方関係は、機関委任事務が一部団体事務化された八〇年代終わりでもなお、「政令の定め」による運用や通達行政による「統制された分権」の状態にあることが指摘されてきた(12)。政令や補助金交付を通じた統制が残存していたため、団体委任へ移行したとしても、「中央政府と地方政府との組織間関係を階統制という統治構造へ転換する仕組み(13)」として機能していた機関委任事務体制と比べて、実態としての変化はなかったからである。

地方分権一括法によって機関委任事務は完全に廃止され、老人福祉法関係では特別養護老人ホーム、養護老人ホーム、その他の社会福祉施設等について、その開設や設置に係る許認可事務や取消事務などが自治事務とされた(14)。また、社会福祉事業法（現在は社会福祉法）関係では、社会福祉法人の設立認可についての事務等が法定受託事務とされたものの、福祉事業や施設等に係る各種許認可及び監督事務は自治事務とされ、また福祉事務所の区域に関する規定の緩和や、福祉事務所の現業員の配置数の標準化等の緩和なども実現した。

こうした主に福祉サービスの実施に関わる改正を、自治権の拡大あるいは集権性の払拭と評価することもできる。しかし、分権改革の一環としての地方税財政改革による自治体の財政自治権の確立が未決着に終わったため、国庫補助金交付決定の条件等が自治体を拘束していること(15)、そして実際の運用にあたっても従前の通達が「ガイドライン」と名称を変えて事実上効力を発揮していることなどを鑑みれば、「統制のとれた分権」から「多様な分権(16)」へはまだ幾分遠い道のりにあると言わざるをえない。

だとすれば、実質的なサービス供給主体が市町村となった今、各種のサービス実施にあたって市町村は依然として上記のような統制を受け、独自性を発揮した「多様な分権」の実現が難しい現状において、都道府県の役割が広域的な連絡調整や支援に変容が求められたとしても、その「調整」や「支援」はともすれば実質的な意味を持たないのではないかとの疑念が生じる。県として今後の役割を見据え、財政的な制限とガイドラインによって拘束されている市町村と国との間で単なるパイプ役とならないためにも、役割変容を要請されてきた県がどのようにしてそれに応えようとしてきたのか、その過程と現状での課題について知る必要があると考えられる。

ところで、都道府県レベルでの福祉行政の実施主体は、専ら都道府県の福祉担当部門である。自治体内部の一部局という観点に立てば、組織編成や財政的制約という点において、各自治体の方針や部門間関係などに大きな影響を受けることになる。とりわけ各自治体が進める近時の地方行政改革においては、機構改革も盛んに行われており、グループ制やフラット化など新しい組織構造への試みも多くみられる。組織としての福祉担当部門は、こうした県の一部局としての構造変化の要請はもとより、住民に相対する存在としての県が果たすべきアカウンタビリティの要請や、逼迫した財政状態下においていわば一経営主体としての県が持つべき戦略性といった機能的要請をも受けているということができよう。

すなわち、都道府県の部局レベルを主体として考えれば、個別政策領域における国―県―市町村という政府体系の中の一組織として位置づけられると同時に、当然のことながら地方自治体の一内部組織でもある。とりわけ、日本の地方自治体組織は、かつての機関委任事務や行政計画体系など、政策過程上の特質として非常に経路依存性ないし文脈依存性の高い存在でもある。したがってそこにおける役割や組織構造（編成）といった要素については、双方の文脈における立場に対してそれぞれ変容を求められるのであり、これらの要請にうまく折り合いをつけて組織を運営していかなければならないといえよう。しかし、新しい組織構造と役割ないし機能変容が掛け合わされる自治体の現場では、組織運営上の問題点はなんら発生しないのであろうか。

以上の考察を踏まえ、次節で三重県での福祉行政の事例を取り上げるにあたって次のような視点を設定する。同県では一九九五年度から一連の行政システム改革が進められているが、現在までに二度の大きな機構改革を行っている。加えて、福祉担当部門として独自の組織改正も行われている。こうしたなかで、これまで見てきたような福祉行政分野における二つの要請、すなわち市町村間の連絡調整及び技術的支援への役割変容と、保健と福祉の連携という組織的機能の変容について、福祉担当部門はどのように対応してきたのかという点に着目する。個別政策領域において求められる役割ないし機能を、自治体内部組織として求められる構造ないし編成のなかでどのようにして具現化し組織を運営してきたのか、その過程において生じている課題も含めて検討する。なお、同県においてはこうした視点にかかる横糸として、本庁と地域機関（出先機関）との組織間関係の問題が存在している。

3 事例の検討
――三重県における福祉行政をめぐって――

(1) 保健と福祉の連携

一九九四年、三重県では新しい県の組織機構に向けた改革が検討され始めた。福祉担当部門においては、折からの地方分権改革の流れや高齢者対策の総合的推進などを視野に入れたうえで、各係の業務内容の見直し、課や部局としてのあり方等も含めて新しい組織構造が模索された。時を同じくして保健所法が地域保健法に改正され、一九九七年から施行されることとなった。そこでは従来県保健所の役割として位置づけられてきた対人サービスの多くが市町村に移譲されることとなり、結果として県は市町村への支援・技術的援助等が主な業務となったことから、福祉事務所と保健所の組織的統合も含めた両部門の連携が検討されることとなった。

福祉事務所と保健所の連携強化は、①圏域内の高齢者保健福祉計画の進行管理、②地域福祉、地域保健の推進、③市町村レベルでの人材の確保及び養成、などの点からも必要であると認識されていたものの、福祉部と保健環境部（当時）の意見が一致せず、また統合する場合にも所員の職務専念義務や新しく設置する事務所数など数々の問題点が浮上したことから[17]、両者の統合は地域保健法の施行後、国レベルでの保健所体制の見直し検討を待つこととして一九九四年の組織機構改革においては見送られた。しかし、保健と福祉の連携についての要請は依然認識されていたため、本庁において保健環境部の保健・医療の担当部門と福祉部とを統合し、新たに健康福祉部が設置された。

一九九五年の新知事就任以降、一連の行政システム改革への取組みが始まり、一九九七年には新総合計画が策定された。これらの流れを受け、一九九八年四月には「住民の満足度の向上」を目指した「生活者起点」の行政体制を作ることを狙いとして、地域機関（県民局）の機能強化やグループ制などを盛り込んだ大幅な組織機構改革が行われた(18)。

これに先立ち、健康福祉部では機構改革の基本的考え方に基づいて①少子高齢化対策の総合的推進、②障害者施策の総合推進、③地域保健対策の推進、④サービス提供施設等の指導・監督機能強化等の観点から、先の改革で見送られた保健所、福祉事務所及び児童相談所を県民局保健福祉部として統合する方向で検討が行われた。部内及び県内各地区で意見交換会がもたれた結果、三者の統合に関して以下のような統合案がまとめられた。

①できるだけ大括りにすることによる柔軟な組織運営を図るためグループ制を導入する
②保健福祉行政の総合的な企画・調整を行うとともに、総合相談機能の充実を図るため企画調整グループを設置する
③県民サービスの向上を図るため、地域保健と地域福祉行政を一元化し、地域保健福祉グループを設置する
④施設指導監査、医療監視、食品衛生監視等の指導・監査業務については、一定の事務所（部）に集約し、指導監査グループを設置する

この試案を基にさらなる検討が重ねられた結果、一九九八年四月から県内九カ所(19)の県民局への部制導入と併せて、福祉事務所、保健所、児童相談所を統合して新たに保健福祉部が県民局内に設置されることとなり(20)、ここに組織体制として保健と福祉が統合される運びとなった(21)。

以上のように、福祉担当部門である本庁の健康福祉部と県民局の保健福祉部は、福祉行政分野において保健と福祉の統合という機能的変容の要請を受けつつ、県としての組織改正の流れのなかでそれへの対応の具現化を図ってきたと考えられる。しかし、機能的変容と組織改正による構造（編成）の変化との掛け合わせは、現状として少なからず課題も生み出しているようである。

例えば福祉事務所、保健所、児童相談所が統合された保健福祉部の内部では、組織運営にかかる問題点として以下のようなことが指摘されている。[22]

①グループ制の導入について

組織階層のフラット化による意思決定の迅速化などを狙いとして導入されたが、従来あった現業活動に対する査察指導機能があいまいになり、実務処理点検機能も含めて低下している。グループリーダーが担当者に対するスーパーバイザーの役割とはなっていないため、例えば生活保護分野では受給要件の厳格性を欠いたり、一〇〇ケース未満の小規模福祉事務所での要件調査・確認のレベルで裁量統制が機能しなくなっている。また、福祉三法（知的障害等）の査察指導におけるケース処遇や、精神保健福祉分野での年間基本方針の樹立・評価等が担当者レベルで終結するなど、サブリーダーやグループリーダーの監督・指導の役割が機能していないことがうかがえる。結果として、従来から課題とされていた表面化されたニーズや対応しやすいケースを中心に動かざるを得ないという状況が、グループ制導入後の事務担当変更や、分野によっては地区担当制から業務担当制への変更などによって顕在化したと考えられる。

②福祉保健グループの設置について

主に福祉三法と精神保健福祉・難病対策を所管し、福祉と保健の機能連携・統合のメリットが期待されていたものの、実務上での実際的な連携の難しさが表面化した。事前に保健と福祉の仕事の仕方や姿勢の違い、連携に際しての役割分担や双方の位置づけ、共通認識や共通目標について十分な議論がなされなかったため、専門性をめぐるすれ違いから信頼関係が欠如する状況を生み、結果として同一グループ内でも保健と福祉の間で距離が生じて統合のメリットが生かせていない。したがって実際的な業務については、組織でなく個々人の力量に頼っているのが現状であるとされる。[23]

（2） 市町村間の連絡調整及び技術的支援への役割変容

先に検討したように、近時の福祉行政改革の大きな流れは市町村重視の傾向にあるが、同時に多様な分野における「計画主義」の色彩も帯びているといえる。[24] 事実、保健・医療・福祉に関わる行政計画としては、介護保険事業計画及び高齢者保健福祉計画、障害者計画、エンゼルプラン、地域福祉計画、保健医療計画、母子保健計画などがあり、市町村はサービスの具体的供給を担当するべくこれらの計画の策定主体とされている（保健医療計画を除く）。一方都道府県は、介護保険事業計画及び高齢者保健福祉計画と地域福祉計画については市町村に対する支援計画の策定が、また障害者計画や保健医療計画等については地域ないし圏域計画の策定などが求められている。

これらのうち、多くの策定時期が二〇〇二年度に集中している（保健医療計画については二〇〇二年度は実態調査が中心、二〇〇三年度策定）。さらに三重県では、二〇〇〇年三月に厚生省が策定した第三次国民健康づくり運動である「健康日本二一」の都道府県計画として「ヘルシーピープルみえ・二一」（三重の健康づくり総合計画）[25]が二〇〇一年度に策定され、その翌年には「三重の健康づくり推進条例」として制定、施行されており、以降毎年成果見直しと実施計画の策定が予定されている。

こうした多数の計画について個々に策定・調整・進行管理が必要であることはもちろん、市町村計画との調整や策定を通した市町村支援の必要性が高まった結果、三重県では二〇〇二年度より直接的な市町村支援の担当機関としての県民局保健福祉部内に計画調整グループが設置された。計画調整グループの主な業務としては、①各県計画の進捗管理と市町村計画策定支援、広域調整等、②新たな行政需要である市町村への業務移管や、障害者支援費制度等の新制度の円滑な実施のための支援、③市町村合併に向けた広域調整と支援、④市町村職員の業務訓練や看護学生等の実習指導等の人材養成などであり、ここで市町村支援と各計画間の調整や進捗管理などを一元的に行うこととされた。

この背景には、これまで同部における各計画の調整や市町村支援は組織的にはほとんど行われてこなかったという実態があるとされる。その要因として、各計画についての進捗管理が明確に同部の業務として位置づけられていなかったこと、各計画は多くの分野にまたがっているため、個人の担当者では対応できないことなどが指摘されており、これを機に連絡調整や市町村支援といった機能をもたせようとする狙いがあったといえる。

さらにいうならば、近年は県の厳しい財政状況下において、各部局には事業予算と人件費をあわせた形で部局予算の総額が包括配分され、前年度比八〇％から六〇％という枠内でメリハリをつけた予算配分が求められているなかで[26]、新しいグループを立ちあげることで人員を確保しようという部局側の現実的な狙いも透けてみえる。

こうした経緯から立ちあげられた同グループにおいて、今後の課題とされているのが人材育成である。本来なら調整や支援といった活動は、現場におけるサービスの現状や課題に知悉していなくては難しい役割だといえるが、近年の改革において様々な現業的業務の権限が市町村へ移譲されている反動として、県組織と現場との間に距離ができ始めているとされる。ともすれば市町村への補助金にかかる仲介的事務をこなすことに終わってしまい、「よほど意識的に関わらないと現場や地域のニーズはわからない(27)」状態にあるとされる。

これは、本庁である健康福祉部でも同じ問題として認識されている。かつて同県では、ケースワーカー等福祉行政職の専門職として配置される福祉選考職員を一時採用していたが、ここ数年のうちに福祉現場を去る時期にきていることから、現場の知識や経験、ノウハウの蓄積及び継承が困難になることが予想されている。さらに、上記のように市町村への権限移譲が進む中で実務や現場経験が少ない職員が多くなる一方(28)、組織の役割変容に伴って、計画策定や市町村への技術的支援を行う専門的知識のみならず、調整活動や進捗管理を行うマネジメント能力など、現場を知り尽くしたうえでさらに高度な専門知識や能力が求められている。

しかし業務の実態としては、分権改革によって県の自治事務とされた分野でも、従来の通達と同じ意味合いを持つガイドライン（または国の技術的助言）の存在がまだ大きいとされる。もちろん理念上はガイドラインの枠を超えて県独自の施策を実施することは可能だが、業務量に比して人員に余裕がないことや、二、三年の短いサイクルで異動してしまうことなどから、担当者のレベルで施策に独自色を出すことはなかなか難しいからである。

以上のような現状や問題点から、健康福祉部では研修体系やその内容が見直されることと併せて、部のあるべき姿を見据えたうえで部としての人材養成の理念を確立すること、またその機能を受け持つ人材養成及び研修担当部門を独自に設置することなどが今後の課題として検討されている。

(3) 事例のまとめ

ここで事例を総括すれば以下のようになろう。まず保健と福祉の連携という組織的機能の変容の要請については、本庁での組織統合と機構改革、そして保健所・福祉事務所・児童相談所の統合と地域機関内への位置付けという構造の改革のなかでその対応が模索されてきた。組織構造として統合をみたことは、部の名称などが統合の象徴的意味合いをもつこと、そして機能的連携への前提となる受け皿が整備されたことになる。しかし組織運営上の問題点として、グループ制の導入に伴って権限体系が不明確となり、従来の現業活動に対する査察指導機能や実務処理点検機能などが低下するなど、サブリーダーやグループリーダーの監督・指導の役割が機能していないと考えられる点、その結果として従来から課題とされていた、表明されたニーズや対応しやすいケースを中心に動かざるを得ない状況などが認識されている。

さらに、専門性をめぐるすれ違い等により同一グループ内でも保健と福祉の間で距離が生じるなど、実務上での連携の難しさが表面化している。保健と福祉の連携に際しての役割分担や双方の位置づけ、共通認識や共通目標について十分な議論をつくすことが必要であったと考えられる。

次に市町村間の連絡調整及び技術的支援への役割変容の要請に対しては、県民局保健福祉部内に計画調整グループが設置され、各県計画の進捗管理と市町村計画策定支援、広域調整などを担当することで、それへの対応がなされてきた。しかしグループ立ち上げの直接的な契機は、厳しい財政下での人件費削減に対抗した、いわば部としての消極的な戦略とみることもできる。

組織の役割変容に伴って職員に求められる専門的知識や能力がこれまでよりさらに高くなる一方で、現場での経験が減少傾向にあることに加え、国のガイドラインを超えるような独自の施策に踏み込む余裕がないために、結果として職員のモチベーション低下が懸念される状況にある。今後の課題は、近年の組織改正の検証及び人材育成とされ、研修体系の見直しに加えて部としての人材養成の理念を確立する必要性があるとされる。

おわりに

最後に、本章における事例を通して抽出できる問題意識をいくつか提示しておきたい。まず福祉行政という政策領域においては、多くの機関委任事務の自治事務化、市町村への大幅な権限移譲に伴う都道府県の役割変容といった現象は、一見これまでの中央地方関係が地方（県）地方（市町村）関係へ移行したかのように思われる。しかし都道府県の職場における実態としては、依然として効力を有するガイドラインの存在、個々の事業ごとに詳細に定められている補助金の交付による統制などが実務上の規制となることに加え、求められる役割変容に伴う現場経験の減少や、仲介的間接事務の増加によって職員の施策展開や住民満足度への意識が希薄化し、ひいてはモチベーションの低下が懸念されている。

こうした現状を改善し、「多様な分権」を現実のものとするためには、自治体の政策裁量を可能とする方向への法律と条例の関連性是正や、自治体の一般財源の拡大、中央政府の実質的関与の規制などが必要であることはもちろんである。さらに自治体側においては、権限の拡大に伴う機構整備や政策研修だけでなく、職場レベルではその前提として固有の政策分野における業務特質を考慮しつつ、業務分担や具体的目標の設定、その達成に向けた具体的なインセンティブなどが用意されなければならない。しかし仮に自治体内のマクロなレベルでの機構整備等だけが理念的に先行して進められ、ミクロな職場レベルでの仕組みづくりがおろそかにされるならば、厳しい財政状況下での予算や人員的制限とあいまって、県としての役割が不明確となり、結果として職場での個々人にしわ寄せを来たす恐れがあると考えられる。

このことを自治体における機構改革という点から考えれば、組織構造・編成と業務特質ないし職務構造との関係性ということになろう。地方行革の一環として行われる機構改革は、総じて全庁的に行われることが多い。無論、自治体全体としての統一的な理念や戦略の実践ということでは意味がある。しかし、個々の部局には各政策分野ごとの業務特質に応じた取組み方や個別の問題が存在し、さらにその政策分野において要求される役割も変容していくなかにあって、果たして全部局に画一的な構造への改革を推し進める必要があるのだろうか。少なくとも業務特質を踏まえ、業務分担の仕組みや現行での問題点等について職員の意見をまず十分に吸い上げたうえで、効率性や理念、住民に対し望ましいサービスを提供するという観点から構造が決定されるべきではないだろうか。

ミクロな視点に立てば、組織構造とは人々の目的合理的な行為を引き出し、運営に関わる規則を規定する職務構造であり(29)、求められる機能を具現化するための仕組みでもある。そしてそこから生まれるパフォーマンスとしての各種の事業や住民サービスを最適化するために重要となるのが、組織運営ないし内部管理だといえる。したがって、組織構造や求められる機能の変化に際しては、その結果として生じる組織運営ないし内部管理の変化まで事前に視野に入れた議論が必要だと考えられるのである。適正な事務量と人員構成、求められる役割変容に伴う研修や人材育成の体制、目標設定とインセンティブの仕組み、現場と理念の接合といった職場内のミクロな視点と、マクロな機構改革が常に結合されていなければならないといえよう。

自治体内の各部局は、個別の政策領域において求められる役割と、自治体の一構成組織として求められる役割とが交錯する立場にある。各部局はこの二つの立場に対するそれぞれの要請に応えていく必要性があり、もし部局としての確たる方向性や実務レベルでの緻密な議論が欠如するならば、これらの要請間で整合性がとれず、結果として職場や個々の行政担当職員が翻弄されてしまう危険性がある。それを回避するためには、組織の役割変容や機構改革にあたって、政府体系の中の一組織としてまた自治体の内部構成組織として双方の文脈における組織の位置付けを明確にし、役割や立場が交錯する状況を踏まえたうえで、マクロな組織構造とミクロな職務構造、理念と現場の接合といった複眼的な議論が少なくとも必要であると考えられる。

注

（1）松本英昭『要説地方自治法』第十次改訂版、ぎょうせい、二〇一八年。
（2）小林弘和・武智秀之「高齢社会における地方自治（1）」季刊『行政管理研究』第五一号、一九九〇年、四三ページ。
（3）今里佳奈子「政策ネットワーク関係からみる社会福祉制度改革」季刊『行政管理研究』第九八号、二〇〇二年、五二ページ。
（4）井村圭壮・相澤譲治『福祉制度改革の基本体系』勁草書房、二〇〇一年。
（5）新藤宗幸『福祉行政と官僚制』岩波書店、一九九六年、八六―八七ページ。
（6）藤村正之「自治体福祉政策の実施構造――多元的に錯綜化する組織間関係――」、社会保障研究所編『福祉国家の政府間関係』東京大学出版会、一九九二年、二五四ページ。
（7）社会福祉法人全国社会福祉協議会　老人保健福祉等に関する検討委員会編『福祉事務所組織再編の動向と課題――老人保健福祉等に関する総合的調査研究事業報告書Ⅱ――』一九九七年。同報告書では一九九三年と一九九六年に全国の福祉事務所を対象として実施したアンケート調査結果が分析されている。
（8）新藤宗幸『地方分権』第二版、岩波書店、二〇〇二年、一四六ページ。
（9）山﨑泰彦編『介護保険制度・ゴールドプラン21』東京法令出版、二〇〇〇年。
（10）桑原洋子『社会福祉法制要説』第四版、有斐閣、二〇〇二年。

(11) 新川達郎「地方分権と中央地方関係――分権型ガヴァメンタル・システムの展望――」『季刊行政管理研究』第七一号、一九九五年、一一ページ。

(12) 辻山幸宣「福祉行政をめぐる分権と統制――機関委任事務体制の変容と継承――」社会保障研究所編前掲書及び辻山幸宣「80年代の政府間関係――『統制のとれた分権』体制の構築――」『年報行政研究28　新保守主義下の行政』ぎょうせい、一九九三年。

(13) 武智秀之「生活保護行政と『適正化』政策（2）」『季刊社会保障研究』第二四巻第四号、一九八九年、四六五ページ。

(14) 兼子仁『新地方自治法』岩波書店、二〇〇二年。

(15) 兼子前掲書、二九―三〇ページ。

(16) 新藤前掲書、二〇〇二年、二三ページ。

(17) 統合する場合の問題点とされたのは以下のような点である。

〈福祉事務所について〉①福祉事務所長及び現業を行う所員の職務専念義務があり、他部門との統合には問題がある、②老人、身体障害者への直接サービスは市町村に移譲されており、個々のケースごとに保健所と連携することは不可能、③現時点で連携が必要な業務と考えられるのは高齢者保健福祉計画の進行管理のみであり、統合のメリットが少ない。

〈保健所について〉①保健所長は医師である必要から、統合された所の長はほかの者がなることができない、②精神障害者への保健婦、生活保護ワーカーの同行訪問が具体的な連携として考えられるが、県福祉事務所は郡部を担当しており、対象者は市部に多いことから連携のメリットが多くない、③建物の構造上の問題があり、統合しても保健所と福祉事務所はワンフロアーに入居できず、統合の意義が生かされない。

さらに、福祉事務所は七事務所、保健所は一一事務所であり数の面からも統合は困難であること、統合した他県の例を見ても本庁と出先機関の統合は本庁先行で進んでおり、本庁と同時に行うと混乱が生じるおそれがあるとされた。三重県健康福祉部資料より。

(18) この改革の基本的考え方は以下の四点とされる。

(1)本庁組織を事業官庁から政策官庁へ：「Plan-Do-See」機能を充実しつつ総合行政を展開していくため、各部を横断的に所管する部門である企画、総務部門を「局」とし、実施部門は総合計画の柱に沿って部を再編し総合行政の推進を視野に入れた組織のマトリックス体制を構築。

(2)総合地域機関としての県民局機能の強化：住民や市町村を対象とした業務・サービスを総合的に提供していくため、次の二点を中心に県民局の機能を強化。①県民局長の総合調整機能の強化、②県民局組織を「事務所制」から「部制」に改編。

(3)組織のフラット化：「係制」を廃止し「グループ制」を導入、組織階層のフラット化による意思決定の迅速化、柔軟な組織運営を実現。

(4)自立した組織運営：各組織が自立し主体的かつ迅速に多様な行政課題等に対応していくため、総務局の権限を縮小し各部局等へ予算、組織、人事等の一定の権限を移譲。

(19) これは、同県の総合計画において生活に密着した行政サービスが提供できる圏域として設けられた「生活創造圏」の単位にあたる。

(20) 必置機関としての福祉事務所、保健所、児童相談所は県民局の併設機関とされ、それぞれの所長は新たにおかれた職位としての福祉監、保健監、児童監を兼務することとなった。また管内に児童相談所がなかった四保健福祉部については児童相談所との兼務職員を配置し、児童相談機能が付加された。

(21) 三重県の機構改革としては、さらに二〇〇二年に第二次実施計画の始動を受けて「政策推進システム」や「行政経営品質向上活動」との連動などを目的とした全庁的な組織改正が行われた。課制を廃止し、チーム制を導入して部局の内部組織を柔軟で弾力的なものとすることや、次長や課長補佐などの中間管理職を廃止し、権限と責任が明確かつフラットな組織とすることなどが主な狙いとされている。

(22) 三重県健康福祉部地域機関担当者へのヒアリング（二〇〇二年九月実施）及び同部にて機構改革の三年後にあたる二〇〇一年に取りまとめられた資料より。

(23) 筆者が県民局保健福祉部福祉保健グループの担当者（保健師）に行った業務分担等に関するヒアリングでも同様の傾向にあることがうかがえた（二〇〇二年四、五月実施）。それによれば、業務分担の単位はほぼ個人単位で独立して進められている。事業ごとの予算の執行・管理についても同様である。業務内容に応じて複数の分野の担当者が協働することがほぼないために、同じグループ内でもほかの者が担当している業務についてはほとんど知らないといった状況にある。グループ内の情報共有としては、主に事務連絡事項についてのみ、各グループのリーダーによるリーダー会議の内容が事後グループ員にメールで知らされるだけであり、意見交換や共通認識を図る場とはなっていない。また、業務遂行に関わるような特定疾患についての情報収集については、本庁や周辺関係機関との間に確たる情報のルートやシステムがないために、担当者が個人的なつながりや力量によって対応しているというのが現状である。こうした実態は、従来自治体の職場において特徴的とされてきた大部屋主義とは少し様相を異にしているが、内部管理等の詳細についての検討は別稿に譲ることとする。

(24) 佐々木恒夫『大都市福祉行政の展開――21世紀地方自治体のあり方――』中央法規出版、二〇〇一年。

(25) この計画は二〇〇一年から二〇一〇年までの第一次一〇年計画であり、主な特徴は県民の健康度、県行政、市町村活動に対する評価システムを通じて評価に基づく運用による成果重視の進行管理が目指されている点である。
(26) 近年の三重県における予算編成改革の動向については入江容子「自治体の予算編成をめぐる改革と財政担当部門の行動基準及び役割の変容――三重県の予算編成システム改革を事例として――」、自治体学会編『二〇一〇年の自治体』良書普及会、二〇〇二年を参照。
(27) 筆者の三重県健康福祉部におけるヒアリングより(二〇〇二年九月実施)。
(28) 現場での経験が少なくなる反面、市町村への間接的事務作業が増えている状況では、職員のモチベーションが上がらずやりがいにつながらないという意見が聞かれた。
(29) 中條秀治『組織の概念』文眞堂、一九九八年参照。

第6章　自治体の組織と権能
――多様性を前提とした公共性に向けて――

はじめに

地方自治体は統治団体であり、強大な権能を持った権力主体でもある。しかし、環境との相互関係を持つ一つの組織として、その内部における権能と組織を取り巻くパワーとの問題や、それら権能と組織自体のあり方についての問題は、これまで理論的・実証的に十分に研究されてきたとは言い難い。

振り返ってみれば、日本の戦後行政学では、こうした地方自治体が持ち得る権能や組織の問題は地方自治制度の文脈において、とりわけ集権・分権を軸とした中央地方関係のあり方についての批判的見地からの議論に特徴づけられるように、事務権限の分配問題に主な焦点が当てられてきた。論者によって、また時代背景によって、中央地方の垂直的権力関係か、あるいは地方政府の持つ政治的ポテンシャルか、あるいは福祉国家が進展するなかでの両政府の相互依存関係にアクセントを置くかという分析類型はありえたが、それらは総じて自治制度における主体間のパワー関係として描写されてきた。あるいは、より純粋な比較制度分析という視点からは、既存の行政システムの改善という狙いも盛り込まれてはいるものの、それらを総体として制度ないし組織のあり方と権能に結び付ける視点には欠けていた。

かたやもう少し組織の構造や運営に焦点を絞った行政管理理論の議論においては、組織内部の管理や階層に基づく権限と内部統制の関係性といった論点は抽出されてきたものの、組織の外的環境との関わりという視点が決定的に欠落していたがために、非常に限定的なものにとどまってきた。

組織のあり方という観点からすれば、近年の地方自治体がおかれている環境は非常に厳しく、その組織運営や組織管理が問われる場面が増えてきている。社会問題、地域やコミュニティの問題が複雑化するなかでの多様な住民ニーズへの応答性、また、二〇〇六年度のいわゆる交付税ショックに加え、二〇〇八年秋からの世界同時金融危機に端を発する財政難の状況下で、これまでのような総花的な政策ではない真の政策選択の必要性など、組織のアウトプットに対して相当程度の変革が求められているものの、内部構造が硬直化した組織における意思決定は依然として遅く、要求に見合うだけのアウトプットを提示するに足りる組織運営や組織管理がなされているとは言い難い。かたや、NPMの影響によって業績・能力主義的な人事管理が試行される自治体もあるものの、それらが地方自治体組織の権能と組織のあり方についての原理と真にマッチングしているのかどうかは、甚だ怪しいと言わざるを得ない。その時々の時流に乗っただけの組織改革は決して定着せず、かえって職員と組織の混乱を招くだけの結果となる。また、組織の本質を見極めたうえでそのあり方を議論しなければ、場当たり的な改革に終始してしまう恐れがある。

組織をめぐりその内外に展開されるパワー関係と、その組織の構造や組織過程、戦略などは密接不可分に関わる問題である。その組織において「誰が」「何を」「どのように」実現するのか、すなわちどのような権能をどのように行使しうるかという問題は、組織のあり方そのものを左右する原理でもある。明治期以来、地方行政を担う主体として制度化されてきたものの、その位置づけと権能は変遷を重ねてきた地方自治体を主体に考えた場合、これらに加え、一国の行政制度における国との関係性という観点からも検討がなされる必要があると考える。なぜなら、以下で検討するように、とりわけ日本の地方自治体は国（中央）との結びつきが強く、その組織と権能は国の省庁体系との一体性を求められるなかで上命下服関係が長く当然視されてきたからである。

本章では、こうした日本の地方自治体組織をめぐる権能の源泉と現況を整理し、とりわけ近時の地方分権改革におけるそれらに関する論点を抽出したうえで、そこから、今後あるべき地方自治体の組織運営の方向性の手がかりを得ようとするものである。まず、明治憲法下ではじめて近代的地方行政制度として確立された府県および市町村について、その権能を組織としての位置づけとともに概観する。次いで、日本国憲法制定によって地方自治体組織のあり方の原理あるいは要石として定められた「地方自治の本旨」について改めて検討を加えたうえで、自治組織権に関する問題点を考察する。最後に、第一次分権改革以降の動きにおける地方自治体の組織と権能にかかる議論を整理し、事務配分としての自治体の権能、自主性と自立性、総合性といった観点から検討を行うことにより、今後の地方自治体組織がよるべき組織構造と組織過程のあり方について議論を試みる。

1 自治体の持つ権能

(1) 明治憲法下

1 府県の権能

一八九〇（明治二三）年五月の府県制制定により、都道府県は明治憲法における制度として確立されたが、府県の名称および制度はそれ以前の明治初年に既に出現している。一八六八（明治元）年閏四月の政体書において、地方行政区画としての府・藩・県がはじめておかれることとなり、一八七一（明治四）年七月の廃藩置県によって藩が全て廃止され県となり、府県二治の制が確立された。一八九〇年の制定後、府県制は一八九一年から一八九九年にかけて逐次全国に施行されていくが、当初の府県制は、府県について法人格および事務に関する規定を持たなかった。しかし、一八九九年の府県制・郡制の全部改正により、府県についての法人格とともに事務に関する規定が設けられた(1)。

この改正により、市町村に先立って府県に対する国政事務の団体委任方式が実現することとなった。府県の扱う事務としては、自治体の存立目的に包含される固有事務たる公共事務と、国家が委任する事務として「従来法律命令又ハ慣例ニ依リ及将来法律勅令ニ依リ府県ニ属スル事務」が区別された。

こうして府県の制度が確立されていくなかで、その長たる府県知事の地位は、一八八六（明治一九）年七月に公布された地方官官制によって国の統治機構のなかに制度的に確定された。ただし、名称としての知事はこれも明治当初から存在している。一八六八年六月の政体書では、府・藩・県の三治制の下で知府事および知県事を置くことを定めており、翌一八六九年六月の藩籍奉還およびその直後に定められた職員令によって、府・藩・県の知事をはじめとする職制が明らかにされた。その後、一八七一（明治四）年の廃藩置県、同年の府県官制および県治条例、一八七八（明治一一）年の府県官職制などを経るなかで、その職名も権知事、県令、令（かみ）、権令などと変遷を重ねていくが、一八八六（明治一九）年七月の地方官官制によってこれら従前の名称が改められ、全て知事という名称に統一された。この地方官官制により、府県知事は国の機関たる「普通地方行政官庁」として位置づけられ、またその身分、地位および職務権限に関する法制度が整備されたといえる(2)。その後、一九四六年の第一次地方制度改革に基づく府県制の一部改正により知事公選制が定められるまでは、知事の設置に関しては天皇の官制大権、任官大権に基づく地方官官制（勅令）によって規定されるにとどまり、その身分も政府の官吏として位置づけられていた。

明治憲法下において、府県はどのような性格を与えられていたのかという点については、長の統轄及び代表権をめぐる規定から読み取ることができる。一八九〇（明治二三）年の府県制には、府県の代表および統轄権について明文の規定はなかったが、このことは、その前段で府県の性格について激しい論争があった結果、「一種の妥協策(3)」として明文化されなかったことが想定される。すなわち、府県の代表としては府県会がこれを務め、知事は府県会・参事会の議長として府県事務を統轄するものと考えられていたからである。府県会には府県の代表権をはじめ広範な権限が与えられ、また府県行政の執行には合議制の参事会がこれにあたる一方、国の官吏たる知事は参事会の構成員としての位置付けと、議長として外部に対して代表するにとどまるとする構図が描かれていたものの、これが論議を生み、明文規定をおかないことで決着されたと考えられる。

いずれにせよ、こうした動きの背景には、府県の性格を国の行政区画として位置づける一方で、県共同体とする認識があったことがうかがえる。その後、一八九九（明治三二）年の府県制全部改正により、府県知事の統轄・代表権が規定されることとなった。この改正により、府県の法人としての性格とともに、公共事務を処理する自治団体であることが明らかにされたが、知事の統轄・代表権はあくまでも府県に属する事務についてのみであって、国の地方行政官庁としての権限は従来どおり地方官官制の定めるところであった。

このように、旧制度下における府県は国の行政区画であると同時に自治団体でもあったわけだが、府県における国政事務は国の官吏たる知事によって行われており、その意味での行政組織上の地位は普通地方行政官庁であった。したがって、国の官吏たる知事は国政事務をその権限において管理執行したため、自治団体たる府県の機能としての知事に改めて国政事務を委任する必要性はなかった。こうした地方官官制によってつくりだされた国政事務の処理の方式は、日本国憲法における地方自治制度に機関委任事務として受け継がれていった。

また、自治団体として位置づけられていたとはいえ、府県は国の行政区画でもあったため、その区域は国が「常ニ之ヲ監督スヘキモノ」とされるなど、自治体としての府県の存立目的はもっぱら国家事務の処理にあったといえる。このことを色濃く反映しているのが一八八六（明治一九）年の地方官官制であり、ここでは府県知事および郡区長の地位、官等、任免に関する規定が詳細化されることにより、内務大臣から府県知事、郡区長に至る指揮監督関係が整備された。この指揮監督関係は、地方行政官庁の制度整備のなかに位置づけられていたため、官庁組織内部の上命下服関係であったといえ、これによって内務省から地方に至る縦のラインともいうべき地方行政制度が整ったということができる。

2　市町村の権能

市町村は、一八八八（明治二一）年四月の市制町村制公布（翌一八八九年四月施行）により、明治憲法下に位置づけられた。市はこの市制の施行により初めて登場したが、町村の名称は明治以前から存在した。明治期における統一的制度としての町村の基礎となったのは、一八七一（明治四）年四月の戸籍法による区の制度である。当初、この区は戸籍制度整備のための行政区画だったが、翌一八七二年四月の布告により旧来の名主、年寄等が廃止されたことに伴い、町村に代わる一般的地方団体となった(4)。その後、地方の実情に応じて大区と小区を分ける大区小区の制が施行されたが、一八七八（明治一一）年七月の郡区町村編制法によってこれが廃止され、町村が制度として再び位置付けられることとなった。

一八八八（明治二一）年の市制町村制においては、市町村の性格と事務についても定められている。すなわち、その性格については「法律上一個人ト均ク権利ヲ有シ義務ヲ負担シ」とし、法人であることを明らかにした(5)。また、その事務については各第二条に「市（町村）ハ法律上一個人ト均ク権利ヲ有シ義務ヲ負担シ凡市（町村）ノ公共事務ハ官ノ監督ヲ受ケテ自ラ之ヲ処理スルモノトス」と規定し、国の監督を受けて市町村の公共事務を処理することとされた。

この市制町村制では、公共事務とは別に後の機関委任事務の起源となる規定もおかれていたが[6]、後に、一九〇九（明治四二）年の市制・町村制全部改正により、市制第九三条、町村制第七七条においてより明確に定められた。すなわち、市制第九三条では「市長其ノ他市吏員ハ法令ノ定ムル所ニ依リ国府県其ノ他公共団体ノ事務ヲ掌ル」とされたが、この機関委任事務という分類は府県制には設けられておらず、市制、町村制だけに見られるものであった。これは前述のように、府県知事が国の官吏であり、関係各大臣の指揮監督を直接受ける立場であったため、改めて機関委任という概念を設ける必要がなかったためである。

市町村の長についても、日本の地方制度上で明確に位置づけられたのは一八八八（明治二一）年の市制町村制であった。このとき、新設された市長の職については間接選挙制とされ、町村長は原則として名誉職とされたが、それらの選任にあたっては内務大臣や府県知事の関与が定められていた[7]。その後、一九一一（明治四四）年の市制・町村制全部改正により、市の執行機関が従来の合議制の市参事会から独任制の市長へと変更されたことで、市長が市を統轄し、代表することとなった。市町村長の選任については、一九二六（大正一五）年、一九二九（昭和四）年、一九四三（昭和一八）年の改正などを経て、一九四六（昭和二一）年の第一次地方制度改革に基づく市制・町村制の一部改正により、その直接公選制が実現するに至った。したがって、ここでようやく内務大臣および府県知事の関与が消失することとなった。

知事との比較でいうならば、前述のように知事が天皇の官吏であり、その地位も国の普通地方行政官庁として位置づけられるとともに、一定の行政区画を基礎とする府県の執行機関としての性格を有していたのに対し、市町村長は、市町村会による間接選挙によって選任される吏員であり、身分的にも官吏とは明確に区別された公吏であった。また、市町村長は地方公共団体たる市町村の執行機関であると同時に、国その他の公共団体の機関としての地位をも有していたため、自治行政のほか直接市町村長に委任された国政事務も管理執行するものとされていた。ただし、この委任された国政事務については、上級官庁の指揮監督があることは自明のことと観念されていたことから、国とは別人格の団体の長としての市町村長の公吏たる地位は軽視されており、個別法令による事務委任制度のもとで上命下服関係が当然のこととされていたことがうかがえる[8]。

（2）日本国憲法制定後

1 「地方自治の本旨」と自治体の権能

地方自治体は、憲法の定めるところにしたがってその権能を認められる。それゆえ、日本国憲法に第八章として「地方自治」の章が設けられたことは非常に大きな意味を有する。その第八章の冒頭には、「地方公共団体の組織及び運営に関する事項は、地方自治の本旨に基づいて、法律でこれを定める」とする第九二条がおかれている。これは、地方公共団体の組織と運営に関する事項は法律で定めるが、法律はそれらの事項を任意に定めることができるわけではなく、「地方自治の本旨」に基づいて定めなければならないということであり、「地方自治の本旨」が地方公共団体の組織・運営を定めるうえで「要石」「大本」としての地位を与えられているといえる(9)。

また、一九五二（昭和二七）年に改正された際に新設された現行の地方自治法第一条は、旧制度下の道府県制、東京都制、市制、町村制を一本化したうえで、この憲法九二条をうけ、「地方自治の本旨に基づいて」地方公共団体の区分並びに地方公共団体の組織および運営に関する事項の大綱を定める旨の規定をおくことで、地方自治法の規定する内容とその目的とを総括的に示し、同法の性格を明らかにするものとなっている。

この「地方自治の本旨」がどのような意義を持ち、どういった概念を包含するかについては、一般的には憲法九二条に続く九三、九四、九五条をうけて、団体自治と住民自治の原則であるとされている。つまり、団体自治とは国家内の一定の地域を基礎とする地域団体が自主的に地域の公共事務を処理することであり、地方自治体が国家から相対的に独立し、自立性をもった法的主体として自ら統治権を行使するべきこと、そして住民自治とは一定の地域内の行政がその地域の住民によって行われることであり、自治体の政治的決定・事務の処理は住民の意思に基づいて行われるべきこと(10)とみることができる。

しかし、あいまいかつ抽象的な表現であるために、この解釈については様々の論説があることについては周知のとおりである。杉原は、「地方自治の本旨」の具体的意味内容は、どのようなあり方の地方制度をその本来のあり方、あるいは理念型として念頭におくかによって全く異なったものとなりうると指摘したうえで、日本国憲法同様、目的あるいは前提としての人権保障および国民主権からこれを説明している。すなわち、地方自治体における政治も中央政府の政治と同様、人権保障のためのものであり、人権の最大限の尊重を義務付けられていると解される以上、地方自治体は住民の人権を保障するうえで必要がある場合には、原則として全ての事項につき、法律による授権の有無にかかわらず自主的に活動することができるとする。また、国民主権は日本国憲法下の全ての公権力の組織と運営のあり方を規律する原理であるため、地方自治体の組織と運営のあり方も当然これによって規律されるとし、地方自治の本旨の大前提として理解すべきとしている(11)。

そもそも、近代国家における自治制度を概観しても、それらにおける思想は国や地域、歴史的背景によって異なっており、団体自治と住民自治の二つの要素を必ず含むものではない。フランス、イギリスにおいて近代市民革命後に現れた地方自治制度は、憲法で中央政府に従属する地方自治体の存在が認められているものの、原則として憲法では地方自治体の権能・組織・運営について具体的な保障がなされておらず、それらは法律によって具体化されるという特徴を持つ。その狙いは、封建制度の廃止と資本主義の展開のために必要な国内統一市場をつくるため、唯一の立法機関としての国民代表の制度を確立することにあり、したがって地方自治体は中央政府の指揮監督に服しつつ、法律で認められた範囲の行政権限を行使する存在に過ぎなかった(12)。

また、ドイツや日本で導入された近代的立憲主義は、君主主権、権力分立を形骸化する統治権の総攬、法律で任意に制限できる国民の権利などをその特色とし、一方で基本的人権の保障、国民主権、権力分立などの要素を欠くものであった。「外見的立憲主義型市民憲法(13)」とされるこうした憲法のもとでは、地方自治制度も非常に弱体であり、地方自治体のあり方については何ら具体的な保障はなされていなかった。日本においても、先にみたように明治憲法下における地方制度は法律上のものでしかなく、その内容をいかに定めるかは立法政策上の、そして実質的には行政政策上の問題とされていたなど、住民自治はおろか団体自治さえも確立されていなかったといえる。

このように、団体自治と住民自治の二つの要素を、直接に西欧の地方自治史から見出すことは容易でなく、この二つの要素をもってして「地方自治の本旨」の具体的内容とすることは「歴史に基づく論証不要の結論ではない(14)」といえる。地方自治制度の成り立ちは各国で多様であり、その位置づけは当初から確固たるものではなかった。それゆえ、現代の憲法制度における「地方自治の本旨」の位置づけや具体的内容については、その精神を十分に汲み取ったうえで解釈・

運用がなされる必要がある。

したがって日本の現代憲法たる日本国憲法に、国の基本的制度として地方自治制度が位置づけられたことからすれば、一国の政治においてはまず地方自治が制度的に先行する運営が保障されてはじめて民主主義が確保されることを意味しているととることができる。それゆえ、地方自治の本旨については、基本的にまず住民の権利と責任において地方自治体が主体的に構成されることに立脚した、真の住民自治に基づいた団体自治が確立されることが重要であると考えられる。

2　自治組織権に関する問題

憲法九三条は、地方自治体に民主主義に基づく議会制度や執行機関制度をとることを規定しているが、その意義は、自治体に住民の直接公選による議員によって構成された議会を議事機関として設置すること、また自治体の執行機関である自治体の長及び法律で定めるその他の吏員は住民の直接選挙で選ばれることを定めた点にある。これについては、首長主義を採用することで民主主義の進展が図られた側面と、画一的な制度を自治体に強制している側面とがあることが指摘されており(15)、このように機構のあり方まで一律に憲法に定めることが地方自治の本旨に適合的かどうかについても批判のあるところである(16)。

日本国憲法制定時の状況を考えれば、とりわけ知事公選制による首長主義を一律に要求することで、戦前の官僚的中央集権システムを打破し、地方自治体での民主主義の定着を図ることが第一義的に目指されたことの意義は小さくない。しかし、文言上は非常に厳格な制度が採用されており、それが一律に地方自治体に強制されているとも読めることについては、地方自治が定着し分権化が進行しつつある現代日本においてもなお許容されるかどうかという点に関して、検討の余地があるといえよう。

なお、執行機関や内部組織の具体的なあり方については憲法に定めがないため、それらはこれをうけた地方自治法が定めているが、都道府県の局部・分課および市町村の部課については長くその構成や数についての規定が存在していた。とりわけ都道府県の局部については地方自治法で直接その設置が定められたが、この条文は地方官官制、東京都官制、北海道庁官制の該当条文が地方自治法に移されたものである。このように都道府県の局部法定制が設けられた理由としては、知事の権限と職務が公選制になっても変わらないことに加え、公選知事に包括的に機関委任された国の事務について国の各省庁の関心が強く、全国一律の制度とすることが望まれたことなどが指摘されている[17]。

その後、局部法定制についての条文は幾度かの改正を経るなかで、人口規模に応じた「標準的な局部」数が規定されていくが、一九五二（昭和二七）年の改正では条例で局部の名称、分掌事務の変更、数の増減を行う場合には「国の行政組織及び他の都道府県の局部の組織との間に権衡を失しないように定めなければならない」とする条文が加えられた。この趣旨は、都道府県間での連絡調整の利便性というよりも、上位機関である中央省庁との連携関係を重視するものであり、地方自治体組織がそれ単体で存在するのではなく、常に省庁体系のなかにおける上下関係として位置づけられてきたことを表している。この局部法定制については現在は改正されたとはいえ、こうした自治組織権に反するような制度については疑問が残るところである。なぜなら公的私的を問わず、全ての組織にとってどのような内部組織を形成し事務を分担させるかということは、まさに組織運営の根幹に関わることであるため、組織は自らの意思でその内部組織を決定すべきであるからである。

藤田は、行政の自己組織権について、基本的な部分については法律がまず定め、それ以外の部分については広く行政に自己組織権能を認めるという解釈に立った上で、その境界線は立法府の立法政策的判断によるとしている。その観点から抽出される検討課題として、行政組織の民主的コントロールの問題を提起しているが、一方では行政組織の膨大化等に対する立法府からのチェックの必要性、また他方では行政自身にその組織編成を委ねることによる行政運営の効率性の確保という双方の調整あるいはバランスのうえに、あるべき法制度の形が見出されるべきとしている[18]。しかし、ここで指摘できるのは、「民主的コントロール」の主体は誰であるか、それは何のために行われるべきかという最も重要な論点が欠けていることである。

実はこの藤田の議論における問題点は、地方自治法第一条に掲げられる「地方公共団体における民主的にして能率的な行政の確保を図る」という同法の目的にも、同じ要素が含まれている。行政における民主化と能率化は、行政の理論においても早くから相関的に取り上げられてきた課題であり、両者の関係は決して一義的ではない。また、さらにいうなら地方自治法第一三八条の二におかれている執行機関の義務に関する規定は、昭和二七（一九五二）年の地方自治法改正により新設されたものであるが、このときの改正は①地方公共団体の組織および運営における自主性の強化、②地方公共団体の組織および運営の簡素化・能率化、③地方公共団体の組織および運営の合理化を目指すものであり[19]、とりわけ強調されたのが地方行政の簡素合理化・能率化であった。これはいわゆる「逆コース」期における改正であり、戦後進みすぎた（と一部において考えられていた）民主化、分権化を再び中央集権化に向かわそうとする時代的背景における訓示的規定であったと読み取れる。地方自治法第一条についても、「能率的」な行政が強調される条文が新設された時代的背景には、町村合併の推進や特別区の区長公選廃止を進めたい立法者側の意図があったわけで、行政における「能率」ないし「効率」の要請は、組織運営上の原則以上の、時代的立法政策的意図に十分留意して読み取らなければならない。

これらのことを踏まえれば、地方自治体における「能率」や「効率」は決して他の組織や権力からのお仕着せではなく、当該組織の自主的・自立的運営のなかにおいて追求されるべき原理であり、かつ、これらの原理が組織の民主的コントロール、つまりは組織存立の原理たる民主主義に優先されることは決してないということができる。この、地方自治体組織の民主的コントロールの主体となりうるものこそ住民であり、その仕組みが住民自治であるといえるが、この点については後述することとする。

（3）第一次分権改革以降

一九九三（平成五）年の衆参両院における地方分権推進決議に端を発する、いわゆる第一次分権改革は地方分権推進法という分権改革の基本方針を得たうえで、機関委任事務制度の全面廃止や必置規制の緩和などの成果を挙げたが、それらは総じて団体自治の拡充を目指したものであった[20]。所掌事務の拡大を目指した事務権限の移譲方策よりも、広義の関与の廃止縮小という自治体の自由度の拡大が優先された結果、住民自治の拡充より団体自治の拡充が優先される形となった。

二〇〇〇（平成一二）年四月の地方分権一括法施行以降の動きを第二次分権改革というならば、それは大きく分けてこれら二つの分権改革の路線における、地方自治体の組織と権能に関する議論を整理する。以下では、一つの流れである地方制度調査会答申に特徴的であるのは所掌事務の拡大路線であるとみることができる。二つの路線からなっている。(21) 一つは地方分権改革推進委員会勧告に特徴的である自由度の拡大路線であり、一方、もう

1　地方分権改革推進委員会による自由度の拡大路線

地方分権改革推進委員会は、一九九九（平成一九）年五月に公表した「地方分権改革推進にあたっての基本的な考え方」において、「地方が主役の国づくり」を標語に掲げ、地方分権改革推進のための基本原則の筆頭として「基礎自治体優先の原則」を明示した。また、今次の地方分権改革の究極の目標を「地方自治体を自治行政権のみならず自治立法権、自治財政権をも十分に具備した完全自治体にしていくとともに、住民意思に基づく地方政治の舞台としての『地方政府』に高めていくこと」とした。これは、第一次分権改革の主体となった地方分権改革委員会の最終報告で示された、改革に関する未完事項と深く関連するものであり、なかでも地方税財源の充実確保、法令等による義務付け・枠付けの緩和、そして住民自治の拡充の実現を強く意識したものであるといえる。とりわけ住民自治の拡充に関しては、第一次分権改革が行政面を中心とした分権であったのに対して、今次の改革では立法面も含めた改革を目指し、その結果として自治行政権、自治立法権、自治財政権を有する完全自治体たる「地方政府」を実現させるために、団体自治のみならず住民自治の面からの立法権の拡充が特に強調されている。

これら地方税財源の充実確保、法令等による義務付け・枠付けの緩和という論点は、相互密接に関連している問題である。すなわち、地方税財源を充実させることは、地方自治体にとって使い勝手のよい一般財源を増やすこととなり、自治体の政策選択の幅が格段に広がることが見込まれる。また、法令等による義務付け・枠付けの緩和を行うことは、法令の規律密度の緩和とも表現されるが、国が求める基準等必要最小限の事項のみを法令で定め、それ以上の細部については自治体が条例で定めることを認めるものであり、これについても自治体の政策立案・選択の幅が拡大すると考えられる。すなわち、この両者の改革は、自治体の自由度の拡大につながるものであるといえる。

地方分権改革推進委員会は、こうした観点から第一次から第四次までの勧告を提示した。二〇〇八（平成二〇）年五

月の第一次勧告では、主に基礎自治体である市町村の自治権拡充をはかる諸方策について述べられており、特に「個別の行政分野・事務事業の抜本的見直し・検討」、「都道府県から市町村への権限移譲の法制化の推進」、「補助対象財産の転用等」の三項目が優先して取り上げられている。なかでも第一章では、国と地方の従来の役割分担を見直し新たに構築すべき役割分担を明確にするとともに、広域自治体と基礎自治体の役割分担についての委員会の見解を明らかにしている。いわく、「国と地方、広域自治体と基礎自治体の役割分担において、基礎自治体に事務事業を優先的に配分し、地域における総合的な行政に実施の役割を担わせることは、地方自治の基本原則である。規模や能力の異なる基礎自治体が総合的な行政を担うことができるよう、広域自治体による補完など、総合性を担保するための制度の充実をはかる」（傍点は筆者）とし、第二章と第三章で住民の暮らしに密着した分野での基礎自治体への権限移譲を示唆している。

続く第二次勧告（同年一二月）では、「『地方政府』の確立に向けた地方の役割と自主性の拡大」という主題を掲げ、「義務付け・枠付けの見直し」と「国の出先機関の見直し」が二つの柱として示された。すなわち「『地方政府』の確立には、自治行政権の確立だけでなく、自治立法権の確立が不可欠である。このためには、地方自治体の条例制定権を拡充し、法制的観点からも地方自治体の自主性を強化し、政策や制度の問題も含めて自由度を拡大するとともに、自らの責任において条例を制定し、行政を実施する仕組みを構築することが必要である」（傍点は筆者）としている。

義務付けとは、一定の課題に対処するべく、地方自治体に一定種類の活動を義務付けることをいい、一定種類の活動に係る計画策定の義務付けもこれに含まれる。また、枠付けとは、地方自治体の活動について手続、判断基準等の枠付けを行うことをいい、いずれもこれまで地方自治体の自治事務について国が法令で事務の実施やその方法について制限し、自治体の自由度を狭めてきたものとして、今次の改革で見直しの対象とされた。

翌年一〇月の第三次勧告においても、この義務付け・枠付けの見直しが条例制定権の拡充と併せて柱とされた。本勧告では、第二次勧告において示された義務付け・枠付けの対象範囲のなかで、その存置を許容する場合等のメルクマールに該当しない条項のうち、特に問題があるとされたa施設・公物設置管理の基準、b協議、同意、許可・認可・承認、c計画等の策定及びその手続について具体的に講ずべき措置の方針が整理された。この意図としては、現在地方自治体の自治事務であっても、法令による国の詳細かつ統一的・画一的な義務付け・枠付けが多数存在していることを見直し、地方自治体の条例制定権の保障の範囲を「地方自治の本旨」の観点から設定するというもので、「わが国の地方自治制度始まって以来の試み[22]」であるとされている。条例制定権を拡充することにより、地方自治体にとっては自己選択の幅が圧倒的に拡大することが見込まれる。自治体は地域住民のニーズを汲み取り、政策決定することで、自主的な地域運営を行うことが可能になる。また、同勧告では、地域住民もこの動きに呼応して自治意識を高め、地域の自治に積極的に参画していくことに加え、地方議会においても条例を制定する機関としての機能強化が期待されると述べるなど、条例制定権の拡充が住民自治につながる道筋も描かれている[23]。

第三次勧告から約一カ月後の二〇〇九（平成二一）年一一月に出された最後の勧告となる第四次勧告では、「自治財政権の強化による『地方政府』の実現へ」という主題のもと、地方分権改革推進委員会による分権改革の総仕上げの意味合いが持たされた。この勧告における大きな二つの柱は、①地方政府実現のための自治財政権の確立、とりわけ地方税財源の充実確保、②国税と地方税を通じた財政全般の抜本的改革とされ、税源移譲、国庫補助負担金、地方交付税、地方債などの一体的な検討とともに、消費税と地方消費税のあり方など、地方自治体の自治財政権の強化拡大のための幅広い問題提起がなされた。このうち、国税と地方税の比率を一対一にするための税源移譲については、第一次分権改革における地方分権推進委員会の最終報告にも既に盛り込まれていたが、その後の三位一体の改革が当初の目論見とは異なり十分な成果が得られないなかで、次第に見落とされていったためにここで再掲されたものと考えられる。いずれにせよ、真の意味での「地方政府」を実現させるためには、政策実行面での自主性ないし自由度を拡大するための十分な財源を確保するという狙いが込められた勧告となった。

2　地方制度調査会による所掌事務の拡大路線

上記のような地方分権改革推進委員会による、いわゆる自由度の拡大路線とは別に、同時期に地方制度調査会による所掌事務の拡大によって分権改革を進めようとするもう一つの流れが存在している。この二つの大きな流れは、ある意味においてまったく正反対の性質を持つ改革路線であるにもかかわらず、同時並行的に追求されてきたがために、時には相互に拮抗し、あるいは混線する様相を呈してきた[24]。

この所掌事務の拡大路線を大きく特徴づけているのは、二〇〇三（平成一五）年一一月に出された第二七次地方制度調査会答申である。これは「社会経済情勢の変化に対応した地方行財政制度の構造改革」についての諮問を受け、「今後の地方自治制度のあり方に関する答申」として提示されたものであるが、この方向性としては既に「骨太の方針二〇〇一」で市町村合併の方針が振り付けられていた。まず、基礎自治体のあり方については、国と地方の役割分担については「補完性の原理」に基づくことを明言したうえで、「基礎自治体優先の原則」をこれまで以上に実現していくこととし、「このためには、今後の基礎自治体は住民に最も身近な総合的行政主体として、これまで以上に自立性の高い行政主体となることが必要」であるとしている（傍点は筆者）。そのためには、市町村の規模・能力の拡充を図る市町村合併を引き続き推進することが必要であり、二〇〇五（平成一七）年三月の合併特例法の期限以降も合併の方策を展開すべきであるとした。

この答申の趣旨としては、基礎自治体が「総合的行政主体」となるためには、これまで以上の権限および財源が必要であり、そのためにはまずその受け皿となる市町村の規模や能力を拡充させなければならないという、いわゆる「受け皿論」が展開されている点にある。少子高齢化、住民要求の多様化、逼迫する財政状況など市町村を取り巻く状況は非常に厳しく、課題が山積するなか、これらを支えるパイとしての人口規模だけでなく、職員の能力強化という点からも、規模の拡大方策として市町村合併が選択されている。

しかし、こうした合併推進方策を講じてもなお地域的事情等で残る小規模な町村をどう処遇するかという点について、特例町村制度を設けるための下地としていわゆる「西尾私案」が出され、大きな波紋を呼んだことは記憶に新しい。これは、当面合併に至ることが困難な市町村に対する特別の方策として、法令による義務付けのない自治事務は一般的に処理するが、法令上義務付けられた事務については窓口サービス等その一部のみを処理することとされたものである。この場合、都道府県が当該事務を処理することを義務付けることにより垂直補完が想定されていたが、小規模町村からは自治権を制約された団体となるという理解のもと、猛反発を受けることとなった。

二〇〇六（平成一八）年二月の第二八次地方制度調査会答申も、引き続き地方自治体の規模の拡大に関するものであり、「道州制のあり方に関する答申」と銘打たれたそれは、さらにその射程範囲を広げて広域自治体のあり方を見直すことによって、国と地方の双方の政府を再構築しようとするものであった。すなわち、市町村合併がある程度全国的に進行した状況を踏まえ、更なるステップとして都道府県から市町村への大幅な権限移譲を可能にするため、都道府県の役割や位置付けを再検討したうえで、国の役割を本来果たすべきものに重点化すると同時に内政に関しては広く広域自治体が担うことを想定し、道州制を検討しているものである。

この検討の方向性としては、まず補完性の原理および近接性の原理に基づいて、国、広域自治体および基礎自治体間の役割分担を体系的に見直し、順次大幅な権限移譲を行うべきであるとし、広域自治体として現在の都道府県に代えて道州を導入する場合には、道州が圏域における主要な政治行政主体としてその役割を果たせるよう、それに見合う権能、機構、税財政等の仕組みが構築されるべきであるとしている。また、現在都道府県が実施している事務は大幅に市町村に移譲し、道州は「圏域を単位とする主要な社会資本形成の計画及び実施」、「広域的な見地から行うべき環境の保全及び管理」、「人や企業の活動圏や経済圏に応じた地域経済政策及び雇用政策」などの広域事務を担う役割に軸足を移すこととしている。

このように、第二七次及び第二八次地方制度調査会答申においては、国と地方の役割分担の見直しを通した基礎自治体および広域自治体の所掌事務の拡大が、規模の拡大によって実現されるべきという一定の論調が支配しているということができる。これら答申の後押しもあり、いわゆる平成の市町村合併が全国で進行した一方、道州制の議論、なかでもその区割りや役割をめぐっては多くの政治的経済的論争を呼ぶところとなった。そもそも、地方自治体の規模の拡大は政治家の地盤に関する重要な問題であり、その時々の政権によっても取り扱われ方がまったく異なる問題であることに加え、特に道州制については経済界や産業界など、その立場によって主張する内容や範囲、権能などがばらばらであり、同床異夢や呉越同舟の状況に陥りやすい。ここで留意すべきは、仮に道州制を導入するとした場合、こうした様々な思惑の議論の前提をまずは統一することと併せて、あくまでも「集権的」道州制とならないよう、基礎自治体および道州における所掌事務の拡大については国の関与をできる限り緩和し、自由度の拡大とセットで行われなければならないという点であろう。

二〇〇九（平成二一）年六月の第二九次地方制度調査会答申では、こうした所掌事務の拡大を地方自治体の規模の拡大で賄うべきとするトーンはいったん影をひそめ、市町村合併の評価・検証を踏まえたうえで、基礎自治体の行財政基盤の充実強化のため、残された課題を整理し今後の対応策を提示するという内容となっている。これからの基礎自治体のあり方としては、第二七次地方制度調査会答申で示された「総合的行政主体」としての姿を再確認したうえで、なお合併に至らずに残っている小規模町村を含め、基礎自治体の能力拡充のための対応方策として、一部事務組合、協議会、機関等の共同設置などの事務の共同処理といった現行の広域連携の仕組みをより使いやすくするための見直しなどが提言されている。(25)

2　今後の権能と組織のあり方

以上、明治以降における地方自治体の権能に関する変遷をおおまかにみてきた。明治憲法下ではその権能は憲法に規定されていたとはいえ、形ばかりの法律上のものでしかなく、その内容を具体的にいかに定めるかは立法政策上の、そして実質的には行政政策上の問題とされていた。その性格は、自治団体というよりもむしろ内務省からの縦のラインの末端に位置付けられる国の行政区画としての色合いが濃く、そのため住民自治はおろか、団体自治さえも確立されてはいなかった。

戦後の日本国憲法では「地方自治の本旨」が地方公共団体の組織・運営を定めるうえでの「要石」「大本」とされたものの、その文言が示すところはあいまいであるため、具体的内容については現代的解釈を要するものであり、さらに近時の分権改革においては、地方自治体の権能が相対的に拡充される方向が目指されてはいるものの、大きな二つの改革路線においてその本質は決定的に異なっている。

以下では、これまでの経緯を踏まえ、現在および今後の地方自治体における権能と組織のあり方について、いくつかの論点を提示したい。

（1） 事務配分としての自治体の権能

地方自治体の持つ権能は、基本的に憲法によって規定されているが、かつて大日本帝国憲法の下におかれていた府県および市町村は、自らの責任と権能に基づいて行うべき行政作用の範囲を著しく限定された存在であった。それはいわば経済的な事業団体として、あるいは主に国の行う行政作用についての費用を負担するだけの団体としての性格が強く、公権力を行使するような場面は極めて少なかった(26)。

しかし、戦後の日本国憲法の下では、地方自治体も国と同様、一種の統治団体として、包括的な権能を持つものとされた。すなわち、憲法九二条の「地方自治の本旨」の解釈問題ではあるものの、ここに自治体の持つ自治権の本質が保障されているとみることができ、地方自治体は極めて広範囲にわたる行政活動を担い、住民の日常生活に関わる事務について広く権能と責務を有していると解することができる。

近藤は、「地方自治の本旨」の解釈問題はすなわち自治権の本質の究明と同義であるとする。自治権は主権在民の原理から導かれるものであり、主権も自治権もその権力の源泉は住民にあるため、その意味において国と自治体は対等である。しかし区域、住民の重複から主権と自治権の競合が生じるため、両者は調整される必要がある。ゆえに国と自治体の関係は、自治権（主権）主体として対等である両者の「調整関係」として把握することができるとしている(27)。

近藤が指摘するように、自治権の問題を「調整関係」と捉える観点からは、具体的には国と地方の事務配分の問題として長く議論がなされてきたところである。憲法および現行の地方自治法は、どの事務をどのような基準で国と地方間とで配分するかを明確に定めてはいない。したがってこの問題はその時々の立法政策に委ねられてきたといえるが、これまでその基本的な考え方として、「事務配分論」、「機能分担論」、そして「役割分担論」と呼ばれるものが示されてきた。

戦後の地方制度改革を受けて、事務配分論の原点となったのが一九四九（昭和二四）年のシャウプ勧告である。シャウプ勧告は、「行政責任明確化の原則」、「能率の原則」、「市町村優先の原則」を基本とし、国、府県、市町村それぞれにおいて処理する事務をできるだけ個別専属的に割り振ることとし、特に市町村に対して優先的に事務を割り当てるというものであった。

一方、一九六〇年代半ば頃に登場したのが機能分担論であり、これは第九次地方制度調査会答申に端を発したもので、国と地方自治体の関係は国民の福祉の増進という共通の目的に向かってそれぞれの機能を分担し、相互に協力して行政の処理にあたるべきとするものである(28)。この時代背景として、逆コース期から新中央集権に向かう流れの中で福祉国家化が進行しつつあり、国の権限ないし財源の強大化の一方で、政策実施のためには自治体のマンパワーに依存せざるを得ない状況があったと考えられる。すなわち、中央と地方は政策体系において相互密接的な依存関係にあるのであって、一連の行政事務については機能的な分担と協働によって分配すべきとされたのであり、事務配分としてではなく、むしろ権限ないし権能の配分を基本的視点に据えることが主張されたのであった。

機能分担論については、一つの事務についての国における決定権限の集権化と自治体への執行の分権化として、機関委任事務制度とともに国と自治体との上下関係を前提としているとして批判されてきた面もあり(29)、一九九三（平成五）年の衆参両院における「地方分権の推進に関する決議」および地方分権推進委員会の勧告では、機能分担に代わる「役割分担」の概念が登場した。この役割分担という文言は、事務配分における機能分担の観念が、相互依存と協力を強調した結果として国と地方自治体の関係を複雑かつ不透明にしたという経緯から、国の関与を限定するとともに、国・地方関係を透明なものとする方向を目指したものと考えることができる。すなわち、役割分担の原則のもとでは、自治体が担うとされた事務については自治体がその事務について責任を負うとともに、その事務についての決定権も有するというものであり、国は当該事務については自治体に関与しないか、あるいは最小限度の関与にとどめるとするものである。

地方分権推進委員会は、この原則に基づく国の役割として、①国際社会における国家としての存立にかかわる事務、②全国的に統一して定めることが望ましい国民の諸活動もしくは地方自治に関する基本的な準則に関する事務、③全国的規模・視点に立って行わなければならない施策及び事業（ナショナルミニマムの維持・達成、全国的規模・視点からの根幹的社会資本整備等に係る基本的事項に限る）といった項目を挙げ、他方で地方自治体の役割としては「地域における行政を自主的かつ総合的に実施する役割を広く担う」こととした。

この勧告を受け、改正された地方自治法第一条の二では、第一項で自治体の役割を規定したうえで、第二項でその趣旨を達成するため、自治体の自主性・自立性への国の配慮が明示された。この、「自主性・自立性への国の配慮」がどれほどの法的効果を有するのかという問題については、国に課されている義務であると解し、役割分担の原則と同様、国と自治体との「調整の基準」としての規範的意義を強調する向きもあるが[30]、例えば日本における「日本型福祉社会」という構図の上でのこれまでの国と自治体の相互依存関係の実態を思い返すなら、「自主性・自立性への国の配慮」については実際にどのように運用されていくのか、決して楽観的にならず、極めて注意深く監視していく必要があると考えられる。

すなわち、自治体の自主性・自立性は、国との事務配分における役割分担の結果生じるものであると考えるなら、まずは旧制度下から引きずってきた事務配分の理論とはっきりと区別し、これと訣別する必要がある。旧制度下では、権力行為たる狭義の行政は国の専権事項であり、自治体はそれ以外の財産管理や事務処理にあたる存在に過ぎないとされていたため、行政の執行は国の官吏としての知事か、国から事務執行の委任を受けた市町村長にしか認められていなかった。日本国憲法が制定された後も、実際の中央地方関係においては、国は依然として行政権を事務の形で配分するという姿勢を変えず、機関委任事務制度に特徴的なように、自治体の統治体としての固有の権能を制限する手法をとってきた。その結果、事務の機能分担論に後押しされる形で昭和四〇年代から「日本型福祉社会」が唱えられたものの、そこにおける相互依存と協働は決して対等かつ公平な関係ではなく、国の誘導や統制を下敷きにしたものであったからである。

したがって、こうした歴史的経緯とはまったく異なる次元での「役割分担」ないし「自主性・自立性」を志向するのであれば、これらを担保しうるための新たな権力概念の組み換え作業が必要になるといえよう。そのためには、補完性の原理を徹底し、民主主義社会における権力の源泉たる住民の存在を再度明確に位置付けたうえで、住民の信託を受けた最も身近な政府としての基礎自治体がまずは自主的・自立的に行政を執行し、その次に広域自治体が、さらに最終的に国がそれぞれの賄えない部分についてのみ補完するという仕組みを現実的に構築しなければならない。また、この仕組みにおける基礎自治体の自主性・自立性の確保のためには、基礎自治体の自主的な政策選択の手段や手法が、とりわけ財源とともに国に対して確保されなければならないと考える。

（2）地方自治体の自立性

地方自治体の有する自立性（自律性）の問題は、政策形成・実施の過程における活動量との関係性においても捉えられてきた。福祉国家における自治制度のあり方という文脈のなかで、村松は自治体における自治を自律性と活動量の両面に分解し、それまでの中央集権による垂直的統制モデルに対抗する仮説提示に援用した(31)。すなわち、現代国家において集権化と自治は二律背反的問題であるとされてきたが、集権化の時代においては、一方において自治体におけるサービス水準（活動量）を高めなければならないという要請と、他方で自治体が自律性を確保しなければならないという要請の間にジレンマが生じる。活動量を確保するためには行政資源が必要になるが、その多くは国にあるため、自治体単独での実現は難しい。その結果、自律性のみを強調し続けることは困難となる。したがって、自律性と活動量は二律背反となるが、戦後の日本においては自律性よりも活動量が重視されてきた。

村松の議論は、活発な要求活動を行う市民および行政資源をめぐって活動する地方自治体に目を向けたうえで、この自律性と活動量のジレンマが、水平的政治競争を伴う中央への圧力活動を促してきたことを指摘している点で非常に意義深い。しかし、この議論は革新自治体が活動華やかな時代背景においてその説明力を有していたものであり、現代あるいは今後の地方自治体にかかる文脈で読み直す必要があると考えられる。すなわち、全体としての活動量、とりわけ横並び的な行政の活動量のみが求められたのは既に過去のことであり、現代の住民はより多様な価値観のなかで質の高い行政サービスを求めている。加えて、その質を確保する際に、単に行政に要求するだけの主体ではなく、何についてどれだけの質をどうやって確保するのかという政策形成過程に自ら参画する主体ともなりつつあるのである。つまり、地方自治体における自律性と活動量の関係はもはや単なる二律背反ではなく、それらの程度あるいは質と、それらについて決定する主体とについての実現性の問題として捉えるべきなのではないだろうか。

村松は自治を「自己操縦」と「自己制御」の二つの機能によって成立するとも述べているが、これは一般的な組織経営の原理にほかならない。自ら判断して一定の行為を起こし（自己操縦）、結果についての情報を得てこれによって判断の誤りを修正する（自己制御）することは、公的私的を問わず組織全般に必要な機能である。村松によれば、政治における自治にはこれに加えて活動量の確保が必要になるのだが、上述したような本章の趣旨からいえば、政策選択にかかる実現力がこれに伴わなければならない。すなわち、地方自治体における政策選択にかかる自己決定権、さらにいうなら自治体における団体自治の範囲と程度、そしてそれを決定する主体としての住民自治が真に確立されることこそ、自治体が「自立的（自分で物事を行いうる）」であり「自律的（自己をコントロールしうる）」な存在であるといえるのではないだろうか。

（3） 自主性・自立性と総合性

近時の分権改革を振り返ってみれば、団体自治の充実が目指された第一次分権改革以降は、地方自治体の自由度の拡大路線と所掌事務の拡大路線が存在していたが、その過程では、自治体は自主性・自立性とともに総合性をも兼ね備えた団体としての姿が目指されてきた。前章でみたように、地方分権改革推進委員会の第一次勧告では、「規模や能力の異なる基礎自治体が総合的な行政を担うことができるよう、広域自治体による補完など総合性を担保するための制度の充実をはかる」とされていたし、第二七次地方制度調査会答申においても、基礎自治体優先の原則を実現するために、「今後の基礎自治体は住民に最も身近な総合的行政主体として、これまで以上に自立性の高い行政主体となることが必要」（傍点は筆者）とされていた。

こうした分権改革の方向性について、金井は、アプリオリに制度化される「総合性」と分権とは相容れない可能性を指摘している。すなわち、自治体が、どのような範囲で行政事務を所掌し、どのように組織として分業と協業を組み立てるかを「自主的」に判断するとするならば、その結果として「総合的」になる場合もあれば「非総合的」となる場合もあり得るからであるとする[32]。本章の趣旨に沿ってこれを読み解けば、地方自治体の自立性が真に発揮されるとした場合、団体自治の範囲は当該自治体によって自己決定され、自治体としての行政の守備範囲がその質とともに選択されることになる。その際、自治体の規模や能力、地域的特性のみならず、何よりも決定主体たる住民の価値選択の多様性によって、その結果は自治体によって多様なものとなるはずである。自治体の「自主性・自立性」が最も尊重されるべき原理であるならば、本来的には、その結果は中央が予定する「総合的」行政であるかどうかは最優先事項にはならないからである。

したがってこのように一律的に「総合的」行政の展開を要求されることは、自治体の「自主性・自立性」がかなりの程度制限されることとなり、旧制度下から綿々と引き継がれてきた、国による行政権あるいは事務の配分という発想から完全に抜け出せているとは言い難い。いうならば、「与えられた分権」あるいは「与えられた範囲内での自主性・自立性」と捉えることができよう。

この問題は、第二七次地方制度調査会において示された西尾私案において既に提起されていた。平成の大合併が突き進められた際に、その必要性の根拠として示されたのは、所掌事務の拡大に見合うだけの地方自治体の規模および能力の拡大の必要性であった。これは、日本が基礎自治体には可能な限りフルセットの事務配分をさせるという基礎自治体中心主義を採る帰結であるともいえる。基礎自治体中心主義は、補完性の原理からみればある種の理想型ではあるものの、事務配分と行政体制のバランスという課題に常に直面することになる(33)。

そこで、自主合併の後になお残った小規模町村の扱いについて、事務配分の軽減を通じて行政体制を整えるという観点から提示されたのが、西尾私案であった。この案の意図は、小規模町村については国から義務付ける事務の範囲を縮小し、簡素な自治体としての特例町村を認めるべきというものであったが、それはあくまでも地方自治法上の基礎自治体としての地位を引き続き有するものであり、市町村が任意に遂行することのできる事務を制限するものではなかった。

一九九九年改正により定められた地方自治法第二条二項では、「普通地方公共団体は、地域における事務及びその他の事務で法律又はこれに基づく政令により処理することとされるものを処理する」と規定された。このうち、「地域における事務」とは、この文言からだけでは判然としないものの、原則に立ち返って判断すると、当該自治体が自己の事務として必要であると判断した事務ということになり、自治権に関する確認的規定と読むことができる(34)。一方、「法律又はこれに基づく政令により処理することとされるもの」とは、国が法律又はこれに基づく政令によりその処理を義務付けているものであり、自治体の自主的・自立的政策判断とは関わりなく、自治体が国の統治機構の一部として行わなければならない事務を指している。すなわち、西尾私案で示されたのは、この「法律又はこれに基づく政令により処理することとされる」事務についての軽減であって、決して自治体の権能の制限、すなわち自治体の自主性・自立性にかかる制限を意図したものではなかった。

この特例町村制は、地方制度調査会専門小委員会においても厳しい意見の対立があったため、「引き続き検討する」という扱いに至ったが、この制度を導入する際に留意すべきは、国から義務付けられている事務の軽減の範囲や程度もさることながら、この制度および事務軽減の範囲や程度を誰が選択するのかという点にあると考えられる。すなわち、本章でこれまで述べてきたように、決してお仕着せでない団体自治を自治体の自主性・自立性によって確立していくなら、全ての事務をフルセットでそろえた従来型の自治体制度を選択し、結果として「総合的」行政を展開するのか、あるいはその自治体にとって真に必要とされる事務のみを選択して特例町村となり、結果として「非総合的」（従来の国からの視点によれば）行政を展開するのか、ということがまず当該自治体によって選択できるものとしなければならない。そのうえで、どの事務をどの程度担うのかということが選択される必要がある。こうした仕組みの制度的確保こそ、まずは進められるべきであろう。

（4） 多様な自治の確保へ

これまでの考察を踏まえ、地方自治体が持ち得る権能と組織の関係を今後どのように整理していけばよいのか。仮に、第一次分権改革以降の自治体の自由度の拡大を目指した改革が今後現実的に進行し、自治行政権、自治立法権、自治財政権が真に具備されていくのであれば、それらの活用は自治体の自主性・自立性によってなされなければならないと考える。拡大する自由度のなかにおいて当該自治体の政策選択がなされ、多様な価値実現とその実現方法が自治体自身によって取捨選択されるべきである。すなわち、それは当該自治体における団体自治の範囲を、自治行政権、自治立法権、自治財政権の拡充によって自ら決定する自由度であり、その取捨選択の自由度こそ、最も確保されるべき自由度ではないだろうか。そして、その際の手段として、あるいはその過程において、地域住民による民主主義、すなわち住民自治が保障されるべきであると考える。

地域にはそれぞれの歴史や地理的特性、産業構造、文化などが存在し、当然のことながら住民のニーズもそれらに応じて異なるものとなる。政策選択が何らかの価値の実現を目指すものだとすれば、それらの価値は地域における権力主体たる住民の意思を汲み、かつ住民自身の意思によって選択されなければならない。だとすれば、地方自治体における政策選択は、そのメニューにおいても実現手段においても非常に多種多様なものとなるはずである。言いかえれば、自治体の持ち得る権能およびその運用とは、団体自治の範囲と程度の決定によるものにほかならず、そしてそれらは原則的に住民自治に基づく統制によるべきであり、その結果として、画一的でないことをいとわない自治、つまり多様な自治を容認する制度設計が求められていくことになるといえよう。

自治体における活動量ないし所掌事務の拡大といった、量的拡大のみを求める時代は既に過ぎた。ましてやそれらを自治体の意思とは関係なく、国から押し付けられることが「地方分権」を意味するものではない。自分たちの住む自治体において、何が必要とされる価値なのかを住民自らが選択していく質的充実こそが、目指されるべき自治体の権能の運用の方向性であると考える。

地方自治体は、一定の地域、住民、法人格をその要素とする。さらにいうなら、単に法人格を有するだけでなく、日本国憲法において条例制定権、行政執行権が定められていることから、地方自治体は統治団体なのであり、国と同じく行政主体でもある。国家により程度の差はあるものの、このように行政が行うべきあらゆる活動について分担させるための特別の組織体を地方に設け、これにある程度独立の権能を持たせているのが地方行政制度であり、「分権」の程度を具体的に示すのが、地方行政を担うこれらの組織体の規模・権能・法的性質等である(35)。したがって、いわゆる大陸型か英米型か、包括授権主義か制限列挙主義か等によってももちろん「分権」の程度や比較する基準は異なるが、重要なのはその自治体において「誰が」「何を」「どのように」実現するのかということには変わりがない。つまり、権力主体たる住民が、彼らが真に必要とする価値について民主主義的に実現すること、このための制度的保障こそが「分権」あるいは「自治」といえるのであって、その過程やメニュー、結果において国が想定する画一性を満たすことを指すのではない。

連邦国家と単一国家という大きなシステム上の違いこそあれ、アメリカにおける地方自治制度を想起すれば、これらのことは自明であると言わざるを得ない。すなわち、カリフォルニアを例にとれば、州（state）はすべてcountyに分かれるが、このcountyの内部には、市（municipality）の存在するincorporated areaと、それがないunincorporated areaとが存在する。後者には日本でいう基礎自治体たる市町村が存在しないため、行政サービスは州の機関である

countyから供給される。この地域に基礎自治体が設立されるか否かは、この地域の住民が、より多額の納税をしてでもよりきめ細やかな行政サービスや自治を求めるかどうかによって決定される。つまり、ここでは総合的な行政主体たる基礎自治体がまず仕組みとしてあるのではなく、住民自身が信託するに足る自治体を設立するかどうかが選択できる自由があるのであり、この取捨選択の自由こそが「自治」における重要な要素とされているといえるのである。

このように考えてくるならば、住民による取捨選択の自由の保障とその結果としての多様性の受容とは、自治体行政における「参加」と「分権」にほかならない。そして、その地域における「参加」と「分権」によって、公共性と民主主義の実現が可能になる。(36)つまり、地方自治体の組織と権能は、地域における公共性と民主主義の制度的保障あるいはその実現装置として機能すべきだといえよう。

地域における公共性について断定的に論じることは容易ではなく、多面的観点からの考察を必要とするため詳細は別稿に譲ることとするが、地域における住民と政府（自治体組織）との合意形成の結果として公共性を措定するなら、それを担保するものとして民主主義的統制と手続的公共性が必要になると考えられる。(37)自治体における民主主義的統制としては、これまで国の行政機関による統制（関与）が大きな役割を果たしてきたが、自治体の自主性・自立性の確保を図る観点からすれば、住民の意思をより的確に反映するための住民による直接統制が機能すべきであると考えられる。また、合意形成の結果としての成果物は地域によって多種多様であり得るため、その基準やあるべき姿を議論することは生産的でない。むしろ、そこに至る過程、すなわち住民の参画の自由、および参加者の自由な討議と合意形成に至るまでの客観性についての制度的確保などが手続的公共性として必要であるといえる。

そもそも、公共性とはアイデンティティ（同一性）の空間ではないため、共同体のように一元的・排他的な帰属を求めるものではない。(38)公共性の空間においては、人々は複数の集団や組織に多元的に関わることが可能である。実際、住民は地域において複数の集団や組織に関わり、それぞれにおける立場や役割、主義主張から多様なニーズを持っている。それらが総体的に形成され、地域における行政需要として認識されていくのである。

すなわち、公共性とは多様性を内包ないし前提としているのであり、地域における公共性を実現するためには、この多様性をある程度受容できる仕組みがなければならない。公共政策とは、多種多様な主体による多様な価値観のせめぎ合いのなかから選択されるのであって、自治体組織はこの多様性を前提とし、ここに具体的な問題解決としての政策を組織のアウトプットとして求められるということになる。すなわち、地方自治体の組織は、取捨選択による公共政策を通じて、組織構造およびその組織過程において多様性を前提とした公共性を実現する必要があるといえる。

組織を環境のなかにおける一つのシステムとみなした場合、組織が環境の多様性に対抗して自らを制御しようとするためには、当該組織には環境の多様性以上の多様性が必要になる。(39) 組織における多様性を実現するには、部門組織への分権化が避けては通れない。また、それらの部門組織が各々環境との接点を持ち、その多様性を柔軟かつ迅速に組織過程に取り込むことができなければならない。多様性のみが多様性を制御するとする、この「必要多様性の法則」からするならば、自治体組織はその内部構造および組織過程に多様性を具備しなければならない。すなわち、地域における住民ニーズの多様性、そして住民自治の結果としての多様な団体自治のあり方という環境の多様性に対して、拡大された自由度のなかにおいて自治行政権、自治立法権、自治財政権を自主的・自立的に運用しつつ、多様性のある組織構造と組織過程をデザインしていく必要があるといえよう。

おわりに

状況適合理論によれば、組織構造を構成する変数は、一般に、活動の構造化、組織形態、権限の集中であるとされる。(40) このうち、活動の構造化とは、活動が職能専門化によって遂行される程度を表す専門化、コミュニケーションが文書によって行われる程度を表す公式化、作業が遂行される際に手続があるかどうかの程度を表す標準化から構成される。組織形態とは、統制範囲や階層の数などから成り、役割構造の見取り図のことを、また権限の集中とは、組織内での集権化と他組織への依存性の程度を指す。本章では、これら組織構造を構成する変数について、地方自治体を主体とした際の多様性の具体的検討にまでは踏み込めなかった。これについては今後の課題としたいが、その糸口についてここで若干考察しておきたい。

まず活動の構造化については、地方自治体組織は私的組織に比べ、一般的にその程度が非常に高いと考えられる。活動の構造化を高めることで、活動費用の逓減と活動対象への公平性が相対的に高まると考えられることから、これを一概に批判することはできないが、一方で高度に構造化されすぎた行政は、地域での民主主義および公共性の実現とは相容れない部分も多く生み出すと想定される。次に、組織形態については従来のピラミッド構造から脱し、より環境との応答性を高め意思決定を迅速化するためのフラット化などが模索されている自治体も現れているが、行政責任の分担という問題を個人と組織の関係においてきちんと整理し、かつ組織内の階層と集団関係に落とし込む作業を綿密に行わなければ、その機能的運用はなかなか難しいといえる。この問題については、組織内での分権化と集権化の程度と併せて議論されるべきであろう。

これら組織構造が多様性を持ちつつ、自主的・自立的な運営のもと団体自治が展開されるためには、住民自治との密接な関わりが必須であることは、先に述べてきたとおりである。それに加えて、環境の多様性と共存し協働していくためには、住民だけでなく広く社会における他組織との関わりが必要になる。これは、公務労働を企画と実施部門に切り分け、外部化を進めるなどの市場原理をやみくもに導入することではなく、公共的価値を多様な主体の参画のもとにどのように実現するかということであり、ひいては地方自治体組織内における民主主義の確立をも視野に入れる必要があると考える。

注

(1) 府県制第二条「府県ハ法人トシ官ノ監督ヲ承ケ法律命令ノ範囲内ニ於テ其ノ公共事務並従来法律命令又ハ慣例ニ依リ及将来法律勅令ニ依リ府県ニ属スル事務ヲ処理ス」。

(2) (財)地方自治総合研究所監修、今村都南雄・辻山幸宣編『逐条研究地方自治法Ⅲ』敬文堂、二〇〇四年、二九ページ。

(3) 同上、一三八ページ。

(4) (財)地方自治総合研究所監修、佐藤竺編『逐条研究地方自治法Ⅰ』敬文堂、二〇〇二年、一二ページ。

(5) この規定については、明治四四年市制・町村制改正により、「市(町村)ハ法人トス」と改められ、これによって明治三二年の府県制・郡制改正により法人とされていた府県および郡と同じ規定となった。

(6) 市制第七四条、町村制第六九条。これにより市町村長は、市町村会・市参事会から独立して以下の事務を管掌することとされた。①司法警察補助官としての職務、および法律命令によってその管理に属する地方警察の事務、②浦役場の事務、③国の行政、府県の行政で市（町村）に属する事務。このうち国の行政事務としては国税徴収、徴兵、衆議院議員選挙、在郷兵招集、挑発等の事務、府県の行政事務としては府県税、郡費の徴収事務。なお、ここに列記された事務については、前述の公共事務と区別し「行政事務」とされている。

（7）市長の選任については、内部大臣が市会をして候補者三名を推薦させ、上奏裁可を経て選任されることとされた。また町村長については、町村会においてその町村公民中年齢三〇歳以上で選挙権を有する者より選挙され、その選挙は府県知事の認可を受けなければならないとされた。

（8）今村・辻山前掲書、二一一ページ。

（9）杉原泰雄『地方自治の憲法論』補訂版、勁草書房、二〇〇八年、一四六ページ。

（10）小林武『地方自治の憲法学』晃洋書房、二〇〇一年、三ページ。

（11）杉原前掲書、一六六ページ。

（12）同上、一一五ページ。ただし、フランスとイギリスにおいても双方の地方自治制度のあり方は相当異なる。フランスはいわゆる大陸型であり、その特徴は概括例示による包括授権主義にあるため、中央省庁による裁量を伴う後見的指揮監督による行政統制が中心となり、地方自治体は国の下部機関としての性格が強くなる傾向にある。これに対してイギリスはいわゆる英米型であり、地方は国から個別に授権された権限の範囲ではかなりの自治権をもつが、権限を越える行為は一切許されないという制限列挙主義であるため、中央政府からの統制は法律と裁判所によるルールに基づく統制、すなわち立法統制と司法統制が中心となる。授権の範囲を超えて行使された自治体の行為は越権禁止の法理によって無効とされるが、授権された範囲内では広範な自治立法権と法令解釈権を有するため、中央政府からの権限の独立性は大陸型に比して英米型のほうが高いといえる。

（13）同上、一一九ページ。

（14）小林前掲書、二八ページ。

（15）近藤哲雄『自治体法』学陽書房、二〇〇五年、二一ページ。

（16）塩野宏『行政法Ⅲ』第二版、有斐閣、二〇〇一年、一〇八ページ。

（17）今村・辻山前掲書、四二ページ。

（18）藤田宙靖『行政組織法』有斐閣、二〇〇五年、六一ページ。

（19）施行に際して各都道府県知事あてに出された自治庁長官通達による。昭二七・九・一　自甲第六六号。

（20）西尾勝『地方分権改革』東京大学出版会、二〇〇七年。

(21) 同上。
(22) 地方分権改革推進委員会第三次勧告より。
(23) この第三次勧告の内容は、二〇〇九年一二月に「地方分権改革推進計画」として閣議決定された。これに基づき、政府は、義務付け・枠付けの見直しの一括改正と地域主権戦略会議の法制化を内容とする「地域主権改革の推進を図るための関係法律の整備に関する法律案」及び「国と地方の協議の場に関する法律案」として国会に提出し、両法案は地方自治法の一部改正法案とともに「地域主権改革関連三法案」として審議されることとなったが、いまだ成立には至っていない（二〇一〇年一一月現在）。この義務付け・枠付け見直しについては、全国知事会や全国市長会が強く見直しを求めていた項目である一方、特に保育、介護、福祉の分野において基準の切り下げにつながるのではないかという懸念の声もある。
(24) 西尾前掲書参照。
(25) この具体的見直し作業を行うため、二〇〇九年七月には総務省内に「地方公共団体における事務の共同処理の改革に関する研究会」が設置され、筆者も委員として参画した。共同処理の効果が期待できる部門としては、規模拡大や効率化によるコスト削減等の効果が大きいもの（公園管理、公営住宅管理、国土調査等）、専門性が高く、体制強化が課題となっているもの（監査事務局、税業務、地域保健センター等）、権限移譲等により、新たに事務を行うもの（消費生活センター、都道府県からの事務移譲等）、中立性・独立性が高いことが望ましいもの（行政委員会事務局、専門審査機関等）、広域で実施することが施策目的の達成に必要なもの（観光振興、環境規制等）が検討された。
(26) 藤田前掲書、一八六ページ。
(27) 近藤前掲書、一九ページ。
(28) 山下淳「事務配分・機能分担」『法学教室』第一六五号、一九九四年、四三ページ。
(29) 近藤前掲書参照。
(30) 同上、三一ページ。
(31) 村松岐夫『地方自治』東京大学出版会、一九八八年。
(32) 金井利之『自治制度』東京大学出版会、二〇〇七年、一二ページ。
(33) 西尾前掲書参照。
(34) 近藤前掲書、二四ページ。
(35) 塩野前掲書、一一三ページ。
(36) 宮本憲一編『公共性の政治経済学』自治体研究社、一九八九年。

(37) 本書第7章参照。
(38) 齋藤純一『公共性』岩波書店、二〇〇五年。
(39) 岸田民樹『現代経営組織論』有斐閣、二〇〇五年、一四一ページ。
(40) 同上、二六ページ。

第7章　公共サービスの外部化と組織管理における「公共性」概念

はじめに

（1）「新しい公共空間」と「公共性」

二〇〇三年六月、地方自治法の一部改正（第二四四条）により、従来公共性の観点から地方自治法により公共団体や公共的団体等に限られていた「公の施設」[1]の管理運営について、指定管理者制度が設けられた。この制度は、保育所、公民館、病院など公の施設の管理に関して、その施設の設置目的を効果的に達成するため、必要があると認めるときは、民間事業者を含む法人その他の団体を指定して施設の管理に当たらせることができるとするものである。

この制度の特徴は、自治体の役割の変化にある。従来は自治体自身が直接管理権限の行使を行い、設置者としての責任を果たす立場であったが、この改正により、必要に応じて指定管理者に指示を行う立場に移行することになった。指定管理者が自治体の指示に従わない場合には指定を取り消すなど、自治体は指定管理者に対し、指導、監督、指示を与える間接的な管理の役割を果たすことが求められている。

また、旧地方自治法による従来の管理委託制度と比較すれば、管理委託制度の場合、施設管理者が公共団体（土地改良区等）や公共的団体（農協、生協、自治会等）、第三セクター、五〇％以上の出資法人に限定されていたが[2]、この改正により、ＰＦＩを含む民間事業者やＮＰＯ法人などその他の団体も管理者となることが可能となった。さらに、住民の施設使用を許可する権限（公権力の行使である行政処分）も、民間事業者を含む施設管理者に委任することが可能となった。

さらに二〇〇六年五月には「競争の導入による公共サービスの改革に関する法律」（いわゆる「公共サービス改革法」）が可決・成立し、官民競争入札による市場化テストが導入された。(3) これは、これまで「官」が独占してきた公共サービスについて、「官」と「民」が対等な立場で競争入札に参加し、価格・質の両面で最も優れた者がそのサービスの提供を担っていくこととする制度であるとされ、(4) 公共サービスの質の向上や経費・人員の節減による効率化、民間のビジネスチャンスの拡大がその目的とされている。

このように、これまで行政が担当してきた公共サービスについて、より多様な供給主体の参入を認めようとする方向での様々な改革は、日本の近時の行政改革の趣旨である「簡素で効率的かつ透明な政府」の実現に向けた「官から民へ」という一連の流れを受けたものであると解釈できる。イギリスなどアングロサクソン諸国に端を発した福祉国家的政策の終焉と、新自由主義に基づくＮＰＭ的要素を持った改革の波は、折しも国・地方ともに未曾有の財政危機に直面した日本において、自治体行政の現場では上記のような指定管理者制度や公共サービス改革法として具現化しつつある。

公共サービスの供給主体にかかる法制度がこのように次々と整備され、多様な主体の参入を推奨しようとする動きは、公共空間における統治作用に関して、一つは規範論として、或いは複数のアクターを巻き込んだ関係性ないしプロセス的概念として発展してきたガバナンスの議論と全く無縁ではない。これは二〇世紀後半からはじまった、国家が外部環境へ適用する経験を示そうとする議論であり、また、社会システムの調整とその過程における政府の役割を、概念や理論のレベルで提示しようとするものでもある。(5)

日本でも、この二〇年余りのなかで省庁再編、地方分権、規制緩和などに表される官民関係、中央地方関係及び政官関係の改革が避けられない課題であることは論を待たない。これらの改革は、単に政府部門或いは行政部門自体の改革にとどまらず、政府の統治能力の揺らぎや低下を背景として、より広範な視点でのガバナンスとしてのあり方を要求するものでもある。この課題解決の際の中心的理念として、中央省庁等の改革時に牽引役となった行政改革会議において、政府自身が「公共性の空間」の再定義を試みた時から、日本における政府体系再編の要請はガバナンス概念の具現化へと舵を切られたとも考えられる。そこでは、「『公共性の空間』は決して中央の『官』の独占物ではないということを、改革の最も基本的な前提として再認識しなければならない(6)」とされ、さらに、地方分権改革の意義について「国と地方公共団体との間では、公共性の空間が中央の官の独占物ではないという理念に立ち返り、統治権力の適正な配分をはかるべく、地方分権を徹底する必要がある」としたうえで、公共サービスの供給体系に関して「地域社会や市場も含め、広く社会全体がその機能を分担していくとの価値観への転換が求められている」としている。ここに至って、国の地方に対する関与の縮小や権限・財源の移譲をめぐる制度改革にとどまらず、地域での公共サービスの供給体系に則した政策改革にまで及ぶ視野を用意しなければならないことが明らかとなったといえよう(7)。

さらに、地方自治体をめぐる公共サービスの供給主体に関し具体的に地方自治体の計画策定と行動を要請するものとして、二〇〇五年三月、総務省は「地方公共団体における行政改革の推進のための新たな指針（新地方行革指針）」を示し、各地方自治体に集中改革プランの取りまとめを求めた。この指針が策定された背景認識としては、少子高齢化や市町村合併が進む中で、地方公共団体の果たすべき役割が改めて問われているとしたうえで、「これまで行政が主として提供してきた公共サービスについても、今後は、地域において住民団体をはじめＮＰＯや企業等の多様な主体が提供する多元的な仕組みを整えていく必要」があるとしている。すなわち、ここでいう地方自治体の役割転換とは、「地域のさまざまな力を結集し、『新しい公共空間』を形成するための戦略本部となり、行政自らが担う役割を重点化していくこと」だとしている。

この新地方行革指針のうち、民間委託の推進については、給与・旅費の計算、財務会計、人事管理事務等の総務事務や定型的業務を含めた事務・事業全般にわたり、民間委託等の推進の観点からの総点検を実施することとし、具体的には、企画と実施の切り分けや複数の組織にまたがる共通の事務の集約化、他団体との事務の共同実施、委託実施期間の複数年度化などの様々な手法による委託の可能性の検証を行うこととしている。これまで業務委託対象業務は組織外延的な作業業務が中心であったが、今回の指針ではさらに発展して、専門的業務や内部管理業務にまでその可能性を広げようとしている。

こうした公共サービスの民間開放の流れと変化の目まぐるしさもさることながら、しかし、こうした一連の制度改革において、公共サービス自体についての「公共性」に関する議論は意識的にか無意識的にか、さっぱり見当たらないというのが実情である。そもそも公共サービスにかかる「公共」はどのように議論されてきたのか。場としての公共性の再定義を行い、「新しい公共空間」を認識し共有したとして、行政以外の主体にも公共性を担いうる可能性があることには経験的に異議がないとしても、果たしてどのサービスを民間が担当し、どのサービスを行政が担当するのか、或いはそれを担う主体組織内の管理問題は看過されてよいものなのか。

公共空間に現れるサービスとは、生活するうえで必ず必要であるが、個人では解決・調達できないと判断されるために、国民の厳粛な信託を受けた統治権を通して提供されると理解されており、それは憲法や地方自治法に規定される住民の権利の具現化という意味を持っている。(8) そうであるなら、統治権や住民の権利を形作り、下支えするところの政治・政府構造やそれを支えるイデオロギーとその変遷及び歴史的経緯、公務員の雇用体系や労働問題、或いはサービスを支える住民の「公共性」に関する土壌や国民性の違いといったものを度外視して、新自由主義的改革を主導してきたイギリスやアメリカでの改革と同じ論理で進めることに無理はないのだろうか。また、こうした公共サービスの外部化の有無や是非に際しての議論を、「公共性」という漠然とした概念によって進めたり、従来からの公か私かの二分論やコスト削減論だけに収斂させてよいのであろうか。

(2) ガバナンス概念における内部管理と「公共性」

この問題をガバナンスの議論に再度引き付けて考えるなら、これまで論じられてきたガバナンスとしての規範的行動や関係性の構築と、それらによって生じるアクター組織内部の管理等への影響や受けうる変化の関係性については、十分な検討がなされてこなかった点とも重なりあうといえよう。

ガバナンスの要素について、アクターの一つである行政組織を主体に考えた場合、NPMに代表されるマネジメント改革とは政府内部の再生化の改革であるのに対し、規制緩和・分権化・協働・政官関係の見直しとは政府外部へ変動を求める動きであると区別することができる。(9) しかし、これらはそもそも別個に存在する論点ではないのではないか。少なくとも組織外部へ変動を求めれば、それについて内部での対応が不可欠となるはずであり、ガバナンス概念が開放的組織観に立つと考えられる以上、環境変化と組織の開放性による内部変化との関係性は必然であるといえる。

ＮＰＭがもはや万能ではないということについては多くの指摘があるが、ガバナンス論者であるRhodesによってさえ、その限定的な視点については批判されている。すなわち、ＮＰＭのアプローチでは組織内部に問題関心が限定されているため、コントロールのヒエラルキーが存在しない場での目標共有のための交渉といったような組織間関係のマネジメントに対して何の言及もなされておらず、また、ＮＰＭは結果に焦点をあてているものの、多くのアクターが複雑に介在する組織間ネットワークにおいては個々のアクターの貢献を特定することが不可能であることから、そもそも組織間ネットワークのマネジメントには適さないとされる[10]。

しかしこうした批判の一方で、ガバナンス観を行政組織の管理に引き付けた議論はRhodesのなかに見当たらない。行政組織はいまやガバナンスという関係性の只中に存在し、他の多くのアクターとの組織間関係が密接かつオープンになりつつある状況下であるにもかかわらず、ＮＰＭはあいかわらず組織内部に限定された視点にとどまっているのであり、他のアクターとの関係性、それによって生じる変化ないし影響を前提とした組織管理の問題が具体的かつ真摯に議論されているわけではないのである。

従来の公共の中心的存在であったガバメントからガバナンスへ議論の軸を移すためには、公私の境界をまたいだ組織主体間の複合的な管理問題に注目する必要があるのであり[11]、この視点こそが、関係性の概念であるガバナンスの議論を組織の内部管理問題にひきつけ、その議論をより具体的かつ実効性のあるものとするのではないだろうか。

ガバナンスとは、多様な主体間での相互依存ないし資源交換の状態をさすのであるならば[12]、ガバナンスという関係概念上におかれた各組織では、従来の内部管理の問題がもはや内部のみの問題ではなくなる。管理問題は容赦なく外部環境にさらされるか、もしくは今まで以上に外部環境からの影響を受けることになる。つまり、従来の堅固な組織であるガバメントのみが中心的役割を担って公共性に貢献してきた時代とは訣別しつつあるのであり、行政組織を取り巻く環境は流動性と不安定さを増しているといえよう。

これはガバナンスの特質であり、宿命でもある。とりわけ組織の周縁部ないし他組織とのインターフェイスとなる部分については、そうした不安定さとまともに向き合うことになる。すなわち、行政組織の周縁部ないしインターフェイス部分に属する人々は、例えば民間委託や指定管理者制度といった手法によって、行政組織がガバナンスという関係概念上に置かれると同時に、外部労働市場に投げ出される危険性さえも持つのである。市場化テストや指定管理者制度といった手法の背後には、効率化や合理化という表立った論点以外に、職員の雇用や勤務形態、給与や職務構造といった別の大きな問題が存在している。それゆえ、自治体組織はこれからの管理問題を複合的または包括的なガバナンスの視点で考えていかなければならないのであり、このことこそが、公私の境界をまたいだ組織主体間の複合的な管理問題そのものなのである。

さらにいうなら、ＰＰＰなどに代表されるように、ガバナンスが多様な主体間での相互依存関係を前提としているのであれば、その行動関係をより具体的かつ実効性のあるものとするためには、多様な組織とのインターフェイスやリンケージの形成が必須となる。自治体が利用できる協働のツールとしては、従来の制度編制の形態である交渉、権限委譲、委託、補助、協議会、審議会等があるが[13]、こうした事業執行に関わる制度編制だけでは対応できない場合、すなわち上述したように、人の移動や雇用関係の変化を伴う場合をも考える必要がある。地方ガバナンスの実質的な論議を試みる際には、公共空間を構成する多様なアクターたちとのインターフェイスやリンケージの形成を考慮することに加えて、その影響を受けて変化すると考えられる組織内部のシステム、すなわちインセンティブとサンクションの仕組み、組織のインセンティブと個人のインセンティブの関係等も同時に考慮していかなければならないといえよう。

従来、日本の自治体組織では行政管理としての組織管理論は存在しえたが、人的資源管理としての組織管理論は活発になされてきたとは言いがたい。その理由として考えられるのは、省庁ごとの政策分野の縦割りと、その受け皿としての自治体組織の部局構成の法定化、そして事務分掌の存在が挙げられよう。業務の大枠が与件としてあったため、そこに人をはりつけてきたのが実態であり、人的資源としてマネジメントをするという発想はなかったといってもよい。

しかし、好むと好まざるとに関わらず、公共サービスの供給主体が多様化することによって、自治体組織が否応なしにガバナンスというフレームの中に投げ込まれていくのであれば、それに応じた組織管理や人的資源管理が必要になることは明らかである。その際、公共サービスの外部化の判断基準の一つとして、これまでどちらかといえば漫然と使用してきた「公共性」という概念についても、今一度再考を迫られることになる。すなわち、従来用いてきた「公共性」概念は何を意味してきたのか、そしてガバナンスという関係概念での自治体の存在を前提としたとき、「新しい公共空間」においてはどのような「公共性」が想定されるのか、さらに公共サービスの外部化に際し、「公共性」は組織管理や人的資源管理においてどのような意味を持つのかということである。

したがって本章では、民営化や民間委託といった公共サービスの外部化にあたり、新自由主義とNPM的方法を先んじて導入してきたイギリスとアメリカでの経緯を辿ることにより、「公共性」にかかる議論の変遷とそれを支えた概念、及び外部化する際にどのような行政の内部管理問題や雇用問題が発生し、どのように解決されてきたのかといった点についてまずは概観していく。「公共性」という概念について、その含意を理解するためには、少なくとも政策上でのその言葉の歴史的変遷をたどり、各社会でどのような利害関係を含む背景の下で主張されてきたのかを検証しなければならない。このことをより広範に行うために、自治体レベルの民間委託だけでなく、公企業体の民営化についてもその背景にあった理念などについて検討の対象に含めることとする。そのうえで、日本における「公共性」にかかるこれまでの議論を整理し、「公共性」という概念に対し本章なりの捉え方を試みた後、ガバナンス時代において公共サービスの外部化に直面している自治体組織管理に関する論点を抽出していく。

1　イギリスにおける民営化と民間委託

(1)　産業国有化から民営化への変遷過程における「公共性」議論

第二次世界大戦後、労働党と保守党の間で政権交代が繰り返されてきたイギリスにおいて、その政策論争の中心に位置付けられていたのは産業の国有化に関する立場の対立である。世界に先駆けて産業革命を成功させたイギリスは、工業生産品市場を独占できた一九世紀初頭をピークとし、それ以降は国内の産業再編の立ち遅れや保護関税による遮断がないことで世界的競争にさらされたことなどを主な原因として、大不況の到来とともに経済に急速なかげりをみせる。加えて、第二次世界大戦において海外投資の四分の一に当たる約一一億ポンドを失い、対外債務も三五億ポンドにものぼるなど、これらの債務は対外的支配により国際的技術水準の劣位をカバーしてきたイギリス資本主義にとって決定的打撃となった。

こうした危機を乗り切るため、一方ではアメリカからの援助と資本導入によって植民地支配を維持しつつ、他方では「輸出か死か」のスローガンの下、消費物資の輸入と国内産業の再編による輸出拡大が急務とされた。そのため、基幹産業への国家資金の大量投入による合理化と近代化が必須となり、労働党政権下での一九四五年から一九五一年の間に、石炭、電気、ガス、水道、鉄鋼、鉄道、航空、電信電話などの分野で次々と産業国有化が行われた。

これら国有化企業の経営管理形態としては、理事会を最高管理機関とする公企業（public corporation）が選択された[14]。六〇年代以降、これらの公企業改革論議が大きな争点となっていく中で、その議論の中心は、公企業経営の基準は公共性（politics）なのか、それとも企業性（business）なのかということであった[15]ことからも、公企業形態での経営や国有化については当初から様々な矛盾や問題を内包していたことが窺える。

所管官庁の下での理事会による経営スタイルも、公企業と「公共性」や「公益保護」の関係性を結果として曖昧にした要因の一つである。大臣は理事会の任命や、理事会に対して一般的指令や特定の指令を発する権限、財政計画についての許可権限などを有していたものの、日常的事項について理事会は自ら決定することができたため、公企業は一定の独立性を維持するとされた。しかし実際は、大臣はより非公式な手段で公企業経営に政治的介入を行った。そもそも、基幹産業が国有化された理由とは、それらの企業が利潤追求を目的とせず、よって公益が保護されるとの理由からであるが、こうした大臣の短期的な政治介入は予想されておらず、公企業が活動する上での長期的な政策枠組みとを調整する手段はなかった。つまり、利潤追求をしないことで当然に公益保護がなされるとの観点から、公益保護のための制度設計について十分な配慮がなされていなかったといえる[16]。

また、これら基幹産業の国有化にあたっては、企業の能率的運営や独占的地位の濫用防止、及び労働争議による事務の停滞などが起こりえない良好な労使関係や労務管理といったことが重視されていた。すなわち、公共性確保の手法としては、産業に対する行政規制によるのではなく、企業の所有を移転することによって公共性が確保されることが前提（当然視）とされていたといえよう。

とはいえ、低迷している経済を活性化し、包括的な産業再編と効果的な設備投資を進めるという点において、政府の直接的な関与がある程度功を奏したことは間違いない。しかしながら、経済効率よりも雇用の確保や公共サービスに関する全国性の確保といった社会的目標が重視された結果、財政赤字とインフレが進行し、結果として行き過ぎた政府主導はオイルショックによって決定的なダメージを被ることになる。スタグフレーションにあえぐ中、福祉の維持か切り捨てかの二者択一を迫られ、大幅な増税によって「英国病」が社会に蔓延する状況で、サッチャー政権が公的企業の民営化政策を中心に新自由主義を実践したのは時代の要請でもあった[17]。

民営化政策の直接的契機となったのは、一九七六年に国際収支危機に直面した際、ＩＭＦから支援を受けることを容易にするため、一九七九年に行った英国石油会社の政府保有株の一部（二億九〇〇〇万ポンド）の売却であった。これ以降、七九年から九三年の間に、保守党政権は国営企業を次々と民営化していく。英国宇宙航空公社（British Aerospace）、国際通信（Cable & Wireless）、英国テレコム（British Telecom）、ガス（British Gas）、英国航空（British Airways）、水道、国鉄、ロールス・ロイス、ジャガー等、対象となったのは合計二五〇社以上、資産規模で一五〇〇億ドルに相当する。

サッチャー政権は、これまでの経済衰退の要因として政府の過度な経済活動への介入や高すぎる課税水準、強大な労働組合の存在、高福祉による労働のインセンティブの欠如などをあげ、市場原理と小さな政府への回帰を掲げていく。とりわけ、公共部門の改革には力が入れられ、自治体が直接提供するサービスは、民間では実施不可能または実施する意思のない業務に限るべきであるとするなど、改革の中心は公共サービスの提供方法の改善という方向へ向けられた。そして、政策の目的としては、経済全体に占める公的部門の役割の減少、ＶＦＭの最大化および公共サービスの質の改善、説明責任の伴った公共サービス提供の仕組みへの転換が掲げられた。

この一連の民営化政策によって、国有資産の売却収入と、民営化された企業からの税収増による歳入の増大や、政府支出・借入れの減少による納税者の負担削減、効率化の推進によるサービス利用者の負担軽減などがもたらされた。また、民間事業者との競争が生まれたり、民間資金によってインフラ開発が促進するなどの効果も現れた。

しかし、サッチャー政権下での民営化は、国有解除・株式売却の手法をとる私有化と、規制緩和の手法をとる自由化の二つの側面がないまぜになっており、巷間言われるほど一貫したものではないことも指摘されている[18]。British Telecommunications（BT）や British Gas Corporation（BG）のケースでは、企業の分割はなされず、競争もきわめて限定されたものであり、所有形態についても政府持株の残存や黄金株の発行などが行われるなど、国有から私有への転換はさほど単純なものではなかった。

したがって、より現実的に民営化政策の目的を考察するならば、経済的には株式売却による株式所有の分散と、政治的には株主へのプレミアムの提供による保守党の総選挙勝利という点に集約できるといえよう。また、市場における放出だけではなく、総株式の〇・二五％ではあるが従業員持ち株のための優先枠が割り当てられたことは、サッチャー政権での一般株主に広く公開する株式公開型（ＩＰＯ）方式の民営化の特色である。これは、広く国民に株主意識を持たせることが狙いだと考えられるが、その背後には、労働党政権下で大きな影響力を持つに至った労働組合の弱体化、さらには労働党に打撃を与えるという保守党政権の極めて政治的な目論みがあった[19]。民営化された企業で働く人々の多くが株主となることで、労働運動と労働党の支持基盤の切り崩しが図れるからである[20]。すなわち、イギリスにおける公企業の国有化と民営化の変遷の過程で公企業に課された「公共性」とは、時の政権が抱える政策課題と政治構造によって規定されてきたのであり[21]、その背景には与野党や資本と労働の関係などを含む多様な利害関係が伏在していたといえる。

労働者の処遇も、こうした流動的な「公共性」の基準に翻弄された問題の一つである。国有化以後、石炭産業に従事する坑夫の賃金は戦後の石炭危機と労働力不足の影響もあって、産業の中でも最高ランクにまで上昇したものの、一九五八年からのエネルギー革命による石炭産業の斜陽化以降、合理化を推進させるため低賃金政策がとられていく中で、欠勤や争議が大幅に増加していった。これについては、「公共性」の名の下に労働者の賃金を抑制しようとするものだとの批判もあったが[22]、労働組合指導部はこうした低賃金政策に協力する代わりに自己の権限強化を図ったため、末端労働者の反発を招き、未公認ストや地方組織での個別の賃金交渉を招くことになった。

国有化は一般的に労働組合の再編と大組合の強化、大組合と経営主体や政府との接近をもたらすと考えられる。その結果、組合幹部の政治的・行政的影響力は大きくなる反面、一般労働者との距離は広がっていくことになる。産業国有化政策は、当初、基幹産業や公益事業部門に国家資本を投入することで、経済全体の底上げと合理化を進め、ケインズ理論に基づいた完全雇用を達成することを課題としていた。しかし、合理化を旨とする以上、人員の整理や解雇に直面せざるをえず、組合幹部と経営側が接近し協力体制をとった結果として、不熟練者層がそのあおりを受ける形となった[23]。

また、所有形態が国有と私有の間で揺れ動いた産業も少なくない。鉄鋼産業については、産業自体の全産業における位置づけの変化もさることながら、資本と賃金労働者のそれぞれの内部に利害対立を含み、労働党と保守党の政権の狭間にあって、その所有は激しい変遷を重ねてきた。一九五一年に労働党政権下で国有化されたものの、保守党政権下で国有解除された後、一九六七年には再び国有化され、最終的に民営化に至った経緯からは、産業の持つ特質としての「公共性」の論理がどれほど移ろいやすく、時代の中で翻弄されやすいものかを物語っているといえよう[24]。

（２）公共サービスの外部化における「公共性」と雇用問題

保守党政権では、所有の移転を中心とした民営化が主に行われたが、経済的または政治的に即時に民営化を実施することが不適切と判断された事業については、エージェンシー化、ＣＣＴ、ＰＦＩといった手法によって公共サービスの外部化が進められた。

一九八七年から導入されたエグゼクティブ・エージェンシー化は、行政効率を高めるため、政策立案部門を除く事業部門を独立させ、人事や事業の運営について大幅な裁量権を与えるものである。これは、エージェンシーに業績目標を設定することで、予算などの経営資源の使用と引き換えに一定のサービス供給義務を所管大臣に対して負う契約型システムである。各エージェンシーは大臣との間で提供するサービス内容、それに伴う独自の予算、給与体系、人事制度などを定めた枠組基本文書または枠組協定書を締結する。各組織は中央省庁による統制を離れ、できる限り民間手法を取り入れた管理を実施し、行政サービスの質の向上と組織運営の効率化を図る。そして業務単位ごとの業績目標を設定し、業績・成果に対するアカウンタビリティを高めることが求められる。さらにその業績は三年ごとにチェックされ、民営化可能と判断されれば民営化が実施されることとされた。

メージャー政権下でのNext Stepにおいて、一九九七年までに一三八のエージェンシーが設立されたが、これは公務員の実に六六％を占めた[25]。この背景としては、ＣＣＴの狙いが効率性の確保だけでなく、官僚制の打破も含まれていたことを示している[26]。なお、エージェンシー職員の身分は国家公務員であり、給与はエージェンシーの業績と直接に連動しない。しかし、給与体系は先に述べたように枠組基本文書などによって決定されるため、給与の維持や継続雇用、ポストについての保証はなされないなど、実質的には民間企業の社員となんら変わらない仕組みとなっている[27]。

一九八〇年に地方自治・計画・土地法（Local Government, Planning and Land Act）が定められたことにより、ＣＣＴ（Compulsory Competitive Tendering：官民強制競争入札制度）が自治体での建設、道路工事、ごみ収集、清掃、給食、公用車管理等の分野に導入された。これにより、公共部門は民間部門とともに競争入札に参画し、効率性などの面で民間部門との競争に勝たなければ引き続きそのサービスを提供できない状況に追いこまれた。一九八八年と一九九二年の法改正により、対象サービスが財務会計や情報処理等のサービス分野にも拡大され、また、民間との競争に勝った場合でも、公共セクターに対して会計の分離や財務諸表の作成、経費の五％の収益確保等の義務が課された。

ＣＣＴの導入によってアウトソーシング市場の大幅な成長や事業の効率化が進んだとされる反面、公共サービスの調達方法を官民競争入札によると法定されることは地方自治の本旨に反すること、落札者決定基準が低価格に偏重したために無理な経費削減が行われ、とりわけ公務部門での人件費引き下げがなされたこと、さらに低価格での落札による業務自体の質の低下といった問題点も指摘されている(28)。

一九九二年からはＰＦＩが導入されたが、これは従来公的部門によって提供されてきたサービスについて、設計、建設、運営及び資金調達に関するリスクを民間部門に移転することにより、民間部門がプロジェクトの過程で発生するリスクを考慮したうえで契約し、その契約上の義務を果たすためにコスト削減や収入増加に向けた努力を行うことで、公共部門の効率化と公共サービスの質の向上を図ろうとするものである。民間の経営ノウハウや資金の活用を狙いとしたＰＦＩは、道路、刑務所、学校施設、防衛事業など多方面において実施されたが、この制度が推進された背景には、イギリスにおける国や地方自治体の厳しい財政と公共支出抑制の必要性がある。特に地方自治体でＰＦＩが推進された理由としては、国営化時代の投資不足により、インフラ部門の近代化が緊急の課題であったものの、イギリスにおける地方自治体の歳入はその七〇％以上が国からの移転財源であり、かつ起債も制限されるなど自主財源が極めて少ないため、インフラ投資がままならないという状況があった。それゆえに、厳しい財政下でインフラ整備を行うには、ＰＦＩ制度以外に有効な手段がなかったのが実状だともされる(29)。

また、ＰＦＩの導入に伴っては、コンサルタント費用や民間部門の収益部分など、従前より余計な経費が発生すると考えられるものの、官民の適切なリスク配分や民間部門の技術力や創意工夫の導入、業績に応じた利用料の支払い体系の仕組みなどにより、それら経費を上回るVFMの獲得が要請された。

こうしたPFI制度を大きく後押ししたものとして、一九九七年の地方自治（契約）法（Local Government（Contract）Act 1997）と、地方自治体協議会における4Ps（Public Private Partnership Programmes）の設立が挙げられる。[30] 従来、イギリスの地方自治体は、原則として英国議会が制定する法律によって個別的に授権された事務についてのみ処理できることとなっており、授権の範囲を超える行政行為については、権限逸脱の法理（Ultra Vires）に基づいて違法性が問われる恐れがあった。このため、一九九七年の地方自治（契約）法では、自治体が民間事業者とPFIを前提とした長期契約を結ぶことが可能であることを明言化しており、[31] これによってPFIの導入が促進されることになった。

こうしたエージェンシー化、CCT、PFIといった手法は、民間部門の参入による経費削減や公共サービス市場の活性化をもたらしたとされる反面、人件費の切り下げや組織運営面、及び雇用面で深刻な問題も引き起こした。PFIでは、調査、分析など事業の初期段階にかかる時間的・金銭的コストが従来の公共事業と比較して割高となることや、外部専門家に払うアドバイザリー経費の高額化、さらには民間部門特有の性質（資金調達が公的部門より高利率となることや、利潤追求の要請）などが要因となって、人員削減や人件費の切り下げが労働者へのしわ寄せとして行われるようになった。[32]

組織運営面では、CCTの導入に伴い、行政組織と民間組織との競争の前提として、両者の比較を目的として行政組織の内部においてCCTに服する部門の分離が行われるようになった。このことは、政策の企画立案部門と実施部門の分離というエージェンシー化と同じく、組織の分散化及び断片化を招くことになる。

メージャー政権下での一連の民営化政策においては、政府組織の二万六〇〇〇のポストが消滅し、五〇％超の業務が民間委託されたが、[33] それまで行政によって供給されていたサービスがCCTなどによって民間事業者に委託される場合、その職員は基本的に民間事業者に雇用され、引き続き同じ職務に従事できることになっている。[34] しかし、当初は雇用期間や条件が同じとは限らなかったため、労働党政権は人件費の官民格差が入札の勝敗を決することのないよう「営業譲渡規則（TUPE）」の遵守を徹底した。これは一九八一年に、民営化等、事業の譲渡があった場合、被譲渡先の従業者は従前の権利が保障された譲渡先に移籍されなければならないことを定めた規則であり、本来は民間部門における労働者保護を狙いとしたものであったが、公共サービスの外部化に際し、公務員の労働条件保護にも適用されるかが議論となった。保守党政権はこうしたケースへのＴＵＰＥの適用を否定したため、一九九〇年代初頭までの間に自治体から民間企業に移籍した労働者は従前の労働条件をなんら保護されず、民間企業がコスト削減のために賃金切り下げを行う中での労働を余儀なくされることとなった。

こうした状況について、労働党ブレア政権は労働者の犠牲の上に民間企業が利益を得ることを否定し、ＴＵＰＥの適用を求めたものである。これにより、民営化などで公務員が民間企業等に移籍するケースにおいて、現在では給与などの水準の保障義務が民間事業者に課されることとなり、官民競争における人権費格差は一旦封印されたといえる。

しかし、ここから新たに発生したものとして二層賃金問題が指摘されている[35]。公共部門からの転籍者については転籍以前の賃金などの労働条件が維持されるため、民営化などの後に民間事業者が雇用する新規採用者との間に賃金格差が生じ、おおむね新規採用者のほうが賃金が低くなる現象である。この問題については、ロンドン市が委託契約を締結する民間事業者に対し、公共部門と同等水準の賃金支払いを二〇〇二年から義務付けたのをはじめとし、翌二〇〇三年にはイングランド全域の自治体と委託契約を結ぶ民間事業者に対して、官民格差のない公平な賃金を保障する「労働者問題に関するベストバリュー実施基準」が政府から公表されるなど、改善が図られてきている。また、地方自治体職員を加入者とする年金制度（Local Government Pension Scheme）は、雇用者である自治体と被雇用者である職員の双方からの拠出金で運営されているが、ＰＦＩ事業によって民間事業者に転籍した職員にも適用することが認められるなど、被雇用者の処遇については一定の措置がなされているといえる。

（３）公共サービスの外部化を支える公共観

上述してきたように、イギリスでは民営化をはじめとする様々な手法で公共サービスの外部化が推進されてきたが、その際、サービスや供給主体にかかる公共性はどのように議論されてきたのであろうか。

イギリスは地方自治の母国であるとする定説が長く行政・地方自治研究の中に存在してきたが、これについては一方で批判する立場もある。すなわち、イギリスでは地方自治が憲法で保障されておらず、それに伴い、前節で述べたように自治体が個別法で授権された以外の業務を行えば、その違法性を問われることになる。しかも、国会で該当する個別法を改正すれば、自治体から従来担当してきた業務を奪うことは容易である。さらに、財源についていえば、租税収入に占める地方税収入の割合が低く、自主財源が極めて少ないなど歳入の自治が弱いだけでなく、歳出の自治も弱いことを指摘するものである(36)。

仮にイギリスの地方自治体が弱体であるとしても、住民自治の構造がこのことと比例関係になるわけではない。イギリスにおける住民自治は伝統的に重層的な構造を持ちつつ、活発に発展してきている。福祉政策における公（自治体）―民（住民自治）関係を例にとれば、一八七〇年頃から互助的組織や社会運動団体などの市民が自主的に結成する組織が増加し始め、これらの団体が規模を拡大させつつ多様性を増していく過程で、福祉国家期に至るまで一定の活動領域を形成してきた。こうしたボランタリー組織と行政は元々歴史的なつながりが深かったが、一九七〇年代以降、特に非営利のボランタリー組織や第三セクターの役割が重視されるようになった。これまでに述べてきたような、八〇年代以降の一連の公共サービスの外部化にかかる改革を通じて、相対的に自治体が弱体化し守備範囲が狭くなる中でも、こうした住民自治の活力は衰えず、「公共性」の一面を支えてきたといえよう(37)。

一方で、現代における政府特有の役割の構成要件という観点から、どのような政策や活動が政府にとって最も適したものであり、或いは本質的なものなのかという問いがなされてきたのも事実である。そもそも、イギリスにおける地方自治制度は、行政需要に対して地方自治体が責任を負うというよりは、必要の生じた業務のみを行うアド・ホック団体を設置することによって対応してきた。限定列挙的な授権からも明らかなように、市民は自治体とは限定された範囲の機能についてのみ契約を結んできたといえる(38)。近年、一連の新自由主義的NPM型改革の進行に伴って自治体の業務の守備範囲が狭められるなかで、民間セクターがより主要な役割を担う傾向にあることは疑いない。

このように、住民自治が発展する一方で元々政府や自治体の役割が相対的に小さかったことと、ガバナンス論の発展は決して無関係ではないと考えられる。公共サービスの分担という局面において、供給主体としてはボランタリー組織だけでなく、準政府機関であるクワンゴ（Quasi-Autonomous Non-Governmental Organization）や第三セクターの発達に伴った「グレーゾーン（gray area）(39)」の存在が少なからず影響しているといえよう。

一方、公共サービスの供給主体が持つべき規範として「公共サービスの精神（Public Service Ethos）」の議論が存在する。イギリス議会下院の行政管理委員会がまとめた報告書によれば、「公共サービスの精神」とは公共サービスを提供する際に供給主体が持つべき基本理念であり、常に公務員や公的組織体としての倫理的基準を意識することや、公開性と透明性の伴った説明責任を果たすこと、公平性と公正性を旨とすることなどの点が挙げられている。これは近時の行政改革の中心的概念でもあり、公私の境界を定義することが難しくなっている今日において、民間組織やボランタリー組織においてもこの精神を保持することが期待されているとする。(40)

同様の趣旨では、保守党による民営化政策から時間が経過した今日でも、この「公共サービスの精神」は依然として存在し、様々な改革によっても影響されることはないとする者もある一方で、公共サービスを民間事業者が担当することによってこうした「精神」が侵害されるとする主張もある。(41)一三〇万人以上の公共サービス従事者を擁するイギリス最大の組合であるＵＮＩＳＯＮは、上記行政管理委員会に反論し、こうした「精神」を保持するボランタリー組織はごくわずかであり、非営利組織であるからといってこの「精神」を自動的に包含しているわけではないとする。(42)

こうした議論において、精神論を除いてさしあたり実質的な論点となりうるのは、リスク分担とその補償及び雇用や労働条件の確保についてであろう。前者については、例えばＰＦＩでは公民のリスク分担について、設計・建設、権限委譲・運営、サービス需要、契約終了時の残存価値、技術革新又は技術退行、法制度改正、資金調達などに関するリスクを民間部門に移転するかどうかについて事前に検討されなければならない。ＰＦＩの目的はＶＦＭの実現にあり、この実現のためにはこれらのリスクを公民でいかに適切に配分するかが重要となる。

しかし、詳細なリスク分担リストが作成されるものの、実際には入札から契約に至る期間が長期化することによる契約の難航や頓挫、或いは民間事業者や金融機関自体の経営難や経営破綻などにより事業から撤退する事態も発生している。(43)このことは、民間事業者は契約条件の遂行だけでなく、株主に対しても義務を負っていることの表れであり、契約上の履行責任と株主利益の最大化といった命題が相反する場合があることを示唆している。この場合、「公共サービスの精神」が株主利益の最大化を凌駕する規範とはなり得ないことは明らかであると言わざるを得ない。

また、雇用や労働条件の確保については、ＴＵＰＥの適用・遵守によって、公的部門から民間部門に移籍を余儀なくされた人々についての問題は解決されたといえるが、職務の遂行にあたり、一方では個人としての仕事に対する責任と業績給が存在し、他方では集団的行為を通じた公的機関としてのゴールの達成という、NPMにおける齟齬は依然として存在しているといえる[44]。

2　アメリカにおける民営化と民間委託

(1)　規制緩和と効率化

一九三〇年代以降、ケインズ政策やフォード・システムなどに支えられ、福祉国家の拡大傾向をとり続けてきたアメリカだが、一九七〇年代以降はイギリス同様、大きくなりすぎた政府の財政運営に窮することになる。オイルショックによるインフレもあいまって、産業の国際競争力低下や脱工業化の進展など、戦後のアメリカ経済は徐々に時代への不適合性を見せ付けられるようになった。当時のアメリカの国内事情としては、中産階級労働者の多くが実質所得の減少や失業によって生活水準の低下に苦しむ中、民主党政権に対しての不満を高まらせていた。また、高福祉政策に対し、白人中産階級の経済的不安定感からの批判感情が集まるなど、レーガンが唱えた福祉国家の解体と「小さな政府」論が支持される基盤が次第に形成されていった。

従来の民主党支持者であったブルーカラー層やホワイトカラー層からの支持をも取り付けたレーガンは、大幅減税によるサプライサイドの経済政策、いわゆるレーガノミックスを掲げ、大統領就任からわずかの期間に予算削減、減税、規制廃止及び規制緩和、連邦権限の縮小、軍事費の増加などを次々と実施した。具体的には、権限と責任を州・地方に戻し、社会的ニーズに対応した民間部門や市場メカニズムの役割を増大させ、アメリカ福祉国家の中核的制度を大幅に縮小し変更するという基本原則を掲げた。

レーガン政権もサッチャー政権と同様、新自由主義に基づいた「小さな政府」論を標榜したが、イギリスでは国有化企業の民営化が主な手法としてとられたのに対し、アメリカでは規制緩和がその中心となった。これについては、他国への民営化推進要請と自国内での対応の相違、つまり「ダブル・スタンダード」とする向きもあるが[45]、そもそもアメリカでは既に民間企業が公共サービスの提供について大きな役割を果たしてきていたことが主な理由であると考えられる。国営企業の割合も当初から低かったため、イギリスのような所有移転型の民営化はあまり実施されていない。事例としては、国鉄が一九七〇年に株式会社化されアムトラック（ＡＭＴＲＡＫ）となったが、これは国有企業体（ＳＯＥ）であり、多額の補助金がつぎ込まれ、経営陣のポストは大統領任命であるなど、財政的にも人事的にも完全に民営化されたとは言いがたい。

レーガン政権によって進められた規制緩和を中心とした自由主義的経済の労働市場への影響としては、競争的な労働市場による賃金の決定、それをスムーズに実現するために労働組合の弱体化、能力的賃金の運用、非正規労働など多様な労働形態の容認などが挙げられる[46]。規制緩和によって、国際競争力を失っていた産業界に新規産業の育成と民間投資資金の流入を促進させ、併せて雇用の増大が期待された。これらの政策によって一九八〇年代には企業の収益態勢は回復したが、作業工程が単純化された製造業やサービス業などにおける低賃金の不熟練労働者を増加させることとなった。彼らと基幹部門の高賃金労働者との階層分化・格差拡大が進み、「アメリカのラテンアメリカ化」と揶揄される現象を引き起こした。

一方この頃、地方においては、拡大を続ける政府活動と支出に対する、住民投票による条例が相次いで制定された。これは「納税者の反乱」と呼ばれ、一九七八年にカリフォルニア州で制定された反固定資産税条例（Proposition13）に端を発している。高い税金により「大きな政府」が賄われることへの市民の反論であり、その解決法として、公共サービスの供給方法として民間委託が位置づけられていった。

大幅な減税と軍事関連支出の増加により、財政赤字と貿易赤字の巨大化に苦しめられたレーガン、及びジョージ・Ｈ・Ｗ・ブッシュ政権を経て、クリントン政権は「政府の再生（Reinventing Government）」を掲げて誕生した。就任直前の一九九二年度時点では二九〇〇億ドルもの財政赤字を抱え、政府はその体質と構造の抜本的改革ないし徹底的な効率化に向かわざるを得ない状況にあった。

ゴア副大統領をリーダーとする「国家業績レビュー（National Performance Review）」による政府改革プログラムの過程では、諸外国に対し投資の自由化や貿易自由化などの規制緩和を迫りつつ、国内では一九九三年から二〇〇〇年の間に四二万六二〇〇人もの連邦政府職員が削減され、一三の省庁が規模を縮小するなどして、一三六〇億ドルもの経費削減効果を生み出した(47)。また、一九九四年には連邦政府調達法（Federal Acquisition Streamlining Act）、九八年には連邦政府活動棚卸法（Federal Activities Inventory Reform Act）が制定されたことなどにより、官民パートナーシップや競争的アウトソーシングによる民間委託が推進されていった。

さらに二〇〇三年ブッシュ政権では、競争的アウトソーシングのプロセスのより簡略化を狙いとして、「行政管理予算局指針（Circular）A-76」が一〇年ぶりに改訂された。これは、一九六六年に採用された政府調達を規定する指針であり、民間によるサービス提供が可能な職種についてはできる限り民間委託することを示したものであるが、この改訂によって調達計画の発表から最終審査までを原則一二カ月以内で終わらせることとした。

こうした一連の改革は、イギリスと同様に逼迫する財政の危機的状況と、拡大し続けてきた政府活動への不信感の払拭ということを主眼として実施されてきたが、その特徴は、市場化よりも近代化の側面が強い点にある(48)。すなわち、アメリカでは元々ある程度の公共サービスについては民間部門が担当してきたことがその背景にあると考えられる。

（2）自治体における民間委託

これまで述べてきたように、アメリカでは国立ないし州立の産業が少なかったため、民営化（Privatization）とは単なる所有の移転だけを指すのではなく、多くの手法を内包している。民間委託（Contracting Out）、官民競争（Public-Private Competition）、フランチャイズ（Franchise）、バウチャー（Vouchers）、サービスの廃止（Commercialization or Service Shedding）、資産売却（Asset Sale）、ボランティアの活用（Volunteers）、ＰＦＩ、ＰＰＰ（Public Private Partnership）などであり(49)、そのうちのほとんどを占めるのが民間委託である。

各州は、公共サービスの調達及び契約に関して非常に高い自立性を有しているため、民間委託やＰＰＰについての位置づけは各州によって異なるが、地方財政諮問委員会（The Council of State Governments）が行った調査によれば、民営化手法のうち民間委託が用いられているのが最も多く八六・九％、以下、ＰＰＰ（四四・九％）、補助金（三一・八％）、資産売却（二四・四％）、ボランティアの活用（一一・五％）となっている。また、民営化（民間委託）の主な理由としてはコスト削減（六八・四％）、専門技術の不足又は人員不足（五三・九％）、組織の柔軟的運用（三二・八％）、迅速な実施確保（一四・四％）、高いサービス水準の確保（九・二％）が挙げられている。(50)

民間委託は、上下水道管理、道路の維持管理、ごみ収集などから公教育の運営、さらに自治体政府内の政策立案から人事・総務関係事務についてまで、非常に幅広く行われている。プログラム別に委託の傾向をみると、ごみ収集・処理業務については、ＮＳＷＭＡ（National Solid Wastes Management Association）によれば、一九八七年時点では自治体の委託率は三〇％であったが、二〇〇〇年には五四％にまで増加している。(51)

また、最も幅広く様々な民間委託の手法が取られているのが人事関係の事業であり、コネティカットとフロリダでは事業の一〇％以上を民間委託している。しかし一方ではアリゾナ、カリフォルニアなど一〇の機関では委託の割合は一％未満と、州によって状況は様々である。そのうち、最も多くの州で民間委託されている事業は研修であり、(52)以下は情報技術（コネティカットなど六州）、賃金に関するクレーム処理（コネティカットなど三州）、保険に関するクレーム処理（モンタナなど二州）となっている。

カリフォルニア州では、Assembly Bill 680の可決成立を機に、一九八〇年代後半から州道九一号や一二五号、有料道路などにおいてＰＰＰが積極的に進められた。また二〇〇七年度のカリフォルニア建設五カ年計画においても、ＰＰＰは政府資源を削減しつつインフラ整備を進める手段として位置づけられており、今後二〇年間で約五〇〇〇億ドルの価値が見込まれている。(53)

また、こうした民間委託にかかる雇用問題としては、大幅な民間委託が行われた際、それまで当該事業に従事していた行政職員は多くのケースで委託先の事業者が再雇用し、引き続き同じ業務に従事するか、或いは他部署への配置転換などが行われている。こうした背景には、そもそもアメリカの労働市場には法的規制が少なく、また、労働者の流動性が高いという特徴があると考えられる。

このように、自治体政府レベルでの公共サービスは外部委託化が相当な範囲において進められてきている反面、近年ではそれらサービスの再直営化（Contracting Back-in）もかなりの数にのぼっていることが指摘されている。(54)サービス提供を委託された業者が契約事項を履行できず、サービスの質の低下やそのサービス自体の廃止に陥ったり、或いは当初予定していた経費削減が達成できず、逆にコスト高になってしまうケース等がある[55]。官民競争の結果、官が民から再びサービス提供者の立場を奪取し再直営化に至るのであれば、競争原理が働いた結果であるといえるものの、そうでなければ望ましい結果を達成できなかった市場の失敗か、或いは契約を適切に管理できなかった政府の失敗のどちらかということになる。住民にとってみれば、税負担に加えてサービスの低下または廃止を強いられることはすなわち二重の負担となり、さらに最初の委託によって自治体政府から民間事業者に移籍した労働者たちの雇用は、再度不安定にさらされることになる。

また、政府と非営利団体とのＰＰＰの現場においても、この仕組みが教育や福祉といった分野で社会サービスを増進させると期待されたにもかかわらず、組織文化の決定的な違い等が原因となって破綻するなど、より包括的なサービスを提供できたわけでも、政府の支出を削減できたわけでもないことも指摘されている[56]。

これらのことは、一九八〇年代からの規制緩和政策などを理論的に支えてきた、新古典派経済学における市場と政府の役割の観念に、一種現実的な隘路を指し示しているともいえよう。そこでは、市場の役割がまず基準とされ、それを前提として政府の役割は限定的に定義されている。つまり、政府は市場で自生的に形成されるルールをまず尊重し、そのうえで市場では提供できない公共財を供給するか、もしくは市場が円滑に機能するよう介入する役割を負う[57]。しかし、公共サービスの提供という局面においては、こうした市場アプローチが必ずしも万能ではなく、限界があることが図らずも明らかになっている。

（3）　公共サービスの外部化を支える公共観

アメリカ人の政府観とは、個人にとってきわめて手段的であり、それを支えているのは富の追求に基底をおいた個人主義であるとされる[58]。そもそも移住者の多くがプロテスタントであったことから、節制、節約等の禁欲的精神と開拓者としての精神を併せ持った人々は、個人と社会との関係において個人が絶対的優位に立つとの考えを持ち、未開の土地における資産形成にあたって個人的富を尊重し、私有主義を生み出した。独立から一九世紀後半頃までの自治体の機能は非常に小さく、市場の管理と市裁判所の保持が主であり、提供する公共サービスもごく限られたものであった。その後、都市部への人口流入に伴い、環境・住宅・犯罪等様々な問題が発生する過程で、次第に新しい制度が生まれ、地方政府の事務が増加していった。

州政府は州内の行政（統治・サービス）に責任を負っているが、住民は自らのためにより身近な単位でサービス機関を必要とするとき、地方自治体を創設することができる。そのため、自治体政府には相当の自立性が付与されており、課税やサービス提供についての決定権を持っている。すなわち、こうした分裂と分権のシステムにおいて多様性を保持した政府構造の成り立ちを前提とすれば[59]、必要な公共サービスについては自ら賄うという気運が強く、その手段が政府であるか市場（民間）であるかは付随的な問題として捉えられてきたことを窺い知ることができる。

アメリカで民営化や民間委託が展開されるなかで議論された論点として、一つには行政機関が自ら処理しなければならない領域、つまり政府固有機能についての問題があったが、こうした政府成立の歴史的経緯からすれば、以下にみるこの議論の帰結は必然であるともいえる。

政府だけが持ちうる本質的機能についての明確な定義が政府自身によってなされることは、長らくなかった。行政管理予算局（OMB）はCircular A-76（一九八三年）、及び政府調達政策局（OFPP）との連名によるPolicy Letter 92-1（一九九二年）において政府固有機能を定義しているものの、いずれにおいても「政府組織における被雇用者による実施の負託に関し公益と密接な関連がある機能[60]」と位置づけるにとどまっている。また、一九九八年に制定された政府活動目録改革法（Federal Activities Reform Act of 1998）では、上記の定義を盛り込む形で、政府固有機能について以下のように定義している[61]。A：公益と密接に関係しているため、連邦職員によって実施されることが求められる機能、B：連邦政府の権限を適用する際の裁量の行使又は連邦政府のために決定を行う際の価値判断のいずれかを必要とする活動であり、金銭的取引及び資格付与に関する判断が含まれるもの。

また、政府固有機能に含まれないものとして、連邦政府職員に対する情報収集やアドバイス等を挙げ、これらについては外部委託可能であるとしている。

こうしたやや消極的な定義や政府固有機能に関する議論については、公的事務の多くがさしたる論争や定義もないまま、実務の現場でいわばなし崩し的に外部化されてきた実態を覆い隠すための虚像でしかないとの批判もなされている[62]。

また、民営化の進展に際しもう一つの論点となったのは、受託した民間事業者に対し、行政機関が受ける法的制約や手続的保護は及ぶのか否かという点である。例えば、刑務所施設の民営化の場合には、施設の運営は国家行為に当たるとされるが、生活保護その他裁量的な給付及び報酬について民営化された団体は、政府の機関でもなく、手続きについて定める法も存在しない。つまり、政府から公権力をも委任された私人が、その権限を行使する際の手続について定める権限を有していないケースが存在するなど、実務的な民営化の局面に法的整備が追いついていないことが指摘されている(63)。

民営化や民間委託、ＰＰＰなどが市民にとっても政府にとっても比較的違和感なくこれまで進展してきたアメリカにおいて、これら政府固有機能議論の浅薄さ或いは実体性のなさから得られる含意としては、業務やサービス、その供給主体の性質としての「公共性」を見定めることの難しさと、「本来的性質」ではなく「持ちうる機能」としての「公共性」についての規制なり手続的保護などの必要性ということになろう。

3　日本における「公共性」に関する議論の経緯及び変遷

「公共性」という概念について、日本において住民自身の自覚的な問いかけないし問題提起として展開されたのが、一九六〇年代後半からの公害・公共事業に対する住民運動であった。道路建設、新幹線、空港建設などの相次ぐ中で、国や自治体は「公共性」をいわば政策の正当性の根拠として用いたのに対し、住民は日々の生活での様々な権利が侵害されることに抗議し、行政からの一方的な「公共性」概念の押し付けと対立する構図が生まれた。

当時の政府が用いた「公共性」は、社会的有用性と権力性という要素によって構成されていたが、この論理は戦後の経済成長の過程において、公共事業の果たした役割から導かれている。住民からすれば、これら大規模公共事業が身近に進行するにあたり、戦後ようやく得られた私生活の領域を守りたい、「公共」「お上」の名の下に私生活を犠牲にさせられた時代とは訣別したいという意識のなかで、開発か環境かという二項対立において、私権の侵害に対して声をあげたともいえる。

これら公共事業にかかる公害裁判において、国は「公共性」と「私権」の争いと位置づけたが、その基底には公共性を私権の上位に位置するもの、或いは権力性という要素を持つものとする理解が存在すると考えられる。これに対し、宮本は「公共性」と「公共性」の争い、つまり交通の利便という「公共性」と環境という「公共性」の争いであると捉え、公共性の序列化を試みている(64)。

こうした文脈における公共性についていては、その後公法、憲法学の観点から、権力性に対置するところの基本的人権に結びつけた議論が展開された。従来、権力活動は公共性を標榜しつつ人権侵害を認められてきた歴史的経緯があるが(端的な例として戦争など)、現代において人権は守られるべき憲法的価値であることは間違いない。ただ、その中には財産権、表現の自由、集会・結社の自由など様々な権利が内包されており、実際には実体的な価値を序列化する必要がある。すなわち、環境権と企業の自由な活動など、公共性にかかる価値間での相対的な重み付けの作業が要請されることになる(65)。

また、七〇年代当時の民間委託や公企業に関する議論としては、効率化、合理化、能率化といった概念を「公共性」と同義に用いたり、公共性と企業性は両立可能であるとする論調も展開された(66)。これらは八〇年代に入り、臨調型行政改革の時代を迎え、都市経営論や自治省の「地方公共団体における行政改革推進の方針(地方行革大綱について)」(一九八五年)などにつながっていく。そこでは民間活力の大いなる活用が提唱され、公共サービスの民間委託が推進される一方で、自治体の補助金削減や職員の定数削減などが行われることとなる。すなわち、日本においても二回のオイルショックを経て、新自由主義の台頭による福祉国家への批判が起こるなかで、規制緩和や民営化の推進をともなった民活型行政改革が進められていったのであるが、いうならば、それは福祉国家型公共性を自由市場原理による公共利益追求へと転換させようとする流れでもあった。

臨調型行革の大きな成果の一つとしては三公社の民営化があるが、この政治過程を丹念に追った飯尾によれば、民営化が成功した背景にある理念とは、「脱国有化とか民営化という概念を越えて、『小さな政府』とか民間の優位といった、大ざっぱなイメージのレヴェル(67)」であるとされる。戦後、公共企業体となった国鉄は、鉄道輸送量の減少を受けて一九六四年からは赤字経営に転落していたところに加え、七一年のマル生運動の失敗により国労の急進派勢力が伸び、相次ぐ職場闘争の影響で職場の規律が荒廃する中で、経営改善の見通しのないまま拡大経営が続けられていた。こうした経営不振や職員の無気力体質への批判、職場の規律回復の必要性などが認識されていたところに、テレビなどのマス・メディアの報道により、さらに市民の間に公的部門に対する負のイメージがうえ付けられることになった。

また、具体的な改革として民営化が推進された理由としては、「民営化」という象徴概念を用いることによって個別具体的な利害関係を包含し、一般的な支持を取り付けることに成功したこと、また、その象徴概念を持つことで、国鉄改革等が時の最高実力者達にとってより魅力的な「目玉商品」となったことを指摘している。さらに、特定の政治家が自己の権力拡大に生かすため、行政改革をできるだけ大きな課題として掲げ、成果をあげることで自民党内の支持を集めようとしたことを明らかにしている(68)。

つまり、実現させたい様々な概念――効率化、経営刷新、労働組合の分割・弱体化などを一度に盛り込み、かつ政治家が権力志向を前面に押し出すのではなく、国民に広くイメージとして訴えつつも自らの権力拡大に用いることを可能にしたのが、「民営化」という象徴概念であった。この時に、事業の公共性や公益事業としてのあり方が議論されたというわけではなく、旧来からの組織硬直性の打破や、「行き詰まった状態から抜け出すために衝撃が必要である(69)」という論理のもとに、現状としての公共企業体からの大転換として民営化が位置付けられたといえる。

臨調型行革は、表向きの論理としては、公共部門はそれ自体として公共性を体現するものではなく、非効率で民間社会の活力をそぐ存在であるとされるなど、それまで所与のものであった行政の持つ公共性に対する否定的見解を示している。しかし官僚機構にしてみれば、そもそも行政改革は自己矛盾ないし自己批判につながるのであり、こうした論理自体がイデオロギー性と欺瞞性をはらんでいると指摘するものもある(70)。政府は高度成長期に行政機構が肥大化した原因を国民に転嫁し、福祉や医療の経費を削減する一方で、対米従属的な防衛政策を展開し、防衛費を聖域化していった。公害問題・環境保全、食糧問題、エネルギー・資源問題など、「安全と安心」にかかる政策課題を「小市民的生活の安心と安全の論理に包摂せんとした(71)」手法は、「公共性」の議論を国民の生活的危機感に重ね合わせることで矮小化させているともいえよう。

もっぱら市場原理に基づく行政改革が自治体での公務員の労働問題にもたらしたものとしては、公務労働者数の抑制・削減と、公共サービスにおける効率性の追求、そして管理部門と現業部門との分断であった。各自治体は行政改革大綱の作成を迫られるなかで、合理化・能率化といった名目（スローガン）を掲げて地方行革を推進する手法として、「公共性」についてさしたる議論もないままに公共サービスの民間委託を実施していった。集権的に進められた地方行革において、こうして公共サービスの民間委託は実績値を積み重ねることになったのである。

同時に、公務労働についての公共性については、公務員や公企業労働者の労働基本権との関係において、「職務の公共性」として議論の俎上にのぼった。公務員の労働に関しては、社会における地位と役割、そして行政の組織と作用が最高裁において理論的検討の対象とされたが、これはすなわち行政組織とその労使関係、公共サービスの供給主体についての「公共性」と公務員にかかる基本的人権との関わりについての検討作業が要請されることを意味している。さらに、行政活動についての公共性は、これまで公権力の行使にかかる活動について前提されてきたが、その権力性の由縁についても、行政庁の相手方に対する優越的地位は必ずしも当然ではないとするなど、権力的活動における職務の公共性についても個別具体的な検討の必要が指摘された(72)。

九〇年代に入り、日本でもＮＰＭ論が展開されるなかで、二〇世紀以降の政府観の転換ともいうべき、政府による行政活動の本質を公役務（公共サービス）に見出す概念化(73)の作業が具現化されていくことになる。これは、それまでの統治機構としての政府の権力性の議論を薄め、公共サービスの供給主体として「サービス国家」の機能性を前面に押し出すことでもある。

ＮＰＭ的改革の手法はアングロサクソン諸国を中心に世界を席巻し、日本においても業績・成果による統制や顧客主義への転換といった要素が、もっぱら自治体において積極的に導入されつつある。しかし、ここで注意すべきなのは、ＮＰＭ的政府において志向される顧客型民主主義社会とは、行き過ぎれば行政依存型社会に陥るということである。つまり、住民がサービス内容に満足すれば正当な評価が与えられるが、サービス内容が基準を下回る場合には、苦情を訴えることで住民は行政のサービス過程に関与する。しかしそれは主体的な参加ではなく、どちらかといえば消極的参加にとどまる。すなわち、こうした社会における公共性とは、ともすれば個人の選好の集積の最大化に置き換えられかねないのである(74)。

そもそもＮＰＭ論の導入時に限らず、これまで「公共性」概念については、明確に定義をなしたり、議論から何かが帰結として得られたりということにはなかなか至っていないというのが現状である。理由としては、公共性の意味するところは理想と現実が混在するため人により千差万別であること[75]、或いはその言葉を利用する人々の利害関係を背景において検討しないと言葉の意味は明確にならないため、したがって歴史的経緯に即した検討が必要であること[76]、さらにそれぞれの学問的背景において議論の範囲や射程が異なっていることなどが考えられる。

例えば伝統的な行政法学では、行政とは公益を実現する作用として、そして公共性とは一般に私的利益や権利に対立する概念として捉えられてきた。しかし、この公共性概念は、しばしばその内容を具体的に確定しないで使用されてこられた。つまり、行政主体が一定の目的をもって政策を形成・実施する場合においては、この目的がすなわち公共性の実現なのであり、したがって実施される活動には所与のものとして公共性という特質が備わっているという前提に立ってきたといえよう。しかし、これでは「いわばブラックボックスとして公共性概念や公益概念を語り、その具体的確定を放置してきている[77]」ことにほかならない。

他方、これまで日本において伝統的ないし経験的に公共サービスの外部化を支えてきた議論としては、公共経済学的な公共財論及び行政法学的な公権力行使論がある[78]。前者においては、公共財にかかる非排除性や非競合性といった性質を手がかりに、行政と民間との経済活動における役割分担が提示される。すなわち統治機構たる政府がサービスを供給することが正当化されるのは、市場メカニズムでは供給不可能な公共財を供給する場合と、「市場の失敗」によって政府が市場の代わりにサービスを供給する場合に限られる。

公権力の行使に関する議論では、給付行政か規制行政かの線引きによって、官民の業務分担が決定されるとする。給付行政の執行であればすなわち非権力的作用であり、民間への委託が可能だが、規制行政であれば権力的作用であり、民間への委託は不可能となる。

このどちらの議論においても、「公共性」についての正面からの明示的定義は避けられているが、実際に、自治体業務の実務の現場で拠り所とされてきたのは、先に見たように、八〇年代以降の民間委託礼賛論ともいうべき、効率化の議論であった。福祉国家行政による財政的負の遺産を市場原理によって精算すべく、或いは規制緩和による民間事業者の公共サービス市場への参入促進の狙いの下に、コスト削減を大命題とした地方行革が進められてきた。近年の指定管理者制度や市場化テストの導入などでも明らかなように、公権力の行使や公共財にかかる議論は必ずしもきちんと整理がつけられないままに、現在に至るまで公共サービスの外部化が先行しているのであり、依然として行政現場では効率化論が主導的役割を果たしていると考えられる。

4 行政としての自治体にかかる公共性

これまで検討してきたように、「公共性」という言葉は、その時代背景や政治的社会的状況の中において、使われ方や理解、意味するところについて変遷してきているといえる。それは警察国家モデルにおいては市場経済秩序の維持が、市場規制国家モデルにおいては国の経済発展が第一義的に「公共性」として目的化されてきたように、国家観ないし国家の経営形態のモデルによって非常に多義的な意味を付与されてきた。福祉国家の解体を図った政府は、所得再配分という能動的介入からサービスの外部化（市場化）へ進む過程において、「市場」や「民間活力」という語句によって「公共性」を定義しようとしてきた。いうなれば、政府は自分達の行動を公益に沿って正当化する際に「公共性」という語句を用い、その中に実現させたい様々な価値を詰め込んできたとも解せよう。

そもそも、行政活動の範囲は国民が政治のメカニズムを通して決定するものであることからすれば、その範囲は時代によって、また国ごとに異なるものとなる(79)。また、どのような問題が公共問題として取り上げられ、その解決が公共政策として実現されるかも、少なくとも民主主義の下では同様に国民（住民）の間における政治によって決定されることになる(80)。したがって、公共サービスの供給主体が官であるのか民であるのか、ひいては市場の経済活動と政府の行政活動との境界設定をどこにするかといった問題は、民主主義的政治においては議論し続けなければならない課題であるともいえよう。

そうであるならば、「公共性」とは、時代を超えて変化しない確たる特質を備えた概念としてではなく、その時代における人々（住民）によって開かれた空間で広く議論され、合意を得て形成される「共同形成概念」或いは「活動概念」として捉えるほうが、我々にとっては有用ではないだろうか。少なくとも、行政が独善的に美しいスローガンとして掲げる概念ではないことは明らかである。

このように捉えたとき、行政としての自治体組織での公共性確保にあたり必要なこととして、さしあたり以下の二点が挙げられよう。

まず初めに、合意形成の結果として公共性を措定すると、それを担保するものとして民主主義的統制と手続的公共性が必要となる。公共性の需要者は住民であり、その供給者は政府であるとするなら、住民と政府はその需給に関して合意形成を必要とするということになる。そもそも行政組織における正式な決定については議会決議が必要なのであり、こうした民主主義的統制がまず前提となる。その上で、公開性、開かれた討論の場と機会の確保、参加、内部評価及び外部評価、アカウンタビリティなどの手続的公共性が必要となろう。

合意形成とは、民主主義システム下での政策形成過程における最低限の必要事項でもあるが、単なる合意形成では少々貧弱にすぎるかもしれない。しかし、理性的或いは理想的な合意形成の成果物としてのあるべき姿、もしくは完成形というものはおよそ存在しないのであって、それらが持つべき基準を並べてもさしたる意味はない。むしろ、そこに至る過程こそが重視されるべきである。したがって、参加者の自由な討議と合意形成に至るまでの客観性の確保、すなわち合意形成のための環境整備としての手続的公共性が要請されると考えられる。

行政国家における実質的な活動においては、行政は自らの任務や任務遂行の基準を創り出す行政裁量の機会と範囲を大幅に増加させるが、この裁量が公共性を有するためには、関係住民の福利を真に増進させなければならない(81)。しかし、この判断は多くの場合結果的、或いは歴史的にしか判断できない。したがって、この場合においてもまずもって必要となるのは手続的公共性なのであり、逆に言えば、これらの仕組みによる制度補完によって公共性が成立しうるといえよう。

さらに、その合意に達成する際に鍵になりうる点としては、公共性の中での重み付け、公共性を捉える時間軸、公共性を支える基礎能力が考えられる。公共性の中での重み付けとは、先に述べたように例えば交通利便と環境という公共性や、米軍基地問題や原子力発電所などでは国益と平穏な生活という権利間での相対的な重み付けが必要となってくる。

ここには合意形成にかかる地理的範囲（地域住民か、国民全体か）も関わってこよう。

公共性を捉える時間軸とは、その合意に至る過程において想定されているのが常時であるか非常時であるか、或いは短期的か長期的かという点である。加えて、こうした一連の合意形成に至るためには、住民側にもそれだけの基礎的能力、つまり開かれた議論に参加できるだけの開かれた客観的思考と情報量などが必要になると思われる。

自治体組織での公共性確保のために必要な二点目としては、縦割りされた公共性の再構築が挙げられる。個別の行政法規は各省庁で立案され、その制定後は各省庁の所轄となる。そのために、法目的の公共性は、いわば省庁ごとに縦割りされた「公共性」となっている。例えば開発法による開発許可や土地収用法による収用許可は、環境基本法の法益を侵害する場合がある。これは、昨今の法が具体的な権利義務関係を規定するよりは、一般的に政策そのものを表現するに過ぎない傾向が強まっていることにその一因があると考えられるが、自治体行政の現場では、このような縦割りされた公共性を地域性に応じて再構築する必要性がある。政策の個別断片化を防ぎ、自治体行政に真の総合性を持たせるためには、上述した住民による合意形成はもちろん、庁内職員間での共通の課題認識が必要であることは言うまでもない。

5　公共サービスの外部化と組織管理にかかる公共性

以上を踏まえたうえで、公共サービスの外部化に際し、現在の自治体の組織管理において問題となる点についてさらに検討を進めたい。つまり、公共サービスの外部化にあたっては少なくとも業務や供給主体についての「公共性」が判断材料の一つとなるのであり、それに伴って組織管理に関しても何らかの対応が不可欠となると考えられるからである。

(1)　公権力の行使について

公権力の行使は、一般にある一方に優越的な地位があることを前提としている。これまでは規制行政についてその優越的地位が行政にあるとされてきたため、民間への委託は不可能であると考えられてきた。とはいえ、給付行政か規制行政か、或いは権力的作用か非権力的作用かという区分はそもそも一連の業務の中にあり、峻別することは難しい。また、厳密に区分をすれば非常に面倒なことになる場合もあるため、実態としては、ほとんど各自治体の現場での運用において工夫がなされている(82)。

しかし、近年は指定管理者制度をはじめとし、建築物の指定確認検査機関や駐車違反取締りの業務委託等、大幅な行政業務の民間開放によって、民間セクター（非公務員）が行政処分たる公権力の行使を行う場面が出てきている。例えば公共サービス改革法では、対象とする公共サービスの範囲からは行政処分権限が明文で除かれている(83)（第二条四項一号かっこ書き）ものの、行政処分にあたる業務についても、「特定公共サービス」と位置づけることによって官民競争入札の対象とすることができることになっている。この「特定公共サービス」とは、官民競争入札の結果、民間事業者が公共サービスを実施する場合に必要となる法律の特例（参加資格、監督上の措置、規制緩和等）が適用される業務を指している。つまり、公共サービス改革法に該当する法律の特例を設けることによって、行政処分である業務についても基本的に民間委託が可能であるとするものである。

また、冒頭に見たように、指定管理者制度においても、公権力の行使である住民の施設使用を許可する権限について民間事業者を含む施設管理者に委任することが可能となるなど、実務面でのなし崩し的な委託範囲の広がりは目を見張るばかりである。

こうした実態をどのように解釈すればよいのだろうか。公権力の行使に伴う公務員の職務の公共性としては、こうした法制度からは権力性の由縁たる行政の相手方に対する優越的地位は当然視されていないと理解できる。また、公権力の行使を委ねる手法が指定管理者制度については行政処分（指定管理者の指定）である一方、公共サービス改革法においては契約であることなどから鑑みれば、公権力の行使については、それを担うのが公務員であるか民間事業者であるかという問題は後景に退くことになる。そうであるならば、むしろこうした供給主体の身分的属性としての「公共性」ではなく、公権力を行使する際に権力的作用が過大とならないよう、抑止する仕組みを整備することが肝要となるのではないか。つまり、業務における権力性を薄め、モニタリングを効果的に作動させれば、公権力の行使にあたり主体にかかる「公共性」はさほど重要な問題ではなくなると考えられる。したがって、自治体側では、公共サービスの外部化にあたり、まずはこうした抑止システムを整備する必要性が生じよう。

(2) 職員の処遇と雇用問題

日本の公務員は身分保障がなされているため、サービスの供給者が誰かという問題がイギリスやアメリカのように雇用問題に直結することにはならない。しかし、これは正規職員の話であり、加えて効率化論やコスト削減論で民間委託を進めようとすれば、サービスにかかる人件費は大きな要素となってくる。ほとんどの財やサービスは、生産コストと適正利潤の総和で決定されるが、サービスという形態は価格弾力性が小さい。つまりサービスの価格は市場が決めるのではなく、費用方程式によるコストと利潤によって決まるということになる。さらに公共サービスは、その構成コストに人件費を多く含むため、下限・上限ともに制約を課せられた価格は硬直的となり、競争の原理が現れにくい構造になっている。(84)

こうしたことからすれば、業務の切り分け作業を行い、その部分を嘱託や民間委託に付したとしても、業務の受注者が不当に低い賃金でない限り、劇的なコスト削減ということは原理的には不可能だということになる。人的能力を機械化によって代替するか、賃金の水準を変化させる以外に、費用方程式を変化させることは難しい。

つまり、仮に直営から委託、或いは嘱託によってコストが大幅に削減される、すなわち人件費が大幅に変化するのであれば、それは一方が不当に高い報酬を得ているか、或いは不当に低い報酬で働かされているかのどちらかであるということになる。また、民間でなら人件費以外のコスト削減が可能であるというのであれば、それはそもそも行政の業務遂行方法を見直す必要がある。

サービスの外部化においてコスト削減が至上命題化されているとすれば、業務受託者側は場合によっては人件費を不当に低く抑えることや、サービス内容を低下させることで損失を吸収させようとする恐れが生じることも指摘できよう。なぜなら、仕事内容としては自治体において実施されていたサービスとほぼ同質の業務を行うとしても、民間事業者における労使関係は純粋な雇用契約に基づくのであり、条例によって勤務条件が規定されている公務員とは雇用条件が大きく異なる可能性があるからである。こうした労働関係は、労働者の供給主体と受入主体の間の商取引として、人件費の切り下げというダンピング競争にさらされることになる。(85)

現行の自治体における公共サービスの外部化に際しては、総務省から押し付けられた地方行革と「新しい公共」の枠組みの中で、行革担当部署が定員管理をにらみながら、どの部署の所管するサービスを外部化するか否かを決定しているというのが実態である。新地方行革指針では、「社会経済情勢の変化等を踏まえ、対応すべき行政需要の範囲、施策の内容及び手法を改めて見直しながら適正化に取り組むこと。とりわけ、抜本的な事務・事業の整理、組織の合理化、職員の適正配置に努めるとともに、積極的な民間委託等の推進、任期付職員制度の抑制に取り組むこと」とされ、定員適正化計画の策定・見直しに当たっては市町村合併の進展、電子自治体や民間委託等の推進等を踏まえ、各自治体に対し、過去五年間の四・六％（一九九九年から二〇〇四年）を上回る総定員の純減を図る必要があるとしているからである。

行政側のサービス実施担当部署である現業部門の職員は、労働者としてまさに不安定な環境に身をおいている状況にある。このことはつまり、同じ行政組織内部でも立場や職場によって、「公共性」という語句が「行革の錦の御旗」であったり、時には「職場死守」であったりと、その場に応じて多義的な使われ方がなされていることを示している。

現業部門に限らず今後どの分野に民間委託を進めるかという問題については、各職場において現行の事務分担がどのようになされているのかという点を考慮して検討すべきであろう。すなわち、総務的事務や専門的知識を要する業務についても今後民間委託の検討が進められるとすれば、少なくとも業務内容の確定と業務分担の仕組みが整理される必要がある。その上ではじめて業務の切り分けと委託が可能になるのであり、逆に言えば、多くの業務を複数で持ち合うような現行の事務分担の仕組みのままでは、新たな分野に民間委託を拡大させるのは難しいともいえよう。したがって、民間委託に付す事務事業数が今後これ以上劇的に増加することは考えにくい。だとすれば、適正な業務量と人員配置のバランスという観点からすれば、一方でこのまま純減率の達成だけに邁進することは極めて危うい選択だと言わざるを得ない。

実際のところは、各自治体とも総務省が示す純減率に近い数字を達成しなければならないことから、退職者数に合わせて新規補充数を抑制することで調整しており、この数字がまずありきとなっていることは否めない。仮に、事務事業評価の仕組みを導入し、業務内容の見直しと工数整理に基づいた民間委託を行うとしても、純減率の達成という結果を導くために評価を用いて無理な定数削減を行えば、職場環境は業務量と人員のバランスを欠いて非常に悪化していくと考えられる。

また、定員適正化計画上には現れていない数字として、臨時・非常勤職員の雇用という問題が存在する(86)。主な職種としては庁内での一般事務のほか、保育士、保健師、栄養士、学校事務、学校給食調理員などである。一般事務の業務内容としては事務及び作業補助等であるが、なかには正規職員と同程度の業務内容を担当する場合もある。

業務の繁閑に柔軟に対応しづらい行政組織において、こうした臨時・非常勤職員が多く活用されているのが現状であり、また、民間委託など公共サービスの外部化が進められている業務内容は、これまで臨時職員や嘱託職員が担当していた業務も多い。しかし、採用や報酬、人事管理についての条例上の制約が少ない(87)ことに加え、その任用には通常期限が付されており、一般的には会計年度を越えて任用されることはないために、いつでも雇止めができる点が問題として挙げられる。

民間委託に伴い、こうした臨時・非常勤職員を委託業者に移籍させる動きもあるが、その際の雇用条件としては、労働組合の働きかけにより委託先で正規職員となるケースもあるものの、こうしたことは稀であるとされる。多くはコスト削減が主眼とされ、人材請負会社に丸投げされるため、長期的には賃金低下を招くことが予想される。また、労働者派遣の形態をとった場合は、三年を越えて同一業務に従事させた場合には派遣法上雇用者である自治体に雇用責任が発生するが、これは地方公務員法の任用の原則と対峙する恐れがある。

(3) 組織経営的問題

一般に、民間企業における外部化可能な業務の条件としては、社内にノウハウを蓄積する必要がないものであること、企業情報の社外流出の問題がないこと、他の社内業務から分離が可能であること、必要なノウハウなどを有する外注先（企業及び個人）が存在すること、仕事の成果が測定可能な業務であること、内部で処理するよりもコスト面で割高でないことなどがあげられる(88)。

これらの点を逆から眺め返せば、外部化を行った業務については社内でのノウハウ蓄積が途絶えてしまうこと、企業情報の社外流出の危険性と隣り合わせであること等の課題が懸念される。総務省が提言する「企画と実施の分離」はこれらの問題を今後拡大させることにはならないだろうか。

いわゆる日本的経営システムの特徴は、あいまいかつ流動的な職務区分と、職務のローテーションに端的に表現される。この仕組みは、専門化することによって生じる経済性を犠牲にする、つまり短期的な非効率性を包含していることに弱みがある。しかし、その反面、労働者は職務のローテーションを通じて広範囲にわたって技能を蓄積することができる。また、作業過程の全体的性質を熟知することができるようになり、これによって局所的緊急事態への対応が可能となることで、ＱＣ（品質管理）の改善・向上にもつながる。これが知的熟練論でいわれる「変化と異常への対応」であり、日本的経営システムの最大の強みである「幅広い熟練」を生み出してきた。これこそが同システムを採用する組織において、生産性と優位性を確保してきた理由であるといえよう。

それでは、こうした日本的経営システムを内部に留保したまま、一部業務のみを組織内のコーディネーションから切り離し、アウトソーシング（委託）に付すとどうなるのか。まず考えられるのは、職務ローテーションの一部崩壊によって、生産業務の伸縮への対応が困難になるであろうということである。さらに、労働者が作業過程の全体的性質を熟知することが難しくなることによって、ＱＣの低下や、通常作業および緊急事態への対処力の低下につながることも予想される。これはつまり、労働者の創造性が欠落し、「変化と異常への対応」ができなくなることを意味する。

公共サービスの民間委託に関する効率化論の背景となっている企画立案と実施との分離は、この問題を引き起こす。職務の連続性が中断されると企画立案と実施との距離ができ、発注者と受注者という縦の関係になってしまう。結果として現場で問題が起こっても企画にまでフィードバックされず、問題解決に至らない。職務の連続性の中断は、切り分けた職務の質の継続的確保という問題を招く恐れがある。

無論、民間組織と行政組織それぞれの持つ、組織としてのミッションとそれに付随する特質に違いはあるが、職務のあいまいさや幅広いＯＪＴ、長期雇用とそれに基づく賃金体系といった日本的労働の特徴は、行政組織にもほぼそのままあてはまる。したがって、こうしたサブ・システムに支えられた自治体組織の生産性を確保し続けるためには、サービスの外部化を導入するにあたり、これらサブ・システム自体を修正する必要があると考えられる。すなわち、業務内容の確定や部門目標の個人単位へのブレイクダウン、委託先との情報の共有化の仕組みの構築といったことをまず行う必要があるのではないだろうか。仮に、それらが行われないままにサービスの外部化が進められた場合には、集団的学習に依存するシステムである日本的行政組織が、相対的に効率的ではなくなってしまうという結果を招くことも予想される。

日本の行政組織は職階制、職務給の導入に失敗している。このことはつまり、職と人との対応関係が管理としてこれまで明示的になされておらず、まず人の評価をし、その後にその人にふさわしいと思われる職務をあてがうという手法をとってきたことを意味する。こうした評価方法や仕事の割り振り方を変更しない限り、安易に業務の切り分けを行ってサービスの外部化を行うのは拙速ではないだろうか。すなわち、これまでの人中心の働き方から、職務中心の働き方へのシフトを手始めに行う必要があると考えられるのである。

こうした組織内ルールとは、形式的には法律や中央政府といった組織外部からの圧力の強さによって、また運用的には組織構成員の価値規範等によって形成されている。つまり、組織の外部環境条件および内部環境条件が変化し、根本的なルールそのものが変わらないことには、部分的な変更は組織に混乱を招くか、何も招かないかのどちらかでしかない。

おわりに

政府によって嚮導概念として「公共性」が用いられる時、そこには様々な他の価値概念がつぎ込まれてきたが、それは国民（住民）の内在的共通規範に判断をおもねることで正面からの議論を回避させ、多様な政治的利害を包括的に実現させる手段でもあった。その背景には、国家としてどのような理念をいかなる手段で実現させるのかというイデオロギーが見え隠れするが、世界経済の大きなうねりの中で、「公共性」の持つ意味は国民国家によって時代と共に実に多義的に用いられ、変遷を遂げてきた。イギリスにおける公共サービスの精神論は、声高に政府自身が提起することでその存在が薄れているか既に存在していないことの裏返しを表していたし、アメリカの政府固有機能の議論は、実務面ではなし崩し的に委託が進行するなかで、実体性がないことを覆い隠そうとする虚像であった。

こうした観点からすれば、今般総務省がいうところの、公共サービスの供給体系に関する「価値観の転換」は、政府がよくとる議論の進め方の一つなのであって、あながち乱暴な議論でもないかもしれない。しかし臨調型行革や、NPM的な視点に立ち効率化に眼目をおいた委託論では、あまりにも議論が矮小化されているのであり、もはや単なる価値観の転換で済む問題でないことは明らかである。

「公共性の空間」の再定義を試みることにより、政府体系の再編をガバナンス概念の具現化で提示しようとするならば、規範的概念や多様な主体間の関係性についての議論は既に幾分食傷気味なのであって、そこからさらに踏み込んだ、ガバナンス概念に実体性を持たせるための試論の展開が必要とされよう。それはすなわち、現代日本の自治体における、という限定性のなかではあるが、住民によって開かれた空間で広く議論され、合意を得て形成される「共同形成概念」或いは「活動概念」としての公共性の確保をどう行うかという問題に逢着する。

学界にしても、それぞれの学問の歴史的背景や立場、主張したい個別分野領域でのある特定の価値基準によって「公共性」の持つ意味は異なっており、その価値基準が満たされれば「公共性」が存在するという説明にこれまで終始してきた感がある。これは「公共性」という語句が、元来曖昧な意味づけをなされる宿命ともいうべき性質を持っているからだともいえるが、さりとてこうした曖昧な概念のまま、或いは漠然とした規範的概念や個別領域での限定的な意味合いとしては、「公共性」を、少なくとも自治体組織が実際に組織管理を行う際の価値基準として用いるべきではない。

自治体組織において、政策と組織編成、内部管理は不可分の関係にある。政策形成の場としての組織と行動結果としての政策、そしてシステムとしての組織とサブ・システムとしての人事や給与、職務構造といった内部管理はそれぞれ少なからず相互補完の関係にあると考えられるからである。それぞれの要素にかかる「公共性」を、本章で行った検討に基づいて整理すると次のようになろう。政策と組織編成にかかる公共性としては、合意形成を担保する民主主義的統制と手続的公共性及び縦割りされた公共性の再構築が、組織編成と内部管理にかかる公共性としては職員の処遇と雇用問題が、そして政策と内部管理にかかる公共性としては、公権力の行使と組織経営的問題がそれぞれ該当すると考えられる。これらは個別に検討されつつも、ガバナンス概念においては統合的観点から一体として検討されなければならない問題であるといえよう。

なお、ここではガバナンス論と福祉国家、新自由主義的国家それぞれの相対的な位相について踏み込んだ議論に至らなかった。また、公共サービスの外部化に際し、民間事業者だけでなくＮＰＯや非営利ボランタリー組織など供給主体の多様性と公共性に関する論点についても更なる検討が必要であると思われる。価値レベルと実施レベルないしマクロとミクロの思考の相互交差を進めるためにも、今後の課題としたい。

付記

本章は二〇〇五年度愛知大学研究助成（個人研究Ｃ–131、研究課題「わが国地方自治体における組織編成と政策及び管理の相互関係性」）を受けて作成した。

注

（1）ここでいう公の施設とは、「住民の福祉を増進する目的をもってその利用に供するための施設」（地方自治法第二四四条第一項）であり、具体的には、①民生施設（保育所、養護老人ホーム、老人福祉施設、介護センター、福祉会館等）、②衛生施設（ごみ処理施設、下水終末処理施設、公衆便所、健康センター等）、③体育施設（体育館、陸上競技場、野球場、プール、武道館、キャンプ場等）、④社会教育施設（公民館、図書館、博物館、美術館、小・中学校の地域開放等）、⑤宿泊施設（国民宿舎等）⑥公園、⑦会館（市民会館、公会堂、文化センター、コミュニティセンター等）、⑧診療施設（病院、診療所等）などとなっている。

（2）指定管理者制度導入の直接の動機として、これまでの公の施設に関する法制をＰＦＩ法の趣旨に適合させるため、つまり公共施設整備において営利法人が設計・建設・運営という事業のライフサイクル全体を一括して受注することを可能にするためだともされる。後房雄「自治体とＮＰＯへの挑戦としての指定管理者制度」『ガバナンス』ぎょうせい、第四八号、二〇〇五年。

（3）本法における「公共サービス」の範囲（第二条四項）とは以下のとおりである。①国の行政機関等が行っている非特定行政サービス、イ施設の設置、運営、又は管理の業務、ロ研修の業務、ハ相談の業務、ニ調査又は研究の業務、ホ「国民に対するサービスの提供その他の公共の利益の増進に資する業務」（但し行政処分は除く）のうち、その内容・性質上「必ずしも国の行政機関等が自ら実施する必要がない業務」、②国の行政機関等と地方公共団体が行っている特定公共サービス、イ公共職業安定所における人材銀行事業（管理職や専門・技術職の職業紹介サービス）やキャリア交流プラザ事業（管理職経験者や技術者に対する就職支援業務）、ロ国民年金の保険料納付事業、ハ戸籍関係証明書・納税証明書・外国人登録関係証明書・住民票の写し等・戸籍の附票の写し・印鑑登録証明書の交付請求の受付と引渡し。このうち地方公共団体が実施する公共サービスで本法が直接適用されるのは②のハのみである。

(4) 規制改革・民間開放推進会議提言『「小さくて効率的な政府」の実現に向けて』二〇〇五年九月二七日。

(5) J. Pierre, and B. G. Peters, *Governance, Politics and the State*, St. Martin Press, 2000.

(6) 行政改革会議「最終報告」一九九七年一二月三日。

(7) 今村都南雄「地方分権改革と都市ガバナンス」武智秀之編『都市政府とガバナンス』中央大学出版、二〇〇四年。

(8) 岡田章宏「分権型社会の地方自治像」、三橋良士明・榊原秀訓編『行政民間化の公共性分析』日本評論社、二〇〇六年。

(9) 武智秀之編『福祉国家のガヴァナンス』ミネルヴァ書房、二〇〇三年。

(10) R. A. W. Rhodes, *Understanding Governance: Policy Networks, Governance, Reflexivity and Accountability*, Open University Press, 1997.

(11) 今村前掲書。

(12) Rhodes, *op. cit.*

(13) 日高昭夫「市町村政府のガバナンス――『協働型行政経営』の前提条件の検討を中心に――」武智編前掲書、二〇〇四年。

(14) 理事会構成員はかつての独占資本代表が大半を占め、労働党指導部や組合員が経営に参加するものではなかったため、公社における経営の民主化や消費者の利害が反映される仕組みとはいえないものであった。

(15) 公企業の所有形態と「公共性」についての議論は、採算や効率性の重視を根拠として企業性を強調する見方と、経営主体への所管官庁のコントロールという点から私企業との違いを強調し、公共性をその特質とする見方、また多国籍企業としての展開に注目し、所有形態が国有か私有かは企業の本質にとっては二義的問題だとする見方などがある。D. Coombes, *State enterprise: business of politics?*, George Allen & Unwin, London, 1971.

(16) 原野翹・浜川清・晴山一穂編『民営化と公共性の確保』法律文化社、二〇〇三年。

(17) A. Dunsire and C. Hood, *Cutback management in public bureaucracies*, Cambridge University Press, 1989.

(18) 中村太和『現代イギリス公企業論』白桃書房、一九九一年。

(19) 石井陽一『民営化で誰が得をするのか』平凡社、二〇〇七年。

(20) これに対し、労働組合は組合員達に株式を購入しないよう呼びかけたが、さほど功を奏しなかったため「従業員の株主化」が進行した。中村宏「サッチャー政権と福祉国家イギリスの変容――住宅政策を中心に――」、日本政治学会編『転換期の福祉国家と政治学（年報政治学一九八八）』岩波書店、一九八九年。

(21) このことは、保守党のみならず労働党の行動についても同じことがいえる。一九九〇年代に野党であった労働党は、民営化政策に対し当初公益を阻害するものであるとしていたが、その後徐々にスタンスを変え、ブレアが党首となってからは労働党自身の国有化に関する綱領を改正し、基本的に再国有化の方針を放棄するに至った。原野・浜川・晴山前掲書。

(22) G.D.H.Cole, *The Post-War Condition of Britain*, Routledge & Kegan Paul, 1956.

(23) A.Dunsire and C.Hood, *op. cit.*

(24) 民営化以降の組合と企業の関係としては、業績給や労働条件としての環境の厳格化などが強調されることで、より問題を含んだ分裂状態に陥った後、双方の和解の時期へと移行したとされる。M.Bovens, P.Hart and B.G.Peters eds., *Success and Failure in Public Governance*, Edward Elgar, 2001. なお同様に所有の変遷を辿った例として、国鉄は一九二三年～四八年のビッグ・フォー時代を経て一九四八年に国有化されたが、一九九五年のメージャー政権において最初のフランチャイズが競売、民営化が行われた。但し、この分割民営化によって全国組織の労働組合の力をそぐことが保守党の狙いだったと目されている。C.Wolmar, *OR: Broken rails: how privatisation wrecked Britain's railways*, Aurum Press, London（坂本憲一監訳『折れたレール――イギリス国鉄民営化の失敗――』ウェッジ、二〇〇二年）.

(25) D.Richards and M.J.Smith, *Governance and Public Policy in the UK*, Oxford University Press, 2002.

(26) G.A.Boyne ed., *Managing Local Services: From CCT to Best Value*, Frank Cass, 1999.

(27) G.Peters and J.Pierre eds., *Politicians, Bureaucrats and Administrative Reform*, Routledge, 2001.

(28) 稲沢克祐「市場化テストの論点整理」『月刊自治研』第四九巻第五七二号、二〇〇七年。なお、制度としてのＣＣＴは、自治体サービスに対する満足感が非常に低かったことや、競争入札が強制であるために、競争が優先されて効率性や経済性を追求するあまりサービスの質への配慮が欠けるなどの批判を受け、ブレア政権下において廃止されている。これは、ＣＣＴによるサービス供給形態への制約や、地方自治監査委員会による画一的なサービスの基準の設定など、自治体の自治権が大幅に縮小され、自治体サービスが住民の選好から大きく乖離していることの表れでもあった。

(29) 財団法人自治体国際化協会『自治体業務の民間委託』平成一五年度海外比較調査、二〇〇四年。ＰＦＩ事業が財務省で承認されると、資本投資部分が所管官庁から地方自治体への補助金の対象となり、地方交付税の追加分として長期分割形式で措置されるため、政府としても単年度当たりの財政支出が多額にならずにすむという利点がある。

(30) 4Psとは、一九九六年に設立されたＰＦＩ事業実施に際して自治体への支援活動を行う組織で、補助金獲得のための書面作成などの具体的支援や、様々な情報提供など、計画立案から契約に至るまでのサポートを主な業務とするものである。これらの法整備や仕組みによって、イギリスにおけるＰＦＩは一九九六～九七年以降、急激に増加した。会計年度別のＰＦＩによる資本価値総額は、地方自治（契約）法と4Ps設立直前の一九九四年が六〇〇万ポンド、一九九五年が七八〇〇万ポンドであるのに対し、一九九六年は一〇億八〇〇万ポンド、一九九七年は一八億四〇〇万ポンド、一九九八年には二五億五一〇〇万ポンドと大幅に増加している。なお、一九八七年から二〇〇七年一〇月現在までのイギリス全地域におけるＰＦＩによる資本価値総額は五六八億七九〇〇万ポンドにのぼる。http://www.hm-treasury.gov.uk/documents/public_private_partnerships/ppp_pfi_stats.cfm（二〇〇七年一一月現在）.

(31)　このほかに、民間部門に損害が発生した場合、裁判や監査を通じて自治体が損害賠償を請求できること等が定められた。

(32)　イギリスでは一九九七年以降に建設された大規模病院のほとんどがＰＦＩによるものだが、こうしたコスト増加要因の影響を受けて病床数が大幅に削減され、なかでも救急・急性期疾患の患者は管理費がかかるため特に削減されており、その結果手術待ちで一年以上待たされる患者数が増加していることや、高い技術を要するスタッフを中心に医療スタッフの人員カットが実施されている。財団法人自治体国際化協会『自治体業務のアウトソーシング』平成一六年度海外比較調査、二〇〇五年。

(33)　D. Richards and M. J. Smith, *op. cit.* p. 111.

(34)　R. Leach and J. Percy-Smith, *Local Governance in Britain,* Palgrave, 2001, p. 134.

(35)　榊原秀訓「比較の中の行政民間化」三橋・榊原前掲書、及び稲沢前掲書。

(36)　小原隆治「小さな自治体と大きな市民自治」、寄本勝美編『公共を支える民』コモンズ、二〇〇一年。

(37)　政府は給与控除の制度化を通し、個人と企業によるチャリティー（慈善寄付）を刺激することでボランティア意識の強化を狙った。R. M. Kramer, H. Lorentzen, W. B. Melief and S. Pasquinelli eds., *Privatization in Four European Countries,* M. E. Sharpe, New York, 1993.

(38)　B. G. Peters and D. J. Savoie eds., *Governance in the Twenty-first Century,* Canadian Center for Management Development, 2000.

(39)　*Ibid.*

(40)　The United Kingdom Parliament, House of Commons, Select Committee on Public Administration, *Seventh Report,* 2002.

(41)　N. Timmins, *Aiming at a different set of targets: MANAGEMENT PUBLIC SECTOR: Fifteen years of market driven reform have not affected the public service ethos,* Financial Times, London, Oct 21, 1999.

(42)　UNISON, *UNISON Evidence to the Public Administration Select Committee On Public Service Reform,* December 2001.

(43)　財団法人自治体国際化協会前掲書、二〇〇五年。

(44)　B. G. Peters and D. J. Savoie eds., *op. cit.* p. 170.

(45)　石井前掲書。

（46） E. S. Savas, *Privatization: The key to Better Government,* Chatham House Publishers, 1987.

（47） National Partnership for Reinventing Government, History of the National Partnership for Reinventing Government, *ACCOMPLISHMENTS,* 1993-2000, A Summary, 2001. http://govinfo.library.unt.edu/npr/whoweare/appendixf.html（二〇〇七年一一月現在）．但し連邦職員数に関しては、外部委託化の進行に伴って、行政機関に付随する契約受託者が増加したと考えられるものの、それら事業者が雇用するものの人数が明らかにされていないため、削減実数と実態との間にある程度の乖離があることが考えられる。

（48） 総合研究開発機構『公的部門の開かれたガバナンスとマネジメントに関する研究』NIRA 研究報告書 No. 20010014、二〇〇二年。

（49） Privatization.org, "*Types and Techniques of Privatization*", http://www.privatization.org/database/whatisprivatization/privatization_techniques.html（二〇〇七年一一月現在）.

（50） The Council of State Governments, "*State Privatization Update*", Annual Privatization Report 2004. 各州の四五〇名の財政・立法責任者に対して調査を行ったものである。回答率約七七％、二〇〇二年一〇月から一二月に実施。

（51） Reason Foundation, *"Transforming Government Through Privatization",* Annual Privatization Report 2006.

（52） CA, CT, IA, LA, MI, ND, OK, TN, WA, WY の各州。

（53） California Debt and Investment Advisory Commission, *"Privatization vs. Public Private Partnerships: A Comparative Analysis",* California State Treasurer's Office, 2007.

（54） 君村昌「市場化テストの行方」『月刊自治研』第四九巻第五七三号、二〇〇七年。

（55） フロリダ州では様々な分野において委託が行われているが、明らかな失敗事例や費用対効果の乏しい事例についても報告されている。例えば医療保険システムについてはUnisys社が一〇万人以上の州政府職員、退職者等に対する医療保険プランの管理運営システムを八六〇〇万ドルで請け負ったが、このシステムは機能しなかったため、州は二億ドルの追加支出を余儀なくされた。このような失敗事例の理由として、同州ではどのような会社が当該サービスの提供にあたり参入してきたかについての事前調査はほとんど行われず、請負業者の業績を監督するシステムもないままに委託が行われてきたことが指摘されている。財団法人自治体国際化協会前掲書、二〇〇五年。

（56） American Public Welfare Association, *"Local Public-Nonprofit Partnerships: Getting Better Results", Policy & practice of Public Human Services,* Washington D. C., Sep. 2001.

（57） 福井秀樹「規制緩和の政治哲学」、日本公共政策学会編『公共政策』、二〇〇〇年。

(58) 牧田義輝「アメリカの行政制度」、土岐寛・加藤普章編『比較行政制度論』法律文化社、二〇〇〇年。
(59) B. Denters and L. E. Rose eds., *Comparing Local Governance*, Palgrave, 2005.
(60) http://www.whitehouse.gov/omb/（二〇〇七年一一月現在）.
(61) *Ibid.*
(62) 原野・浜川・晴山前掲書。
(63) 下川環「アメリカにおける行政の民営化と私的デュー・プロセス論」『法律論叢』第七九巻第二・三合併号、二〇〇七年。
(64) 宮本憲一「いまなぜ公共性を論じるか」『公共性の政治経済学』自治体研究社、一九八九年。宮本自身が大阪空港公害事件の高裁で主張した公共サービスにかかる公共性の尺度は以下のとおりであり、これら基準に従って公共性の序列化が可能であるとする。イその事業やサービスが生産や生活の一般的条件、或いは共同社会的条件であること。ロその事業やサービスが特定の個人や私企業に占有されたり、利潤を直接間接の目的として運営されるのでなく、すべての国民に平等に安易に利用されるか、社会的公平のために運営されること。ハ公共施設の建設、改造、管理、運営にあたっては、周辺住民の基本的人権を侵害せず、仮に必要不可欠の施設であっても、できうる限り周辺住民の福祉を増進しうること。公共サービスについて基本的人権を侵害してはならない。ニ公共施設の設置、改善や公共サービスの実施については住民の同意をうる民主的な手続きを必要とすること。この民主的な手続きには、事業・サービスの内容が住民の地域的な生活と関係するような場合には、住民の参加或いは自主的な管理を求めることを含んでいる。
(65) 室井力「公法学における公共性」、同上。近年の判例としては、首都圏中央自動車道の収用裁決に基づく明け渡しの代執行の執行停止を認めたものにおいて（東京地決平成一五年一〇月三日）、居住の利益が人格権利益として位置づけられている。つまり、事業によって得られる公共利益と失われる公共利益との比較は、代替案の検討とアセスメントを尽くすなかで、それぞれの重み付けとしての評価において可能であるということになる。山村恒年編『新公共管理システムと行政法』信山社、二〇〇四年。
(66) 牛嶋正「都市行政における効率性と公共性」『都市問題研究』第三〇巻第一〇号、一九七八年及び加藤寛・大島国雄・山口亮「特集・公共輸送の再認識：公企業・公共性・企業性（座談会）」『運輸と経済』第三一巻第二号、運輸調査局、一九七一年等を参照。加藤はその後国の臨調型行政改革において牽引役となっていく。
(67) 飯尾潤『民営化の政治過程――臨調型行革の成果と限界――』東京大学出版会、一九九三年、二六九ページ。
(68) 中曽根康弘は、大平首相急逝後の衆参同日選挙での自民党大勝を受け、河本敏夫とともに次期総裁の有力候補であったが、宏池会が鈴木善幸を会長に選任したことから鈴木が総裁に選任されたため、河本とともに比較的軽量な閣僚ポストで遇された。この時、中曽根は行政管理庁長官に任ぜられたが、前任長官である宇野宗佑は中曽根と同派閥であったため、長官就任に気の進まない中曽根に花をもたせるべく、何か目立った仕事ができるように臨調設置を含む大掛かりな行政改革の推進を用意していた。中曽根はこの行政改革をできるだけ大きな課題とし、実現可能でかつ人気のある政策で成果をあげることで河本との次期総裁の座の争いに勝利した。同上、三一ページ。

(69) 同上、二四二ページ。

(70) 原野翹『行政の公共性と行政法』法律文化社、一九九七年。

(71) 同上、六〇ページ。

(72) 浜川清「自治体行政における行政手段と公務員の役割――職務実態調査と公務労働――」『法学志林』第七七巻第三号、一九八〇年。

(73) 今村都南雄「公共サービスへの接近」『公共サービスと民間委託』敬文堂、一九九七年、一〇ページ。

(74) 山村前掲書。

(75) 片岡寛光「公共性の理念を求めて」『早稲田政治経済学雑誌』第二三八号、一九七四年。

(76) 伊賀隆「公共性とは何か」『季刊現在経済』第二三号、一九七六年。

(77) 原野前掲書、三九ページ。

(78) 今井照『自治体のアウトソーシング』学陽書房、二〇〇六年。

(79) 西尾勝『行政の活動』有斐閣、二〇〇〇年。

(80) 足立幸男・森脇俊雅『公共政策学』ミネルヴァ書房、二〇〇三年。

(81) 今里滋・手島孝「行政における公共性――都市再開発行政に即して――」『産業労働研究所報』第七二号、九州大学産業労働研究所、一九七八年。

(82) 例えば、公立文化施設を指定管理者制度以外で管理委託する際、施設利用の予約管理や利用申請の受付等については委託可能だが、使用許可については委託が不可能となると考えられる。このため、自治体職員への兼務発令をし、受託者である法人職員としても働けるようにするとか、或いは初めから法人職員が使用許可書を出しているところもあるとされる。今井前掲書、三六ページ。

(83) ここでいう行政処分とは、国の行政機関又は地方公共団体が私人に対し、法令上の権利義務を設定する単独行為を意味する。

(84) 菅原敏夫「公共サービスの供給コスト」今村前掲書、一九九七年。

(85) 中野麻美「公共サービスのアウトソーシングとワーキング・プア」『月刊自治研』第四九巻第五七四号、二〇〇七年。人間の労働は商品と異なり、生産調整や在庫調整によって値崩れを防止することができないため、市場競争原理に晒された時には商品よりも値崩れしやすいとし、こうしたアウトソーシングは労働の買い叩きにも等しく、官製ワーキング・プアを生み出していると指摘する。

(86) 例えば愛知県総務部市町村課の調査によると、同県内二三市一〇町村の一般職における定数外職員は一六七八一人に上っている（二〇〇五年四月一日現在）。以下は根拠別にみた職員数の内訳であるが、⑤から⑦における通算任用期間は、一年までが最も多く一九市一九町村、二年までが一市、五年までが二市一町、期限なしが八市一七町村となっている。

任用根拠等	対象職員数
①一般職の任期付職員の採用に関する法律第五条（任期付短時間勤務職員）	一人（一町）
②地方公務員法第二八条の五（定年退職再任用短時間勤務職員）	二五四人（一九市五町村）
③地方公務員の育児休業に関する法律第六条による任期付採用職員	一七人（二市）
④地方公務員の育児休業に関する法律第六条による臨時的任用職員	二六〇人（一一市六町村）
⑤地方公務員法第一七条による期限付任用職員	二四三二人（七市一町）
⑥地方公務員法第二二条第五項による臨時的任用職員	一二九八八人（二八市三六町村）
⑦その他（取扱要綱等によるもの）	八二九人（二市三町村）

(87) 採用については競争試験がないことと、報酬については条例事項とされているものの人事委員会勧告を前提とはしておらず、その運用は自治体によって異なる場合が多い。例えば東京都の特別職非常勤職員は、その報酬については条例において日額の上限のみを定め、個々の非常勤職員への具体的支給額は所属長が定めることとしている。このほかには、条例では具体的な日額を定めず、規則に委任している自治体も少なくない。清水敏「公務部門における就業形態の多様化と労働法」『月刊自治研』第四九巻第五七四号、二〇〇七年。

(88) 佐藤博樹・藤村博之・八代充史『新しい人事労務管理　新版』有斐閣、二〇〇三年。

あとがき

本書は、筆者が二〇〇九年三月に同志社大学大学院総合政策科学研究科から博士学位の授与を受けた際の博士論文である「自治体組織の編成と管理に関する新たな分析視角」を基に、新たに書き下ろしの章を加え、その他の章についても加筆修正を行ったものである。

行政学、地方自治の数ある研究分野・対象の中でも、筆者がとりわけ自治体の組織に関心を抱いたのは、自身の現場体験がその出発点となっている。法学部政治学科を卒業した後、輸送機器メーカーに勤務した筆者は、魚礁を扱う部署に配属された。魚礁とは、海底に設置する人工の構造物のことである。これを海の底深くに設置し、そこに藻がつくことによって小魚が集まり、それを餌とする中型魚が集まる効果を狙って、「獲る漁業」から「育てる漁業」への転換を図ろうとするものである。当時の主流は二m角形などの単純な構造物（主にコンクリート製で骨組みだけの単純な立方体）であり、こうした魚礁の設置については水産庁所管の沿岸等整備事業（補助事業）の扱いであった。筆者が勤務した輸送機器メーカーでは、独自の技術により全く新しい複雑な構造物（鉄筋コンクリートによるバーと円盤を複数組み合わせ、ピラミッド型のジャングルジムのような構造）を開発しており、筆者はこの魚礁を自治体に採用してもらうべく、営業活動と事務を担当していた。

この業務の過程で筆者が直面したのは、公共事業に関わる様々な疑問であった。当時はまだ政策評価という概念も文言も日本の行政現場に登場していなかったことからすれば当然なのだが、こうした魚礁事業を過去に実施したことのある自治体に伺った際、「過去に設置した構造物については現在どこにあるか全く分からない（海の底では潮の流れがあるため通常は動いていくと考えられる）、その後の検証も行っていない、したがって新しい魚礁を入れるとすると、誤って過去に設置した構造物の上にさらに設置してしまう可能性があり、危険である」というのである。相当な額の税金をつぎ込んで行われている公共事業のはずなのに、効果の検証どころか設置後の管理さえなされていない状況に愕然とした。

また、補助事業として申請する際、事業ごとの詳細な補助要綱に沿って申請を行うことになるが、ある日、採用を決定して下さった自治体の担当者から筆者に連絡が入った。いわく、「魚礁の設置については、構造物の体高の何倍の海底に沈めるのか」といった質問であった。当時入社二年目の新米である筆者でさえ、当該補助要綱の二ページ目に記載してあり、体高の一〇倍であることは知っていた。自治体で働く地方公務員の方々は非常に能力が高く優秀であると思っていたのだが、事業の基本についてもメーカーに尋ねなければわからないということにショックを受けた。さらにいうと、水産庁への申請書類、具体的には構造体の構造計算書、強度計算書をはじめとした各種申請書類などはほぼメーカー側が整えており、技術職の職員と筆者らが作成していた。そもそも海域のどこにどんな魚礁を設置すれば安全でかつ効果があるかという設置場所やその理由付けからメーカーがトータルに提案し、採用していただいていたので、書類もこちらが作成するという流れになっていた。当然筆者には技術的素養がまったくないが、技術職の職員に教わりながら表計算ソフトを駆使して複雑な計算書類を作成していたのだが、「こういうのを丸投げというんだね」と年配の社員に教わった。

公共事業としての採択という場面においては、市町村に対して営業活動を行っても、新しい技術のものは県内で採択実績がなければ採用しにくい、市町村の立場では県がやっていないことをやりにくい、との声にも接した。一方で、意欲のある市町村では採用を前向きに検討していただいたものの、補助事業として採択されなかったため、単独事業とならざるを得ず、工事規模と費用が一〇分の一ほどに下がったこともあった。そもそも、既に時効だと思われるが、工事受注の際にも一般競争入札であるところ、こうした海洋での工事ができる建設業者（ゼネコンに対してマリコンという）は地域において非常に限られており、その数社の中で話し合いがされていたとも聞いていた。

こうした職場での様々な疑問に端を発し、そもそも公共事業や地方自治とは何なのか、そこに何か問題があるならば、どんなに小さなことでもなんとかその解決のために働きたい、と考えていた折、たまたま卒業生に送られてくる大学広報誌の中で「総合政策科学研究科」が設置されたことを知ったのが、大学院への入学のきっかけである。あの時大学広報誌を目にしていなければ、今の筆者はなかった。問題解決としての政策について研究する、という文言は筆者の希望となった。未来志向の学問ができることに心からわくわくしたことを覚えている。

晴れて総合政策科学研究科に入学し、錚々たる教授陣から専門科目を学んでいくうちに、職場で私が感じた上記のような疑問については、おぼろげながらその総体が見えてくるように思えた。政策評価が当時まだ国にも自治体にも導入されていなかったことから、公共事業はPlan-Doの連鎖とならざるを得なかったこと、補助要綱の基本的なところさえ知らないことや申請書類作成の丸投げについては、個々の職員の資質や能力の問題ではなく、ジェネラリストを養成することを目的として短期間での異動を繰り返す自治体組織の人事管理上の問題であること、そして公共事業をめぐって国―県―市町村という絶対的な上下関係が存在していること……。自身の卑近な例からではあるが、問題の全体像がなんとなくつかめたような気がした時、筆者としてはこれらがすべて自治体の組織に関わる問題なのではないかと思えたのである。三年間と短い勤務期間ではあったが、筆者が実体験として得たこれらの疑問の数々が、現在でも研究関心の基礎となっていることを思えば、非常に貴重な経験であった。

総合政策科学研究科に入学以降、修士・博士課程とも指導教官として真山達志先生のご指導を頂戴し、これまで大変お世話になってきた。真山先生は研究会などで議論が錯綜しても、いつも大変スマートにとてもすっきりと議論の本質を突いた交通整理をして下さり、筆者の憧れであった。同じ研究者という立場になった今でも、とても真山先生のような巧みな交通整理はできておらず、いつまでたっても師匠の足元にも及ばないと反省している。研究テーマについては、筆者の思うようなことを自由に研究させていただき、折々にご指導と温かいお言葉を頂戴してきた。年齢的（年次的）に真山先生の一番弟子ではあったものの、当時は研究に対する姿勢に覚悟が足りず、きっと頼りなく感じておられたことと思うのであるが、先生のお人柄で、いつもにこにこと相談などに乗って下さった。修士論文を書き終えた後、将来について迷っていた筆者に、この分野での就職については将来性があることをアドバイスして下さり、そのお陰で筆者は腹をくくって博士課程に進み、研究者になることを具体的に目指すことができた。あの時の真山先生のアドバイスがなければ、あの時点で諦めていたであろうと思うと、一生のご恩があると感じている。

また、総合政策科学研究科では山谷清志先生にも大変お世話になった。山谷先生の政策評価論の授業を初めて受けた時のことを今でもよく覚えている。アメリカ評価学の議論をばりばりと講義して下さり、我々学生は目を見張る思いだった。本書の出版にあたっても、山谷先生には並々ならぬご尽力を頂戴し、出版社をご紹介いただいただけでなく、本書の進捗についても大変気にかけていただいた。心より御礼を申し上げたい。その山谷先生からご紹介いただいた晃洋書房編集部の丸井清泰氏には、本書の編集について相当無理なスケジュールの中でも快く引き受けて下さったことについて、感謝を申し上げたい。

総合政策科学研究科では、石田光男先生のお教えを受けたことも、筆者にとっては非常に大きな出来事であり貴重な経験だった。石田先生の徹底した現場での調査に裏付けられた精緻な理論に圧倒された。賃金制度の裏側には仕事のやり方が貼り付いていることや、「腹の底から物事をわかって書く」という先生のポリシーも、今の筆者の研究における核となっており、ゼミ生にもこのポリシーを伝えている。研究への取組み方のみならず、研究者としての矜持についても身をもってお教えをいただいたと深く感謝している。

現在の職場に就職が決まって以降、有難いことに愛知県内の自治体からの仕事の依頼が増えていったが、なかでも同志社大学の今川晃先生に愛知地方自治研究センターにお誘いいただいたことはとても大きかった。今川先生とともに、明治大学の牛山久仁彦先生ともこちらでご一緒させていただき、共同研究をさせていただけたことは非常に勉強になった。牛山先生には複数の学会でも取り立てていただき、また合同ゼミ合宿でもあちこちご一緒させていただいた。各地を飛び回ってご活躍されておられる両先生方の現場に根差した研究関心と鋭い理論的考察は、筆者にとって大変刺激となった。また、同センターの共同研究では愛知淑徳大学の石田好江先生、自治研センター事務局の伊藤昌弘氏、野口鉄平氏にも大変お世話になった。本書の第2章は、愛知地方自治研究センターにおける研究会として取り組んだ共同研究を基にしているが、座長でおられた今川先生が二〇一六年九月に突然ご逝去された時、この共同研究はまだ道半ばであった。まだまだお教えいただきたいことがたくさんあった。残念でならない。

筆者が大学院進学を志し、輸送機器メーカーを退職しようとしていた頃、学部時代のゼミの恩師である故金丸輝男先生にご相談に伺ったことがあった。先々のことを深く考えもせず、仕事を辞めて研究者になりたい、という私の話をじっと聞いて下さった金丸先生は、一言、「私は勧めません」とおっしゃった。先生のお言葉を借りれば、研究者になるのは博打である、現にオーバードクターが既に多数いる、そして女性には女性の幸せがある、と真摯に忠告して下さった。今思えば、金丸先生のお言葉はまさにその通りであり、非常に適切なご指導をいただいたとわかるのだが、当時は勢いだけで物事を決めようとしていたところがあり、結局先生の忠告を聞かずに仕事を辞めて大学院に進学してしまった。聞き入れの悪い教え子であったが、本書の上梓を金丸先生のご霊前にご報告し、お許しをいただきたいと思う。

総合政策科学研究科の修士課程では、勉強したての組織論をどう実践に活かすか、というようなことをよく仲間内で議論した。特に同期の平尾誠二氏、日下部隆則氏、石井智氏とは仲良くしていただき、皆であぁでもないこうでもないと議論をすることは非常に楽しい時間だった。皆、仕事を終えてから大学院に滑り込む日々であり、実務から得た問題意識を持ち、再び勉強できる喜びが大きかった。先日、日本初開催のラグビーワールドカップが成功裏に終了したが、この大会の開催を待たずに平尾氏は二〇一六年一〇月に逝去された。今川先生が亡くなられてから一カ月後のことだった。いつものメンバーで、またいつでも集まれると思っていた。今回のワールドカップでも顔になるはずの人であった。まだどこかで信じられないが、筆者が組織の研究を続けていることを、本書で報告したい。

石田先生の影響を強く受け、私の研究は現場での実態調査を基礎とするものが多い。本書の各章の執筆においても、様々な自治体の担当者の皆様にヒアリング調査において非常にお世話になった。お忙しい中、大変丁寧にご対応をいただき、多くの資料を頂戴し時には原稿を読んでいただいて感想を頂戴するなど、言い尽くせないほどの感謝の念でいっぱいである。三重県、静岡県、池田市、名古屋市、豊田市、その他のご対応いただいた皆様方に深く御礼を申し上げる。

本書の各章の初出は、院生時代からこれまで細々と書いてきたものが多く、一番古いものからは一五年ほども経過してしまった。そのため、文中の表記については各章執筆当時におけるものとなっている部分があることをご了承いただきたい。以下は全て言い訳になるが、博士論文を書く前に就職が決まったこともあり、目の前の講義や学内業務、自治体からの依頼業務などに押され、博士論文の執筆は先延ばしになってしまった。それでもなんとか博士論文をとりまとめたものの、まだ研究として未熟だと思えたためそのまま出版するのはどうにも気が引け、出版するなら書き下ろしも含めて大幅な加筆修正をと考えているうちに、さらに時間が経過してしまった。その間に、男児を二人出産し、その後筆者の体に癌が見つかった。

手術と治療のため長期の欠勤を余儀なくされたが、病気と研究の両立よりも、家事育児と研究の両立のほうがむしろ大変だった。放射線治療でどれだけダメージを受けていても、乳幼児はお構いなしである。小さい頃は二人とも本当によく熱を出した。それも大抵、寝る前は元気だったのに朝起きて発熱していることが多かった。そこからはまさに戦争状態である。熱が高くぐずぐずしている子どもを急かして用意をし、病児保育に慌てて予約を入れ、インフルエンザなどの時期には予約が取れずに複数に電話をかけ続け、キャンセル待ちをかけて施設からの連絡をじりじりしながら待ち、ようやく予約が取れれば急遽お弁当を作って次は小児科を予約し、これも待合室で時計を睨みながら順番を待って受診、連絡票を書いてもらって病児保育に預け、そこから元気なもう一人を通常の保育園に送り、大学に着く頃には起床から五時間かかっていることもざらであった。

研究の面でも教育の面でも尊敬申し上げる龍谷大学の今里佳奈子先生が、以前、ご自身のことを「子育ても中途半端、研究も中途半端」とおっしゃっていた。私からみればどちらも完璧になされておられ、雲の上のような存在でいらっしゃるのだが、女性研究者として同じような思いをされてこられたのではないかとも思う。圧倒的に時間が足りず、自分ではコントロールできないことがこんなにも多いとは知らなかった。まさに子を持って知る親の恩である。

二人が少し大きくなってからは、なかなか一緒に遊ぶ時間がない母に対し、「ママは僕らよりお仕事の方が大事なんだね」と泣かれることも多かった。もう少し時間のやりくりがうまくできればと、心が折れそうになることもあった。二人が成長し、いつか本書を読んで母の仕事の一端を理解してくれる時が来たら、これ以上の喜びはない。

最後に、支えてくれた家族へ。最初の就職で家を出た時も、仕事を辞めて大学院に進学し家に戻った時も、両親は筆者の好きなことを好きなようにやらせてくれ、見守ってくれた。改めて、感謝を伝えたい。

二〇二〇年二月

入江容子

初出一覧

序　章　博士論文「自治体組織の編成と管理に関する新たな分析視角」序章「分析視角および方法論」を大幅に加筆修正。

第1章　書き下ろし。

第2章　原題「自治体組織管理における多様性（ダイバーシティ）」人口減少時代における地方自治に関する研究会『人口減少時代における地方自治最終報告書』愛知地方自治研究センター、二〇一七年六月を加筆修正。

第3章　原題「地方自治体における職務管理――大部屋主義の再検討と目標管理の導入へ向けて」『日本労働研究雑誌』第五二四巻、労働政策研究・研修機構、二〇〇四年を加筆修正。

第4章　原題「地方自治体における組織構造のフラット化に関する一考察――二つのジレンマとインセンティブ欠落の危険性――」『同志社政策科学研究』第三巻一号、二〇〇二年を加筆修正。

第5章　原題「自治体部門組織の役割変容と機構改革――三重県福祉行政を事例として」日本行政学会編『公務員制度改革の展望』年報行政研究三八号、ぎょうせい、二〇〇三年を加筆修正。

第6章　原題「地方自治体の組織と権能に関する考察」『愛知大学法学部法経論集』第一八八号、二〇一一年三月を加筆修正。

第7章　原題「自治体組織管理にかかる公共性概念の再検討――公共サービスの外部化を手がかりに」『愛知大学法学部法経論集』第一七六号、二〇〇八年を加筆修正。

索　　引

参考文献一覧

〈邦文献〉

青木昌彦『経済システムの進化と多元性』東洋経済新報社，1995年.
青木昌彦・奥野正寛編『経済システムの比較制度分析』東京大学出版会，1996年.
青木昌彦・奥野正寛・岡崎哲二編『市場の役割・国家の役割』東洋経済新報社，1999年.
足立忠夫『現代の行政管理』公職研，1993年.
足立幸男・森脇俊雅編『公共政策学』ミネルヴァ書房，2003年.
阿部孝夫「地方自治体と人的資源管理」『計画行政』22（３），1999年.
新井光吉『アメリカの福祉国家政策――福祉切捨て政策と高齢社会日本への教訓――』九州大学出版会，2002年.
飯尾潤『民営化の政治過程――臨調型行革の成果と限界』東京大学出版会，1993年.
伊賀隆「公共性とは何か」『季刊現在経済』22，1976年.
石井将「『職務の公共性』と労働基本権」『労働法律旬報』1142，1986年.
石井陽一『民営化で誰が得をするのか』平凡社，2007年.
石田光男「部門業績管理と要員管理」『企業における能力主義管理の現状と今後の方向に関する調査研究』日本産業訓練協会関西支部，1996年.
――――「人事処遇の個別化と労働組合機能」『日本労働研究雑誌』460，1998年.
――――「賃金制度改革の着地点」『日本労働研究雑誌』554，2006年.
――――「日本の賃金改革と労使関係」『評論・社会科学』（同志社大学社会学会），109，2014年.
伊藤大一「公務員の行動様式」『行政学講座第４巻　行政と組織』東京大学出版会，1976年.
伊藤善朗『予算統制システム』同文舘，1993年.
石原俊彦・山之内稔『地方自治体組織論』関西学院大学出版会，2011年.
稲沢克祐「市場化テストの論点整理」『月刊自治研』49（573），2007年.
稲継裕昭『日本の官僚人事システム』東洋経済新報社，1996年.
――――「公務員と能力・実績主義」『都市問題研究』51（９），1999年.
――――『人事・給与と地方自治』東洋経済新報社，2000年.
井上達夫編『公共性の法哲学』ナカニシヤ出版，2006年.
今井照「アウトソーシングと指定管理者制度の位相」『地方自治職員研修』37（９），2004年.
――――『自治体のアウトソーシング』学陽書房，2006年.
今里佳奈子「政策ネットワーク関係からみる社会福祉制度改革」『季刊行政管理研究』98，2002年.
今里滋・手島孝「行政における公共性――都市再開発行政に即して――」『産業労働研究所報』72，1978年.

今田幸子・平田周一『ホワイトカラーの昇進構造』日本労働研究機構，1995年.
今野浩一郎『勝ち抜く賃金改革――日本型仕事給のすすめ――』日本経済新聞社，1998年.
――――『個と組織の成果主義』中央経済社，2003年.
今村都南雄『組織と行政』東京大学出版会，1978年.
――――「組織変動の制約要因」『行政体系の編成と管理に関する調査研究報告書（平成元年度)』総務庁長官官房企画課，1991年.
――――『行政学の基礎理論』三嶺書房，1997年.
――――「地方分権改革と都市ガバナンス」，武智秀之編『都市政府とガバナンス』中央大学出版，2004年.
今村都南雄編『公共サービスと民間委託』敬文堂，1997年.
――――『自治総研ブックレット①公共サービスの揺らぎ：第19回自治総研セミナーの記録』公人社，2005年.
今村都南雄・武藤博己・真山達志・武智秀之『ホーンブック行政学』北樹出版，1996年.
井村圭壯・相澤譲治『福祉制度改革の基本体系』勁草書房，2001年.
岩崎正洋・佐川泰弘・田中信弘編『政策とガバナンス』東海大学出版会，2003年.
上浦善信「学び，育つ人材の新たな育成法14『採用と育成の好循環』目指す池田市の新・人材育成基本方針」『国際文化研修』89，2015年.
――――「圏域経営を意識した政策提言にむけて――いけだウォンバット塾を開催，近隣都市職員や住民と意見交換――」『地方公務員月報』2017年２月号.
上田眞士『現代イギリス労使関係の変容と展開――個別管理の発展と労働組合――』ミネルヴァ書房，2007年.
鵜養幸雄「公務員の昇給――理論と政策の狭間で――」『政策科学』(立命館大学政策科学会)，21（４)，2014年.
宇賀克也『アメリカ行政法』第２版，弘文堂，2000年.
牛嶋正「都市行政における効率性と公共性」『都市問題研究』30（10)，1978年.
後房雄「自治体とNPOへの挑戦としての指定管理者制度」『ガバナンス』48，ぎょうせい，2005年.
宇都宮深志・新川達郎編『行政と執行の理論』東海大学出版会，1991年.
大河内繁男「地方自治と『公共性』の問題」『都市問題』(東京市政調査会)，66（６)，1975年.
――――「職員の異動と能力開発」『講座行政学』第５巻，有斐閣，1994年.
大沢真知子「アメリカのアファーマティブ・アクション」『生活経済政策』213，2014年.
大杉覚「人口減少時代の自治体職員に求められる姿勢・能力と人事管理のあり方」『地方公務員月報』2014年12月号.
大橋洋一『行政法――現代行政過程論――』第２版，有斐閣，2004年.
大森彌『自治体行政学入門』良書普及会，1987年.
――――『自治体職員論』良書普及会，1994年.

大森彌編『行政管理と人材開発』[21世紀の地方自治戦略 9 巻] ぎょうせい，1993年.
大森彌・上田紘士編『分権時代の自治体職員 4　組織の開発と活性化』ぎょうせい，1998年.
大谷健『JR10年の検証――国鉄民営化は成功したのか――』朝日新聞社，1997年.
大谷寶・太田進一・真山達志編『総合政策科学入門』成文堂，1998年.
奥野明子『目標管理のコンティンジェンシー・アプローチ』白桃書房，2004年.
奥林康司・上林憲雄・平野光俊編『入門人的資源管理』第 2 版，中央経済社，2010年.
片岡寛光「公共性の理念を求めて」『早稲田政治経済学雑誌』238，1974年.
――――『行政の理論 2　行政の構造』早稲田大学出版部，1992年.
――――『職業としての公務員』早稲田大学出版部，1998年.
加藤寛「行政改革と公共性」日本計画行政学会編『計画行政』 9，1983年.
加藤寛・大島国雄・山口亮「特集・公共輸送の再認識：公企業・公共性・企業性（座談会)」『運輸と経済』31（ 2)，運輸調査局，1971年.
加藤淳子「新制度論をめぐる論点――歴史的アプローチと合理的選択理論――」『レヴァイアサン』15，木鐸社，1994年.
金井利之『福祉国家の中央地方関係―― D. E. アシュフォードの英仏比較を軸として――』東京大学都市行政研究会，1991年.
――――『自治制度』東京大学出版会，2007年.
兼子仁『新地方自治法』岩波書店，2002年.
神長勲・紙野健二・市橋克哉編『公共性の法構造』勁草書房，2004年.
規制改革・民間開放推進会議提言『「小さくて効率的な政府」の実現に向けて』2005年 9 月27日.
北浦正行「民間の人事制度改革からの視点」『都市問題』93（12)，2002年.
北村亘「新制度論による比較地方自治分析の理論的可能性」『甲南法学』38（ 1 ・ 2)，1997年.
岸田民樹『現代経営組織論』有斐閣，2005年.
君村昌「市場化テストの行方」『月刊自治研』49（573)，2007年.
桑原洋子『社会福祉法制要説』第 4 版，有斐閣，2002年.
黒田兼一「地方公務員法の改正と人事評価制度の導入」『社会政策』(社会政策学会)， 8 （ 3)，2017年.
黒田兼一・小越洋之助・榊原秀訓『どうする自治体の人事評価制度』自治体研究社，2015年.
小池和男『大卒ホワイトカラーの人材開発』東洋経済新報社，1991年.
――――『アメリカのホワイトカラー』東洋経済新報社，1993年.
――――「日本企業と知的熟練」『リーディングス日本の企業システム 3 』有斐閣，1993年.
――――『仕事の経済学』東洋経済新報社，1998年.
河野勝『制度』東京大学出版会，2002年.
小坂直人『公益と公共性』日本経済評論社，2005年.
小原隆治「小さな自治体と大きな市民自治」，寄本勝美編『公共を支える民』コモンズ，2001

年.
小林武『地方自治の憲法学』晃洋書房，2001年.
小林武・見上崇洋・安本典夫編『「民」による行政――新たな公共性の再構築――』法律文化社，2005年.
小林弘和・武智秀之「高齢社会における地方自治(1)」『季刊行政管理研究』51，1990年.
小堀喜康『自治体の人事評価がよくわかる本――これからのマネジメントと人事評価――』公人の友社，2015年.
近藤哲雄『自治体法』学陽書房，2005年.
齋藤純一『公共性』岩波書店，2000年.
齋藤美雄『官僚制組織論』白桃書房，1980年.
坂本勝「分権時代の人事行政」『都市問題研究』51（9），1999年.
佐々木恒夫『大都市福祉行政の展開――21世紀地方自治体のあり方――』中央法規出版，2001年.
佐々木信夫「自治体行政改革の本質と設計」『地方自治職員研修』臨時増刊73．2003年.
佐藤英善「争議権と『職務の公共性』試論」『法学志林』77（3），1980年.
佐藤博樹・藤村博之・八代充史『新しい人事労務管理　新版』有斐閣，2003年.
塩野宏『行政法Ⅲ』第二版，有斐閣，2001年.
塩原勉「組織研究と社会学」『組織科学』14（1），1980年.
静岡県編『地方分権への道標』ぎょうせい，1999年.
自治研修協会編『新しい自治体経営手法の取組』2000年.
自治体国際化協会『自治体業務の民間委託』平成15年度海外比較調査，2004年.
――――『自治体業務のアウトソーシング』平成16年度海外比較調査，2005年.
自治体経済研究会「地方自治の経済学――分裂する公共性の概念――」『エコノミスト』52(52)，1974年.
渋川智「自治体人事行政の行方」『月刊晨』3月号，1999年.
清水敏「公務部門における就業形態の多様化と労働法」『月刊自治研』49（574），2007年.
下川環「アメリカにおける行政の民営化と私的デュー・プロセス論」『法律論叢』79（2・3），2007年.
社会教育基礎理論研究会編『叢書生涯学習Ⅵ　自治の創造と公共性』雄松堂出版，1990年.
城繁幸『内側から見た富士通――成果主義の崩壊――』光文社，2004年.
新藤宗幸『福祉行政と官僚制』岩波書店，1996年.
――――『地方分権』第2版，岩波書店，2002年.
杉原泰雄『地方自治の憲法論』補訂版，勁草書房，2008年.
鈴木守「『公共性』の経済的意味について」『経済論集』（東洋大学経済研究会），1（2）.
全国社会福祉協議会 老人保健福祉等に関する検討委員会編『福祉事務所組織再編の動向と課題――老人保健福祉等に関する総合的調査研究事業報告書Ⅱ――』1997年.

総合研究開発機構『公的部門の開かれたガバナンスとマネジメントに関する研究』NIRA 研究報告書 No. 20010014，2002年.
田尾雅夫『行政サービスの組織と管理――地方自治体における理論と実際――』木鐸社，1990年.
――――「第一線職員の行動様式」『講座行政学』第5巻，有斐閣，1994年.
――――「職員参加と目標管理による自治体運営」『都市問題』87（3），1996年.
高乗智之「外国人の公務就任をめぐる法的問題」『高岡法学』33，2015年.
武智秀之「生活保護行政と『適正化』政策(2)」『季刊社会保障研究』24（4），1989年.
武智秀之編『福祉国家のガヴァナンス』ミネルヴァ書房，2003年.
――――『都市政府とガバナンス』中央大学出版，2004年.
建林正彦「新しい制度論と日本官僚制研究」，日本政治学会編『20世紀の政治学――ディシプリンの進化――』（年報政治学1999），岩波書店，1999年.
立道信吾・守島基博「働く人からみた成果主義」『日本労働研究雑誌』554，2006年.
田中豊治・日置弘一郎・田尾雅夫『地方行政組織変革の展望』学文社，1989年.
渓内謙・阿利莫二・井出嘉憲・西尾勝編『現代行政の官僚制（上）』東京大学出版会，1974年.
谷口真美『ダイバシティ・マネジメント――多様性をいかす組織――』白桃書房，2005年.
田村正勝「公共性の構造とその基本問題」『早稲田社会科学研究』15，1976年.
地域社会学会編『生活・公共性と地域形成』地域社会学会年報第12集，ハーベスト社，2000年.
――――『「公共性」の転換と地域社会』地域社会学会年報第15集，ハーベスト社，2003年.
地方自治総合研究所監修，佐藤竺編『逐条研究地方自治法Ⅰ』敬文堂，2002年.
地方自治総合研究所監修，今村都南雄・辻山幸宣編『逐条研究地方自治法Ⅲ』敬文堂，2004年.
辻清明『新版日本官僚制の研究』東京大学出版会，1969年.
辻琢也「『変貌する』日本的雇用慣行と地方公務員人事制度改革」『都市問題』93（12），2002年.
――――「人事評価を活用する自治経営のさらなる展開――政策努力を人材育成と政策推進に生かす人事評価：大阪府池田市――」『地方公務員月報』2018年10月号.
辻山幸宣「福祉行政をめぐる分権と統制――機関委任事務体制の変容と継承――」，社会保障研究所編『福祉国家の政府間関係』東京大学出版会，1992年.
――――「80年代の政府間関係――『統制のとれた分権』体制の構築――」『年報行政研究28　新保守主義下の行政』ぎょうせい，1993年.
手島孝『行政概念の省察』学陽書房，1982年.
外川伸一「ガバナンスとニュー・パブリック・マネジメントとの関係――政策ネットワーク的視点と新制度論的視点――」『法学論集』（山梨学院大学法学研究会），56，2006年.
戸部真澄「『公の支配』領域の再考」『月刊自治研』49（573），2007年.
富永健一「公共性と自律性のディレンマ」『中央公論』91（2），1976年.
ドラッカー，P. F. 著，上田惇生訳『現代の経営（上）』ダイヤモンド社，2006年.
長尾演雄「道路建設と住民意識――住民意識のなかにみる『公共性』意識――」『経済と貿易』

（横浜市立大学経済研究所），118，1976年.
中條秀治『組織の概念』文眞堂，1998年.
永田一郎「公社の雇用関係における公共性」『法学志林』53（２），1956年.
中野麻美「公共サービスのアウトソーシングとワーキング・プア」『月刊自治研』49（574），2007年.
中野実『現代日本の政策過程』東大出版会，1992年.
中邨章「行政，行政学と『ガバナンス』の三形態」，日本行政学会編『年報行政研究39　ガバナンス論と行政学』ぎょうせい，2004年.
中村太和『現代イギリス公企業論』白桃書房，1991年.
――――『民営化の政治経済学――日英の理念と現実――』日本経済評論社，1996年.
中村宏「サッチャー政権と福祉国家イギリスの変容――住宅政策を中心に――」，日本政治学会編『転換期の福祉国家と政治学（年報政治学1988）』岩波書店，1989年.
奈良和重・寺島俊穂「現代民主主義における〈公共性〉の思想的問題」『法学研究』（慶應義塾大学法学研究会），49（７），1976年.
新川達郎「地方分権と中央地方関係――分権型ガヴァメンタル・システムの展望――」『季刊行政管理研究』71，1995年.
――――「政府のガバナンスを考える」『季刊行政管理研究』118，ぎょうせい，2007年.
新川敏光・井戸正伸・宮本太郎・眞柄秀子著『比較政治経済学』有斐閣，2004年.
西尾勝「政策形成とコミュニケーション」『講座現代の社会とコミュニケーション第４巻　情報と政治』東京大学出版会，1974年.
――――『行政学の基礎概念』東京大学出版会，1990年.
――――『行政の活動』有斐閣，2000年.
――――『地方分権改革』東京大学出版会，2007年.
西川伸一「国家論アプローチと新制度論――研究動向の整理――」『政経論叢』（明治大学政治経済研究所），64（３・４），1996年.
西村孝史「ダイバーシティ・マネジメントに求められる３つのバランス」『地方自治職員研修』48（６），2015年.
西村美香『日本の公務員給与政策』東京大学出版会，1999年.
日本経団連タイムス No. 3017（2010.10.21付け）.
日本労働研究機構『国際比較：大卒ホワイトカラーの人材開発・雇用システム――日・米・独の大企業(2)アンケート調査編――』調査研究報告書 No. 101，1998年.
日本労働研究機構編『ホワイトカラーの労働と生産性に関する総合的研究』，1995年.
橋本勇『新版逐条地方公務員法』第４次改訂版，学陽書房，2016年.
畠山弘文『官僚制支配の日常構造』三一書房，1989年.
服部治・谷内篤博編『人定資源管理要論』晃洋書房，2000年.
浜川清「自治体行政における行政手段と公務員の役割――職務実態調査と公務労働――」『法

学志林』77（3），1980年.
早川征一郎・松尾孝一『国・地方自治体の非正規職員』旬報社，2012年.
原田順子・奥林康司『人的資源管理』放送大学教育振興会，2014年.
原野翹『行政の公共性と行政法』法律文化社，1997年.
原野翹・浜川清・晴山一穂編『民営化と公共性の確保』法律文化社，2003年.
晴山一穂「行政の公共性と法律学の課題」『法の科学』15，1987年.
――――『行政法の変容と行政の公共性』法律文化社，2004年.
平石正美「イギリスにおける行政サービスの民営化の動向と展開――グリニッジ区のスポーツ・レジャー事業の民営化とNPDO――」『都市問題』（東京市政調査会），91（2），2000年.
平野光俊「社員格付制度の変容」『日本労働研究雑誌』597，2010年.
平野光俊・江夏幾多郎『人事管理――人と企業，ともに活きるために――』有斐閣，2018年.
福井秀樹「規制緩和の政治哲学」『公共政策』（日本公共政策学会），2000年.
藤田宙靖『行政組織法』有斐閣，2005年.
藤村正之「自治体福祉政策の実施構造――多元的に錯綜化する組織間関係――」，社会保障研究所編『福祉国家の政府間関係』東京大学出版会，1992年.
星野智編『公共空間とデモクラシー』中央大学出版部，2004年.
牧田義輝「アメリカの行政制度」，土岐寛・加藤普章編『比較行政制度論』法律文化社，2000年.
松下圭一『市民自治の憲法理論』岩波書店，1999年.
――――『市民立憲への憲法思考――改憲・護憲の壁をこえて――』生活社，2004年.
松原聡『民営化と規制緩和――転換期の公共政策――』日本評論社，1991年.
真山達志『政策形成の本質』成文堂，2001年.
水口憲人「組織論の一動向」『法学雑誌』（大阪市立大学法学会），22（2），1975年.
三橋良士明・榊原秀訓編『行政民間化の公共性分析』日本評論社，2006年.
宮本憲一編『公共性の政治経済学』自治体研究社，1989年.
宮本憲一・木村保男・小山仁示「公共事業の公共性を問う（座談会）」『エコノミスト』56（7），1978年.
宮本太郎「比較政治学における新制度論の可能性」『政策科学』（立命館大学政策科学会），8（3），2001年.
――――『福祉政治――日本の生活保障とデモクラシー――』有斐閣，2008年.
――――『社会的包摂の政治学――自立と承認をめぐる政治対抗――』ミネルヴァ書房，2013年.
明泰淑「『成果主義人事管理』の構造と問題点」『龍谷大学経営学論集』53（2），2014年.
武藤博己「公務員制度と改革論議」『季刊行政管理研究』79，1997年.
村松岐夫『地方自治』東京大学出版会，1988年.

室井力「行政の公共性と効率性」『法律時報』58（9），1986年.
森田朗「法治行政と裁量行為」『講座行政学』6，有斐閣，1995年.
盛山和夫『社会調査法入門』有斐閣，2004年.
山口定・佐藤春吉・中島茂樹・小関素明編『新しい公共性』有斐閣，2003年.
山口道昭「指定管理者条例の可能性と実務的課題」『ガバナンス』48，ぎょうせい，2005年.
山崎泰彦編『介護保険制度・ゴールドプラン21』東京法令出版，2000年.
山下淳「事務配分・機能分担」『法学教室』165，1994年.
山村恒年編『新公共管理システムと行政法』信山社，2004年.
山本清「地方公務員の昇進構造の分析」『組織科学』30（1），1996年.
――――『政府部門の業績主義人事管理』多賀出版，1997年.
山本啓「コミュニティ・ガバナンスとNPO」，日本行政学会編『年報行政研究39　ガバナンス論と行政学』ぎょうせい，2004年.
山本雄吾「公企業における公共性の意味」『千里山商学』25，1986年.
山谷修作「公企業の民営化と公共性の視点」『運輸と経済』45（7），運輸調査局，1985年.
横田絵里『フラット化組織の管理と心理』慶應義塾大学出版会，1998年.
笠恭子「歴史的新制度論と行政改革」『季刊行政管理研究』98，2002年.
連合総合生活開発研究所「日本の賃金――歴史と展望――調査報告書」2012年.
労働行政研究所『労政時報』第3773号，2010年.
――――『労政時報』第3681号，2006年.
――――『労政時報』第3782号，2010年.

〈欧文献〉

American Public Welfare Association, “Local Public-Nonprofit Partnerships: Getting Better Results”, *Policy & practice of Public Human Services,* Washington D. C., Sep. 2001.
Barnard, C. I., *The Functions of the Executive,* Harvard University Press, 1938.
Blau, P. M, *Bureaucracy in Modern Society,* Random House, 1956（阿利莫二訳『現代社会の官僚制』岩波書店，1958年）.
Blau, P. M. and Scott, W. R., *Formal Organizations,* Chandler Publishing, 1962（橋本真・野崎治男訳『組織の理論と現実』ミネルヴァ書房，1966年）.
Bevir, M, and Rhodes, R. A. W., *Governance Stories,* Routledge, 2006.
Boyne, G. A., “Bureaucratic Theory Meets Reality: Public Choice and Service Contracting in U. S. Local Government”, *Public Administration Review,* Vol. 58, No. 6, 1998.
Boyne, G. A. ed., *Managing Local Services: From CCT to Best Value,* Frank Cass, 1999.
Bovens, M., T’Hart, P. and Peters , B. G. eds., *Success and Failure in Public Governance,* Edward Elgar, 2001.
Brown, T. L., Potoski, M. and Van Slyke, D. M., “Managing Public Service Contracts:

Aligning Values, Institutions, and Markets", *Public Administration Review,* Vol. 66, No. 3, 2006.

California Debt and Investment Advisory Commission, "Privatization vs. Public Private Partnerships: A Comparative Analysis", California State Treasurer's Office, 2007.

Chi, K. S., Arnold, A. and Perkins, H. M., "Privatization in State Government: Trends and Issues", *The Journal of State Government;* vol. 76, No. 4, 2003.

Christensen, T. and Peters, B. G., *Structure, Culture, and Governance,* Rowman & Littlefield Publishers, 1999.

Cole, A. and Peter, J., *Local Governance in England and France,* Routledge, 2001.

Cole, G. D. H., *The Post-War Condition of Britain,* Routledge and Paul, 1956.

Coombes, D., *State enterprise: business of politics ?,* Allen and Unwin, London, 1971.

Demortain, D., "Public Organizations, Stakeholders and The Construction of Publicness", *Public Administration,* Vol. 82, No. 4, 2004.

Denters, B. and Rose, L. E. eds., *Comparing Local Governance,* Palgrave, 2005.

DiMaggio, P. J. and Powell, W. W., "The Iron Cage Revisited: Institutional Isomorphism and Collective Rationality in Organizational Fields", Powell W. W. and DiMaggio, P. J. eds., *The New Institutionalism in Organizational Analysis,* The University of Chicago Press, 1991.

Downs, A., *Inside Bureaucracy,* Little, Brown and Co., 1967（渡辺保男訳『官僚制の解剖』サイマル出版，1975年）.

Drucker, P. F., *Management Challenges for the 21st Century,* 1st ed., Harper Business, 1999.

Dunsire, A. and Hood, C., *Cutback management in public bureaucracies,* Cambridge University Press, 1989.

Ferris, J. and Graddy, E., "Contracting Out: For What ? With Whom ?", *Public Administration Review,* Vol. 46, No. 4, 1986.

Frederickson, H. G. and Smith, K. B., *The Public Administration Theory Primer,* Westview Press, 2003.

Giddens, A.,. *The Third Way,* Polity Press, 1998（佐和隆光訳『第三の道――効率と公正の新たな同盟』日本経済新聞社，1999年）.

Gidron, Benjamin, Kramer, R. M. and Salamon, L. M. eds., *Government and the third sector,* Jossey-Bass Publishers, 1992.

Goss, S., *Making Local Governance Work,* Palgrave, 2001.

Gulick, L. and Urwick, L., *Papers on the science of administration,* London: Pickering & Chatto, 2004, Reprint. Originally published: New York: Institute of Public Administration, Columbia University, 1937.

Hall, P. A. and Taylor, R. C. R., "Political Science and the Three New Institutionalisms", *Political Studies,* Vol. 44, No. 5, 1996.

Harris, L., "Best Value Reviews of Human Resource Services in England Local Government", *Review of Public Personnel Administration,* Vol. 24, No. 4, 2004.

Harrison, D. A., Price, K. H., Gavin, J. H., and Florey, A., T., "Time, teams, and task performance: Changing effects of surface-and deep-level diversity on group functioning", *Academy of Management Journal,* 45., 2002.

Henry, N., *Public Administration and Public Affairs,* Prentice-Hall, 1975（中村瑞穂監訳『現代行政管理総論』文眞堂，1986年）.

Hirst, P., "Democracy and Governance", J. Pierre ed., *Debating Governance — Authority, Steering, and Democracy,* Oxford and New York: Oxford University Press, 2000.

Immergut, E. M., "The Theoretical Core of the New Institutionalism", *Politics and Society,* Vol. 26, No. 1, March 1998.

Ingraham, P. W. and Lynn, Jr. L. E. eds., *The Art of Governance: Analyzing Management and Administration,* Georgetown University Press, 2004.

Kato, J., "Review Article: Institutions and Rationality in Politics-Three Varieties of Neo-Institutionalists", *British Journal of Political Science,* Vol. 26, October, 1996.

Kettl, D. F., *The Transformation of Governance: Public Administration for Twenty-First Century America,* The Johns Hopkins University Press, 2002.

Kickert, W. J. M., "Complexity, Governance and Dynamics: Conceptual Explorations of Public Network Management", J. Kooiman ed., *Modern Governance — New Government — Society Interactions,* London: Sage, 1993.

Koholi, A., et al., The Role of Theory in Comparative Politics: A Symposium, *World Politics* 48, 1995.

Kooiman, J. ed., *Modern Governance: New Government-Society Interactions,* Sage, 1993.

Kramer, R. M., Lorentzen, H., Melief, W. B. and Pasquinelli, S. eds., *Privatization in Four European Countries,* M. E. Sharpe, New York, 1993.

Leach, R. and Percy-Smith, J., *Local Governance in Britain,* Palgrave, 2001.

Lecours, A. ed., *New Institutionalism: Theory and Analysis,* University of Toronto Press, 2005.

Lindblom, C, E. and Woodhouse, E. J., *The Policy-Making Process,* 3rd ed., Prentice-Hall, 1993（藪野祐三・案浦明子訳『政策形成の過程――民主主義と公共性――』東京大学出版会，2004年）.

Lipsky, M, *Street-Level Bureaucracy,* The Russell Sage Foundation, 1980（田尾雅夫・北大路信郷訳『行政サービスのディレンマ――ストリート・レベルの官僚制――』木鐸社，1986年）.

March, J. G. and Olsen, J. P., *Rediscovering Institutions: The Organizational Basis of Politics,* The Free Press, 1989.

Meyer, J. W. and Rowan, B., "Institutionalized Organizations: Formal Structure as Myth and Ceremony", Powell W. W. and DiMaggio, P. J. eds., *The New Institutionalism in Organizational Analysis,* The University of Chicago Press, 1991.

National Partnership for Reinventing Government, History of the National Partnership for Reinventing Government, *ACCOMPLISHMENTS,* 1993-2000, A Summary, 2001.

North, D. C., *Institutions, Institutional change and Economic performance,* Cambridge University Press, 1990（竹下公視訳『制度・制度変化・経済成果』晃洋書房，1994年）.

Overeem, P., "Beyond Heterodoxy: Dwight Waldo and the Politics-Administration Dichotomy", *Public Administration Review,* Vol. 68, Iss 1, January-February 2008.

Paulsen, N. and Hernes, T., *Managing Boundaries in Organizations: Multiple Perspectives,* Palgrave, 2003.

Peters, B. G., *The Future of Governing* 2nd ed., the University Press of Kansas, 2001.

———, *Institutional Theory in Political Science: The 'New Institutionalism' (2nd ed.),* Continuum, 2005.

Peters, B. G. and Pierre J., eds., *Politicians, Bureaucrats and Administrative Reform,* Routledge, 2001.

Peters, B. G. and Savoie, D. J., eds. *Governance in the Twenty-first Century,* Canadian Center for Management Development, 2000.

Picot, A., Dietl, H. and Franck, E., *Organization,* Schaffer-Poeschel Verlag fur Wirtschaft, 1997（丹沢安治・榊原研互・田川克生・小山明宏・渡辺敏雄・宮城徹訳『新 制度派経済学による組織入門』白桃書房，1998年）.

Pierre, J. and Peters, B. G., *Governance, Politics and the State,* St. Martin Press, 2000.

Reason Foundation, "Transforming Government Through Privatization", Annual Privatization Report, 2006.

Rhodes, R. A. W., *Understanding Governance: Policy Networks, Governance, Reflexivity and Accountability,* Open University Press, 1997.

Richards, D. and Smith, M. J., *Governance and Public Policy in the UK,* Oxford University Press, 2002.

Rourke, F, *Bureaucracy, Politics and Public Policy,* 2nd ed. Brown and Co., 1976（今村都南雄訳『官僚制の権力と政策過程（第２版）』中央大学出版部，1981年）.

Savas, E. S., *Privatization: The key to Better Government,* Chatham House Publishers, 1987.

Scott, W. R. and Meyer, J. W., "The Organization of Societal Sectors: Propositions and Early Evidence", Powell W. W. and DiMaggio, P. J. eds., *The New Institutionalism in*

Organizational Analysis, The University of Chicago Press, 1991.

Scott, W. R., *Institutions and Organizations,* Sage Publications, 1995.

Simon, H. A., Thompson, V. A., and Smithburg, D. W., *Public Administration* (*new ed.*), Transaction Publishers, 1991.

———, "Guest editorial" (A Speech given at the ASPA's 56th National Conference in San Antonio, Texas), *Public Administration Review,* Vol. 55, Iss. 5, 1995.

———, *Administrative Behavior* (*4th ed.*), The Free Press, 1997.

———, "Why Public Administration ?", *Public Administration Review,* Vol. 58, No. 1, 1998.

Stoker, G., *Transforming Local Governance: from Thatcherism to New Labour,* Palgrave, 2004.

The Council of State Governments, "State Privatization Update", Annual Privatization Report, 2004.

Thelen, K. and Steinmo, S., "Historical institutionalism in comparative politics", S. Steinmo, S., Thelen, K. and Longstreth, F. eds., *Structuring politics: Historical institutionalism in comparative analysis,* Cambridge University Press, 1992.

The United Kingdom Parliament, House of Commons, Select Committee on Public Administration, *Seventh Report,* 2002.

Thoening, Jean-Claude, "Institutional Theories and Public Institutions: Traditions and Appropriateness", Peters, B. G. and Pierre, J. eds., *Handbook of Public Administration,* Sage, 2003.

Thomas, R. R-Jr., "From Affirmative Action to Affirming Diversity", *Harvard Business Review,* vol. 68, No. 2, 1990.

Thompson, L. and Elling, R. C., "Mapping Patterns of Support for Privatization in the Mass Public: The Case of Michigan", *Public Administration Review;* Vol. 60, No. 4, 2000.

Timmins, N., *Aiming at a different set of targets: MANAGEMENT PUBLIC SECTOR: Fifteen years of market driven reform have not affected the public service ethos,* Financial Times, London, Oct 21, 1999.

Turner, M. and Hulme, D., *Governance, Administration and Development: Making the State Work,* Kumarian Press, 1997.

UNISON, *UNISON Evidence to the Public Administration Select Committee On Public Service Reform,* December 2001.

Waldo, D., *The Administration State,* Ronald Press, 1948.

Waldo, D. ed., *Ideas and Issues in Public Administration,* Greenwood Press, 1953.

Weber, M, *Soziologie der Herrschaft*（世良晃志郎訳『支配の社会学』創文社, 1960年）.

Whitfield, D., *The Welfare State,* Pluto Press, 1992.

Williams, K. Y., O'Reilly, C. A., "Demography and diversity in organizations: A review of 40 years of research", In Staw, B. and Cummings, L. L. (eds.), *Research in organizational behavior,* vol. 20, JAI Press, 1998.

Wolmar, C., *OR: Broken rails: how privatisation wrecked Britain's railways,* Aurum Press, London（坂本憲一監訳『折れたレール――イギリス国鉄民営化の失敗――』ウェッジ，2002年）.

《著者紹介》
入江容子（いりえ　ようこ）
2003年　同志社大学大学院総合政策科学研究科博士課程後期課程単位取得
2009年　同大学大学院同研究科博士課程後期課程修了　博士（政策科学）
現　在　愛知大学法学部教授

主要業績
『分権時代の地方自治』（共著，三省堂，2007年）
『ローカル・ガバメント論――地方行政のルネサンス――』（共著，ミネルヴァ書房，2012年）
『政策実施の理論と実像』（共著，ミネルヴァ書房，2016年）
『地方自治論――変化と未来――』（共著，法律文化社，2018年）

自治体組織の多元的分析
――機構改革をめぐる公共性と多様性の模索――

2020年3月25日　初版第1刷発行　　＊定価はカバーに表示してあります

著　者　入 江 容 子©
発行者　植 田 　 実
印刷者　江 戸 孝 典

発行所　株式会社　晃 洋 書 房
〒615-0026　京都市右京区西院北矢掛町7番地
電話　075(312)0788番(代)
振替口座　01040-6-32280

装丁　クリエイティブ・コンセプト　印刷・製本　共同印刷工業㈱

ISBN978-4-7710-3328-3